普通高等院校"十三五"规划教材　社会工作专业

社会救助与社会福利

编 著　周爱国

微信扫一扫

● 教学资源下载
● 拓展学习
● 加入交流圈

南京大学出版社

前言

当前我国正处于全面建设小康社会的关键时期,能否成功跨越"中等收入陷阱",实现从发展中国家向中高等收入国家的飞跃,是一个非常关键的问题。以社会保障为核心的民生建设,对于全面建设小康社会具有重要的影响。

虽然我国自古以来就有救灾济困、扶老助幼的悠久传统,但是现代社会救助的制度创新起源于工业化革命的西方。现代社会救助是工业化、城市化发展的产物。工业化打破了土地保障,城市化割裂了亲缘互助。为了应对工业化、城市化引发的严重的贫困问题及社会动荡,英国率先制定并实施了社会救助制度。从英国的社会救助制度、德国的社会保险制度,到美国的社会保障制度,现代社会救助实践不断发展完善,并逐步演化为西方国家普遍实行的社会福利制度。2008年美国金融危机以来,世界经济发展面临严峻挑战,社会福利运行面临严重压力。2016年6月,英国脱欧公投结果震惊世界,给全球经济发展带来了新的不确定因素。尽管社会福利的发展面临多重压力,社会福利制度作为一种现代经济社会发展的制度创新,仍然具有强大的生命力和价值,仍然处于不断创新和重塑之中,仍然对于社会发展具有重要影响。

改革开放以来,我国社会救助的发展是伴随着社会主义市场经济的发展而不断改革创新的。社会救助对于我国保持社会和谐稳定起到了重要作用。从最早为了解决社会主义市场经济改革过程中突出的下岗分流问题,我国当代社会救助经历了从城市最低生活保障制度和农村最低生活保障制度,发展到现在城乡统筹的最低生活保障制度。社会救助事业不断发展、不断完善,规范化、专业化程度不断进步,保障标准不断提高。与此同时,社会福利也取得了巨大发展。

根据国家统计局2015年全国1‰人口抽样调查结果,我国目前60岁及以上人口为22 182万人,占总人口数的16.15%,其中65岁及以上人口为14 374万人,占10.47%。我国老龄化社会的趋势更加明显,程度加深。对于社会福利,特别是老年人社会福利的发展既是挑战,也是机遇。老年人社会福利人才,特别是老年人社会福利机构管理人才的培养,必须引起高度重视。对于社会保障、社会工作专业的学生来说,也是一个很好的发展机遇。

邓小平指出社会主义的本质是共同富裕，习近平提出"共享发展"的新理念。通过社会福利实现共建共享是促进共同富裕的制度化路径，是中国经济社会发展到一定阶段的必然选择。

社会救助与社会福利课程是高校社会保障、社会工作等专业的核心课程，主要讲授社会救助、社会福利的理论及其实践。社会救助、社会福利是我国社会保障体系的重要组成部分，对于加强民生建设，促进社会和谐稳定具有重要意义。学好这门课程，具有重要的理论价值和实践意义，应当引起相关专业学生的足够重视。

本教材的逻辑结构按照"总—分—总"的思路展开。在导论篇中，以共享理念审视了社会救助与社会福利的价值追求，为后续学习提供思想框架。接着，分为社会救助和社会福利两篇，以专业视角详细阐述社会救助与社会福利的基本原理与实务。最后，讨论了社会救助与社会福利的前沿问题，开拓学生的视野。

在教材编写过程中，我们坚持了几条原则：一是理论精炼。理论讲授要精炼，深入浅出，重点突出，详略得当，注重启发思维，开拓学生视野。二是实务贴近实际。社会救助、社会福利工作实践性很强，教学强调贴近实际，突出操作性，引导学生关注现实、理解国情的特殊性，以便于学生将来能够尽快适应基层的工作环境。三是注重启发性。学校的生活总是有限的，社会总是处于复杂多变的环境之中，如何学会思考，学会理性判断比掌握具体的知识对于学生的一生来说更具有现实意义。因此，教材编写注重引导学生思考，增强教材的可读性与吸引力。

本教材得到了南京大学出版社编辑的大力支持！在编写过程中，得到了郭智勇教授的指导，夏梦颖、印紫薇等同学协助做了大量资料工作。在此，一并致谢！在教材编写过程中，参考了许多专家学者的文献，时间仓促未能一一注明，在此对作者表示感谢！由于水平有限，教材中的错误和不足之处在所难免，欢迎广大读者批评指正！

周爱国

2017 年 7 月

目录

导论篇

第一章 导论 ········· 3
  第一节 社会救助与社会福利的发展历程 ········· 3
  第二节 社会救助与社会福利相关概念的演化 ········· 8
  第三节 社会救助与社会福利的目标和社会价值 ········· 10
  第四节 本课程学习方法的探索 ········· 11

第二章 共享理念视域中的社会救助与社会福利 ········· 13
  第一节 共同富裕与共享理念 ········· 13
  第二节 反贫困与社会救助 ········· 15
  第三节 幸福感与社会福利 ········· 22

社会救助篇

第三章 社会救助理论与制度 ········· 33
  第一节 社会救助的思想基础 ········· 33
  第二节 当代中国的社会救助思想 ········· 34
  第三节 构建中国特色的社会救助制度 ········· 36

第四章 社会救助管理 ········· 39
  第一节 社会救助的运行机制 ········· 39
  第二节 社会救助的行为主体 ········· 40
  第三节 社会救助的政策、法律和程序 ········· 46

第五章 最低生活保障 ……………………………………… 51
第一节 最低生活保障的概念 ………………………………… 51
第二节 我国的城乡最低生活保障制度 ……………………… 54
第三节 我国的城乡低保实务 ………………………………… 60

第六章 专项社会救助 ……………………………………… 67
第一节 专项社会救助的概念 ………………………………… 67
第二节 专项社会救助的制度设计 …………………………… 68
第三节 专项社会救助实务 …………………………………… 70

第七章 临时社会救助与特困人员供养 ………………… 73
第一节 临时社会救助 ………………………………………… 73
第二节 特困人员供养 ………………………………………… 76

第八章 灾害社会救助 ……………………………………… 79
第一节 灾害及其应对 ………………………………………… 79
第二节 灾害社会救助理论 …………………………………… 83
第三节 我国的灾害社会救助 ………………………………… 87
第四节 灾害社会救助实务 …………………………………… 94

社会福利篇

第九章 社会福利理论与制度 …………………………… 103
第一节 社会福利的思想基础 ………………………………… 103
第二节 当代中国的社会福利思想 …………………………… 104
第三节 构建中国特色的社会福利制度 ……………………… 105

第十章 社会福利治理 …………………………………… 117
第一节 社会福利治理理论 …………………………………… 117
第二节 社会福利的运行机制 ………………………………… 120
第三节 社会福利水平 ………………………………………… 126

第十一章 老年人社会福利 ……………………………… 130
第一节 人口老龄化与老年问题 ……………………………… 130

第二节　老年福利理论 ·· 132
   第三节　老年福利实务 ·· 136
   第四节　老年服务业发展 ·· 139

第十二章　妇女儿童社会福利 ·· 144
   第一节　妇女儿童问题 ·· 144
   第二节　妇女儿童社会福利理论 ·· 145
   第三节　妇女福利实务 ·· 154
   第四节　儿童福利实务 ·· 156

第十三章　残疾人社会福利 ··· 159
   第一节　残疾人问题 ·· 159
   第二节　残疾人社会福利理论 ·· 161
   第三节　残疾人社会福利实务 ·· 165

第十四章　公共社会福利 ··· 171
   第一节　公共产品的概念 ·· 171
   第二节　公共社会福利概述 ·· 173
   第三节　公共教育福利 ·· 175
   第四节　公共卫生福利 ·· 176
   第五节　公共福利设施 ·· 178
   第六节　我国的公共社会福利 ·· 179

研　讨　篇

第十五章　社会救助社会福利的相关领域 ··································· 187
   第一节　慈善组织 ·· 187
   第二节　志愿者 ·· 193
   第三节　公益基金会 ·· 199
   第四节　福利彩票 ·· 203

第十六章　社会福利的前沿探索 ··· 215
   第一节　社会工作与社会救助社会福利 ···································· 215

第二节　社会福利的社区化 …………………………………… 218
第三节　政府购买服务与社会救助社会福利 ………………… 221

参考文献 ……………………………………………………… 225

导论篇

第一章 导论

> 学习目标

通过本章学习,学生应该能够理解并掌握以下核心内容:
1. 社会救助、社会福利的产生与发展
2. 社会救助、社会福利的相关概念
3. 社会救助、社会福利的目标和社会价值

第一节 社会救助与社会福利的发展历程

虽然社会救助与社会福利是现代社会治理的重要领域,但是其发展经历了漫长的历史过程。通过对社会史的简要梳理有助于加深我们对相关概念的理解。

一、古代的社会救助与社会福利

在古代社会,由于灾害等原因导致的极端贫困会诱发社会剧烈动荡,危害基本的社会秩序。维护社会统治的压力和开明人士的倡导,共同促进了古代社会救助事务的产生和发展,其典型代表是中国的救灾实践和西方的宗教慈善。

在中国古代,由于自然灾害、战争等客观原因造成的生存危机,时常诱发社会剧烈动荡。在长期的实践中,一些开明的君主和思想家逐步萌发了安民抚民的思想与行动。这些构成了最初的社会救助与社会福利的思想与实践,其中最主要的代表有仓储后备论与赈济说。仓储后备论是一种主张建立谷物积蓄以备灾荒并救济贫民的社会思想。早在夏朝,国家就非常重视粮食的积蓄,以备水旱之灾。如《礼记·王制》中就说"国无九年之蓄,曰不足;无六年之蓄,曰不急;无三年之蓄,曰国非其国也。"仓储后备的目的在于救灾,避免灾荒之年百姓无法生存以致铤而走险,以维持社会稳定。正是基于此,中国历代创

立了不少仓储,如常平仓、义仓、惠民仓等。所谓赈济说,就是主张用实物(主要是粮食与衣服布等)和货币救济遭受灾害或者生活极端困难无法生存的社会成员,以保障其最低限度的生活需要的一种保障思想。如宋代《救荒全法》中提出"救荒有赈济、赈粜、赈贷三者"。赈济说不仅为统治者所采用,而且发展成为赈物、赈款和以工代赈三大具体方略。

在西方社会,宗教被称为慈善之母,它对早期社会保障的影响不仅表现在思想方面,而且也突出地表现在实践活动中。早期的基督教明确反对富人对于穷人的剥削;早期的基督教社团实行财产公有和平均主义分配原则;基督教还特别强调爱人如己,主张在施爱于他人中体验幸福的境界。基督教教义的上述主张客观上表达了博爱、互助、平等的思想,这些思想无疑为社会保障理论和实践提供了道德基础。与此同时,许多宗教团体直接主办各种慈善事业,并一度成为西方国家维护社会稳定和保障社会成员生存权利的基本机制,时至今日仍然在西方国家社会保障体系中起到必要的补充作用。例如,美国施惠基金会(Giving USA Foundation)表示,美国慈善捐赠的最大份额属于宗教组织。

二、现代的社会救助与社会福利

现代意义上的社会救助是工业社会的产物。工业社会和资本主义的发展,削弱了土地保障和家庭传统意义上的社会救助功能。工业化的先驱英国在消极应对极端贫困问题许多年之后,最终理性地选择了建立社会救助制度,随后德国为了应对工人运动的威胁建立了社会保险制度。资本主义大萧条以后,美国建立了社会保障制度。至此,社会救助、社会福利逐步形成。二战后,受到《贝弗里奇报告》的推动,建设福利国家在英国和北欧成为潮流,并取得了巨大成就,产生了广泛影响。社会福利成为促成资本主义黄金增长三十年的重要因素之一。但是,石油危机使得福利国家的一些弊端突然暴露出来。改革的呼声由此一再响起,新的福利思想和实践不断进展,但是由于社会福利的巨大刚性,使得社会福利的改革在欧洲显得异常艰难。新世纪以来,美国的金融危机、欧洲的债务危机更使得社会福利的改革缩小了回旋空间。经济新常态的中国,社会保障的作用更加突显。总之,无论欧美还是金砖国家,社会福利改革都是当前面临的重要挑战,也是社会公众关心的热点问题。

(一)现代社会救助、社会福利的产生

在农业社会,贫困问题主要依靠互助和慈善等民间方式解决。伴随英国资本主义和工业化生产方式的产生,贫困现象突显为严重的社会问题。由于工业化、城市化的发展,大量人口流动、流浪、失业和贫困现象加剧社会动荡。应对贫困问题是英国政府被迫面临的重要问题。历史上,济贫法在英国有长期的演化,例如1351年济贫法案、1531年济贫法案等。

学者一般认为,1601年济贫法的颁布标志着现代意义上英国社会救助的开始。1601年济贫法的重要意义表现在:一是政府开始干预贫困问题,社会救助开始从民间事务转变为政府责任;二是解决贫困问题逐步形成社会制度。制度化为后续社会政策的制定,产生了思想启发。1834年新济贫法的贡献在于确定最低救助标准要低于劳工工资,使救助费用大为降低。

德国社会保险制度的产生有其特殊的思想和社会背景。一方面,从19世纪70年代到一战前夕,德国思想界新历史学派思想盛行,鼓吹劳资合作、实行社会政策。另一方面,随着马克思主义的传播,在社会主义政党的推动下,德国工人运动高涨,它强烈要求政府实施保护劳工的政策。俾斯麦执政时期,他清醒地意识到德国内外政策的胜利,关键在于如何安抚好工人,以便取得工业发展的先机,进而实现对外扩张。1881—1889年,德国先后制定《疾病保险法》、《工伤保险法》、《老年与残疾保险法》,使得德国成为最先制定社会保险制度的国家。1911年《孤儿寡母保险法》、1923年《帝国矿工保险法》、1927年《职业介绍和失业保险法》的制定,使德国的社会保险制度更加完善,基本建成完整的社会保险制度。

作为后起的资本主义国家,1929—1933年的大萧条对美国的冲击很大。为了主动应对危机,罗斯福总统放弃了古典自由主义的经济主张,开始对经济生活实行国家干预。1935年,美国《社会保障法》的出台,就是罗斯福新政的产物之一,它不仅是联邦政府回应失业和贫困等社会问题的策略性思考,也是地方政府向联邦寻求财政支持以化解社会问题的结果。美国社会保障法虽然仍以职业群体的社会保险为主,但是表现出了社会救助、社会保险和社会福利综合性发展的趋势。

(二)现代社会救助、社会福利的发展

二战以后,凯恩斯的国家干预思想逐步成为西方主流的经济学思想。资本主义国家普遍采取国家干预的政策主张,经济发展迎来了将近30年的黄金增长时期。这一时期,也是西方社会福利发展的黄金时期。《贝弗里奇报告》的发表、社会福利国家的建设,是这一时期的重要代表。

为了激发劳工阶层抵抗法西斯侵略的热情,英国政府同意对其社会保障制度进行全面改革。作为英国社会保障制度全面调查的结果,贝弗里奇报告于1942年发表。该报告提出了英国完善社会保障制度的基本理念和具体措施,提出了建设社会福利国家的思想。

在冷战和意识形态对立尖锐的时代,社会福利国家的提出不仅是资本主义国家完善社会保障制度,也是资本主义国家应对共产主义运动挑战的本能反应。

社会福利国家的主要思想和实践有以下几个方面:

(1) 提出国家的福利职能。过去的资本主义国家的政府只考虑政治职能和经济职能,贝弗里奇提出,政府要承担福利职能,这是对国家职能的重要革新。福利国家的基本目标是实现充分就业,让每个公民享有国家保证的从生到死的各种社会风险的安全保障,并根据经济发展不断提高福利水平。

(2) 英国社会福利改革的原则。一是全面改革原则。二是社会福利政策成为社会政策的有机组成部分。三是社会福利的发展有赖于政府与个人的合作来实现。

(3) 实现社会福利的路径。社会福利国家的体系主要包括三个方面,一是社会保险;二是国民补助;三是自愿保险。

1951年,英国宣布建成社会福利国家。受其影响,法国、联邦德国、意大利纷纷掀起建设福利国家的热潮。后期瑞典成了北欧社会福利国家的代表。

(三) 现代社会救助、社会福利的危机与挑战

经过长期的积累,社会福利国家的弊端也逐步深化,最终在社会危机中爆发出来,使得社会福利国家的发展受到严峻的质疑和挑战,各国普遍提出改革的探索。

1. 石油危机与滞胀时代

1973年第四次中东战争期间,石油输出国组织大幅提高原油价格,对资本主义国家造成强大冲击,石油危机由此开始,先后形成三次高潮。为应对石油危机而采取的国家干预措施却收效甚微,凯恩斯的思想似乎失败了,滞胀成为一种常态。高失业率和高通货膨胀率不仅成为理论悖论,也成了社会悖论,资本主义国家开始蔓延怀疑福利国家的情绪。

2. 新自由主义的理论与实践

在凯恩斯主义失败的背景下,退缩多时的自由主义思想卷土重来,受到了主流经济学家的认同,并逐步形成了新自由主义经济学流派,代表性的有弗里德曼的货币主义思想。在新自由主义思想的影响下,为摆脱困境,英国首相萨切尔夫人和美国总统里根开始了削减国有化、推动私有化的运动。

(四) 积极社会福利与转型中的福利国家

英国社会学家吉登斯提出了第三条道路的思想,试图在国家干预和自由

主义之间找到一条新路。社会投资国家概念的提出,是对社会福利国家的超越,它试图在保障福利的同时,提高人们劳动和就业的积极性。英国首相布莱尔按照社会投资国家的思想,对英国社会福利制度进行改革并取得了一定成效,但是破解社会困境仍然路途遥远。

三、我国的社会救助与社会福利

自古以来我国就有救危济困的悠久传统,并形成了许多著名思想和成功实践。例如,儒家的大同、仁政和民本等思想,赈济、仓储制度等。

(一)近代中国的社会救助与社会福利

这个时期,中国长期处于战乱动荡之中,许多灾民贫民得不得救助。但是,当时政府也试图学习西方的社会救助制度,建立中国的现代社会救助制度。其中,代表性的是1943年颁布的《社会救济法》,1944年颁布的《社会救济法实施办法》和《救济院规程》等。

(二)新中国成立以来的社会救助与社会福利

1. 形成阶段(1949—1952年)

新中国成立之初面临着长期战争导致的严重贫困问题,但是当时国民经济的实力无力承担全面社会救助的任务。因此,这一时期社会救助的目标主要定位于:医治战争创伤,安定人民生活,稳定社会秩序,促进国民经济的恢复。

2. 发展阶段(1953—1956年)

经过三年的恢复和发展,我国国民经济有了较大的发展,国家财力有了很大提高,社会秩序基本稳定。这些改变,为我国社会救助发展提供了较好的物质基础和社会环境。这一时期,社会救助对象大幅度减少,并逐步固定。

3. 调整阶段(1957—1965年)

1956年社会主义改造完成以后,我国经济社会发生了巨大变革,社会救助事业也发生了调整变化。

4. 停顿阶段(1966—1976年)

受到"文革"冲击,社会救助受到很大影响,基本处于停顿的状态。

(三)当前我国社会救助与社会福利的发展

改革开放以后,我国经济社会面貌发生了根本性的变革。社会救助事业也随之取得了巨大进步,并进行了深刻改革。

1. 改革的背景

在改革开放的大背景下,传统社会救助方式日益暴露出严重弊端。主要表现有:一是社会范围窄,二是社会救助水平低,三是社会救助管理不规范,四是社会救助经费。

2. 改革的过程

1993年,上海市率先建立城市居民最低生活保障制度。1994年,民政部肯定了上海的经验,提出在东部经济发达地区推广最低生活保障制度。1995年,民政部决定在全国推广建立城市最低生活保障制度。2007年,民政部决定在农村建立最低生活保障制度。至此,我国城乡居民最低生活保障制度基本建立起来。2014年,国务院颁布《社会救助暂行办法》,社会救助制度规范化、法制化程度进一步提高。

3. 主要成就与问题

目前,我国基本建立了规范的社会救助制度,社会救助对象涵盖了约5%的人口。社会救助内容包括了最低生活保障、专项社会救助、临时社会救助和特困人员供养、灾害社会救助等,形成了比较完善的社会救助体系。社会救助起到了托底线、救急难的社会功能。

目前社会救助面临的主要问题是如何实现城乡统筹发展。

第二节 社会救助与社会福利相关概念的演化

一般认为,社会保障体系包括四大部分:社会救助、社会保险、社会福利和社会优抚。从保障的层次和水平来分析,社会救助保障最低生活水平,社会保险保障基本生活,社会福利保障较高的生活水平,社会优抚保障伤残或者牺牲军人、警察等特殊群体及其家属的生活水平。社会救助和社会福利是社会保障体系的两个重要组成部分。

一、社会救助与社会福利的概念

所谓社会救助(Social Assistance)是指国家和社会依法对于无法维持其基本生存需要的公民,实施旨在保障其最低生活水平的一项社会保障制度。社会救助是最基本的社会保障方式,在实现社会公平,维护社会稳定,构建社会主义和谐社会等方面发挥着不可替代的作用。社会救助主要解决公民的基本生存风险。我国的社会救助体系主要包括:城乡最低生活保障、专项社会救助、临时社会救助、特困人员供养和灾害社会救助等。

社会福利是指国家依法为所有公民普遍提供的旨在保证其较高生活水平和生活质量的一项社会保障制度。一般从广义和狭义两个角度理解社会福利。广义的社会福利是指提高全体社会成员生活水平的各种政策和社会服务,旨在解决社会成员在各个方面的福利需求。狭义的社会福利是指对老年人、妇女儿童、残疾人等社会相对弱势群体的社会照顾和社会服务。社会福利的内容十分广泛,包括生活、教育、医疗等方面的福利待遇。社会福利是一种服务政策和服务措施,其目的在于提高广大社会成员的物质和精神生活水平,使之得到更多的生活享受。

社会救助和社会福利除了保障水平的差异以外,社会救助注重物质保障,社会福利注重精神生活保障和社会服务。

二、社会救助与社会福利相关概念的演化

(一) 大福利的概念

目前,对于社会福利概念的理解存在很多混乱。在政府方面,人力资源与社会保障部门,使用的是社会保障的概念,但是实际工作主要涉及的是社会保险。民政部门使用的是社会福利的概念,实际工作主要是针对无劳动能力、无生活来源、无赡养人和扶养人,或者其赡养人和扶养人确无赡养或扶养能力的老年人、儿童及残疾人。民政部门的社会福利其实是狭义的社会福利。在企业方面,许多企业把社会保险与员工福利混为一谈。其实企业员工的社会保险是一项法定权利,不能视为企业的一种福利。在学术界,一些学者主张小福利,专指高水平的社会福利;一些学者主张大福利,包含社会救助、社会保险和社会福利等各个领域。

(二) 社会福利与员工福利

员工福利是用人单位薪酬体系的重要组成部分,是用人单位以福利的形式提供给员工的报酬,是用人单位为了吸引人才或稳定员工而自行采取的福利措施。员工福利的内容一般包括:补充性工资福利、保险福利、退休福利、员工服务福利等。

社会福利与员工福利最主要的区别就是主体不同。员工福利是以用人单位为责任主体,专门面向组织内部员工的一种福利待遇。而社会福利是政府主导的公共产品,其目标是改善全体社会成员的生活质量。

(三) 福利领域的不断拓展

随着实践的发展,社会福利经历了内涵不断扩展的进程。首先,是针对社会的最贫困群体,构建社会救助制度。其次,拓展到就业群体实施社会保险制度。最后,拓展到非就业的老人、妇女儿童、残疾人等。从这个过程中可以看出社会福利领域不断深入,覆盖面不断扩大。

第三节 社会救助与社会福利的目标和社会价值

发展社会救助与社会福利,就是为了践行"共享发展"的理念,实现共同富裕的社会目标。健全的社会救助体系以及完善的社会福利制度,是实现社会和谐稳定的重要基础。在当前我国进入经济新常态、超越"中等收入国家陷阱"、努力迈向发达国家的关键发展时期,发展社会救助与社会福利具有重要的意义。

一、超越"中等收入国家陷阱"与共同富裕、共享理念

2006年,世界银行《东亚经济发展报告》首先提出"中等收入陷阱"(Middle Income Trap)的概念。它是指一个经济体的人均收入达到世界中等水平(人均GDP在4 000美元—12 700美元的阶段)后,由于不能顺利实现发展战略和发展方式转变,导致新的增长动力特别是内生动力不足,经济长期停滞不前;同时,快速发展中积聚的问题集中爆发,造成贫富分化加剧、产业升级艰难、城市化进程受阻、社会矛盾凸显等。

当前,我国面临"中等收入陷阱"的风险。据国家统计局2016年1月19日公布的经济数据显示,2015中国全年国内生产总值(GDP)为67.67万亿元,人均GDP为5.2万元,约合8 016美元,与美国、日本、德国、英国等发达国家3.7万美元以上的发展水平仍有很大差距。李克强总理在政协十二届全国委员会常务委员会第十三次会议所做的报告指出,到2020年我国人均国内生产总值将接近高收入国家水平,基本跨越"中等收入陷阱",这将是我国现代化进程中又一个里程碑。2014年5月,习近平第一次提及"新常态",他说:"我国发展仍处于重要战略机遇期,我们要增强信心,从当前我国经济发展的阶段性特征出发,适应新常态,保持战略上的平常心态。"习近平认为经济新常态有几个主要特点:速度——"从高速增长转为中高速增长";结构——"经济结构不断优化升级";动力——"从要素驱动、投资驱动转向创新驱动"。经济学家吴敬琏认为经济新常态时期的主要矛盾表现为"三期叠加"和"四降一升"。"三期叠加"是指经济增长换挡期、结构调整阵痛期和前期刺激政策消化期。"四降一升"是指经济增速下降、工业品价格下降、实体企业盈利下降、财政收入增幅下降、经济风险发生概率上升。

李克强说,创新、协调、绿色、开放、共享的发展理念,是对历史经验的总结和新常态下经济发展规律的深刻认识。要以共享体现发展公平,保住基本、兜

牢底线、注重公平,让发展成果惠及全体人民。因此,当前我国应该更加重视共享理念和共同富裕,而发展完善社会救助与社会福利是经济新常态时期最重要的领域之一。

二、发展社会救助社会福利的社会价值

健全的社会救助体系,以及完善的社会福利制度,是实现社会和谐稳定的重要基础。生存权是最基本的人权,如何保障贫困群体的基本生活,是社会稳定的重要基础。利益和谐是社会和谐的基础,在经济社会发展的同时,提高人们的生活品质,构建完善的社会福利制度,对于社会和谐具有重要影响。因此,发展社会救助与社会福利,具有重要的社会价值。在这方面,我国取得了巨大成就。

第四节 本课程学习方法的探索

学习社会救助与社会福利课程,除了要坚持一般的学习方法以外,还有两点非常重要:第一,坚持社会救助、社会福利理论学习与社会史学习的有机结合;第二,坚持理论学习与实务操作的有机结合。

一、坚持社会救助、社会福利理论学习与社会史学习的有机结合

社会史是运用社会学的理论和方法对历史上的社会结构整体及其变迁、社会组织及其运动、社会行为及其心理的研究,是历史学的重要分支。通过对社会问题和社会变迁的社会史分析,研究者可以帮助人们理解历史过程背后的深层原因。社会史的学习,可以加深我们对于社会政策的理解。其一,社会史可以作为理解社会政策发展和变迁的一种视角。尽管历史不是探求社会事务的唯一方式,但是它却能够有效地揭示事物的过去与现在的联系,并将这种联系通过新的方式展现出来。社会政策的发展不仅是历史发展的产物,更是社会史发展和普通人物生存命运与变迁的产物。其二,社会史可以作为研究和分析社会政策的一种方法。从社会史的角度来切入社会政策发展历程研究,就意味着研究者要试图将那些在特定历史时期受问题影响的弱势群体与低层社会民众的生活经验纳入考察范畴。在这一过程中,疾病患者的日常生活、老年人的被照顾经验、流浪者的被驱逐感受与被主流社会遗弃的边缘人群的生活经验都变成了有意义的社会分析的宝贵素材。将社会史上的这些素材,尤其是下层社会的苦难史运用于对社会状况与社会政策分析,可以最大限

度地展现历史真实的一面,从而避免决定主义的理论与方法导致的简单化和片面化。

我国改革开放以来,无论是社会结构,还是社会政策都发生了很大的变化。因此,在社会救助与社会福利课程的学习中,要把理论学习和社会史学习有机结合起来,认真了解和反思社会变迁和社会政策演化的过程,这样才能深刻理解社会救助与社会福利领域目前面对的问题,从而提出有建设性的对策。

二、理论和实务的有机结合

社会救助与社会福利领域的许多问题,无论是最低生活保障对象的确认,还是老年人的照顾,都是非常具体和细微的工作。由于现实生活的复杂性,实际工作的困难往往不是简单套用教科书就可以解决的。因此,在学习中要努力把理论和实务有机结合起来,通过课程设计等实践环节,加深对相关问题的理解和掌握。

▶本章小结◀

社会救助的产生是工业化和城市化推动的结果。工业化和城市化切断了农业社会的土地保障和传统家庭互助。社会救助最早在工业化的先驱英国产生,随后德国创立了社会保险制度,最终美国形成了综合性的社会保障制度。

社会救助、社会福利对于促进社会和谐稳定具有重要的专业性价值。社会救助是社会的安全网,对社会稳定起到兜底性作用,是社会和谐的基石。社会福利,有助于提升人们的生活质量,特别是特殊群体的生活质量,对于建设和谐社会也具有重要意义。在建设和谐社会中,要认识到社会救助、社会福利的专业性价值,强调利用专业理念、专业方法,通过专业人员解决社会问题,提高和谐社会建设的科学化水平。

社会救助、社会保险和社会福利构成完整的社会保障体系。社会救助、社会福利是社会保障专业的重要领域,也是社会工作专业的主要工作载体。

第二章
共享理念视域中的社会救助与社会福利

▶学习目标◀

通过本章学习,学生应该能够理解并掌握以下核心内容:
1. 共同富裕、共享理念
2. 贫困的概念,测量贫困的方法,贫困的致因分析,以及贫困的社会影响
3. 我国贫困问题及其对策
4. 幸福感、幸福观和幸福指数的概念,幸福感与社会福利的关系
5. 构建适度普惠型社会福利制度的基础条件

第一节 共同富裕与共享理念

一、共同富裕

自古以来,人们都渴望构建一个理想的社会,提出了许多关于理想社会的思想主张,代表性的有孔子的大同社会、柏拉图的理想国和托马斯·莫尔的乌托邦。孔子在《礼记·礼运》一书中提出:在大同社会实现"使老有所终,壮有所用,少有所长,鳏寡孤独废疾者,皆有所养。"柏拉图在《理想国》中认为:人类追求的正义与善就是理想国的主题。托马斯·莫尔在《乌托邦》一书中:设想了一个按需分配的理想世界。虽然由于受到历史和社会条件的限制,这些思想都没有完全实现,但是它对于构建现代社会救助与社会福利制度具有重要的启发意义。

改革开放之初,邓小平提出鼓励一部分人先富起来,先富带动后富,最终达到共同富裕的思想。后来,邓小平进一步把共同富裕上升为社会主义社会的本质。邓小平指出:"社会主义的本质,是解放生产力,发展生产力,消灭剥削,消除两极分化,最终达到共同富裕。"共同富裕是全体人民通过辛勤劳动和相互帮助最终达到富裕的生活水平,也就是在消除两极分化和贫穷的基础上

实现普遍富裕。改革开放以来,我国经济社会发展取得了巨大进步,人均GDP从改革之初的不足300美元提高到了2015年的8 000多美元。人民生活水平大幅度提高,绝对贫困人口大幅度减少。这些努力,使得我国向追求共同富裕的目标迈进了一大步。但是,随着改革的深入,贫富差距问题日益凸显,社会矛盾比较突出。共同富裕的实现仍然需要理念和制度的不断创新。

二、共享理念

中共中央十八届五中全会提出共享发展的理念:必须牢固树立创新、协调、绿色、开放、共享的发展理念。全会认为:共享是中国特色社会主义的本质要求。必须坚持发展为了人民、发展依靠人民、发展成果由人民共享,做出更有效的制度安排,使全体人民在共建共享发展中有更多获得感,增强发展动力,增进人民团结,朝着共同富裕方向稳步前进。共享理念的提出,为共同富裕的实现指明了方向。

三、以"共享理念"推动社会救助与社会福利积极发展

(1) 共同富裕的制度化路径探索。完善社会救助与社会福利是实现共同富裕的制度化方向之一。我们认为,共同富裕是消除两极分化和贫穷基础之上的普遍富裕。共同富裕不是平均主义,也不是同时富裕、同步富裕和同等富裕。因此,消除两极分化和贫穷不能靠分配上的平均主义,这方面我们有过历史教训。应该通过制度化的方法适当缩小贫富差距、解决贫困问题。对此,完善社会救助与社会福利具有重要的作用。社会救助保障人们的最低生活水平,起到社会安全网的兜底作用。社会福利提高人们的生活品质,对于社会和谐也具有重要意义。

(2) 以"共享理念"推进社会救助与社会福利。以"共享理念"推进社会救助与社会福利发展,有几个重点任务。一是完善社会救助的托底作用。2013年4月,习近平首次提出"宏观政策要稳、微观政策要活、社会政策要托底"的判断,认为面对新形势,要坚持用两点论看待问题,既要充分肯定取得的成绩,又要清醒看到存在的问题,未雨绸缪,加强研判,宏观政策要稳住,微观政策要放活,社会政策要托底。《中共中央 国务院关于打赢脱贫攻坚战的决定》中提出实行农村最低生活保障制度兜底脱贫。这些都明确了社会救助的重要作用。二是积极发展适度普惠型社会福利。要逐步构建与我国经济社会发展水平相适应的普遍性的社会福利制度,努力提高全社会的福利水平。三是推进公共服务均等化。缩小贫富差距,实现共同富裕,最紧迫的是构建覆盖城乡、

公平合理、普惠标准不断提高的基本公共服务体系,推进基本公共服务均等化,使发展成果更多更公平地惠及城乡群众。着力解决人民群众关注的重点、热点问题。当前,人民群众关注的基本公共服务问题主要集中在就业、教育、医疗、文化、环境、安全等领域,应积极回应人民群众在这些方面的诉求。四是统筹城乡协调发展。统筹城乡,旨在解决两个问题。(1)公共服务向农村延伸,逐步实现城乡居民公平享有医疗、教育、社保、就业等权利。(2)推进新型城镇化,让农民工等流动人口融入城镇生活,享受城镇化生活方式。

第二节 反贫困与社会救助

一、贫困问题

(一)贫困的概念

1. 贫困的概念

贫困涉及经济、社会、历史、文化、心理和生理等各个方面,具有不同背景的人往往从不同的角度认识贫困,对贫困做出各种不同的理解。在不同的历史时期和不同的地域,贫困也具有不同的意蕴。

贫困首先被看作是一种经济现象。从经济学的角度来看,贫困是由于收入不足而导致的生活匮乏状态。因而,有人把贫困界定为缺少达到最低生活水平的能力,也有人把贫困界定为个人或家庭的经济收入不能达到社会可接受的生活标准那种状况。总体而言,从经济学的角度看,贫困是因为经济收入不足而不能达到最低生活水平或社会可接受的生活标准的状况。但是,对于什么是社会可接受的生活标准,人们有不同的理解,这也是至今没有人们公认的统一的贫困标准的原因。

贫困也是一种社会现象,贫困具有一系列社会特征。因此,仅仅从经济学意义上来理解贫困是不够的,许多学者、研究机构和相关部门正是从社会特征上来界定贫困的。世界银行在其年度报告《1981年世界发展报告》中指出:"当某些人、某些家庭或某些群体没有足够的资源去获取他们那个社会公认的、一般都能享受到的饮食、生活条件、舒适和参加某些活动的机会,就是处于贫困状态。"在以贫困问题为主题的《1990年世界发展报告》中,世界银行给贫困所下的定义是:"缺少达到最低生活水准的能力"。该报告同时指出,衡量生活水准不仅要考虑家庭的收入和人均支出,还要考虑那些属于社会福利的内容,比如医疗卫生、预期寿命、识字能力以及公共货物或共同财产资源的获得情况。

它用营养、预期寿命、5岁以下儿童死亡率、入学率等指标,作为以消费为基础对贫困进行衡量的补充。这是一个基本上可以接受的定义,但其中的最低生活水准显然需要具体化。

综合有关机构的观点和学者们的研究,贫困实际上包括两层意思。第一,贫困是由于资源的匮乏,从而使其生活水平低于社会可以接受的最低标准。这里讲的资源,既包括物质资源,也包括文化的和社会的资源。第二,从根本上讲,贫困是缺乏手段、能力和机会。

因此,要克服贫困,就要给贫困者以扶持,换言之,社会不应该仅仅被动地保障贫困者的最低生活水准,而应该更多地把注意力投向铲除人们陷入贫困的根源,主动地保障贫困者拥有必要的手段、能力和机会。所以,贫困指的是由于缺乏物质的、文化的和社会的资源而处于一种社会不可接受的最低生活水平或生存状态,以及由于缺乏必要的手段、能力和机会而不能摆脱这种最低生活水平或生存状态。

2. 贫困的类型

从不同的视角,我们可以把贫困分为绝对贫困和相对贫困,狭义贫困和广义贫困,长期贫困和暂时贫困。

(1) 绝对贫困和相对贫困。绝对贫困是指在某一个时期,个人或家庭依靠劳动收入或其他合法收入不能维持其基本生存需要的生活状态。绝对贫困是从人维持生命的角度出发,以维持人的最低生理需要为指标加以区分的。许多国家确定绝对贫困的方法,一般是采用绝对贫困线作为其衡量标准。绝对贫困线就是购买基本的生活必需品或维持最低限度生理需要的最低收入水平,处在这个绝对贫困线以下的生活状态就被视为绝对贫困。对绝对贫困的认识或者对绝对贫困线的确定,随着社会经济的发展而在不断变化。目前世界银行确定的绝对贫困线标准是,每人每天的食品提供为2 150千卡热量,食品支出占总支出的比例农村为63%,城市为61%。我国政府确定的农村绝对贫困线标准是,每人每天的食品提供为2 100千卡热量,食品支出占总支出的60%。

相对贫困是指在同一时期或者同一个国家,由于某些人或者家庭的收入水平不如另外一些人或者家庭而产生的低于一般人或者一般家庭的生活状况或者贫困状态。由于相对贫困不是从最低生理需要出发而是从相对角度来认识和解释的,因此在任何一个社会或者任何一个国家,即使其经济社会非常发达也必然存在相对贫困。

确定相对贫困的方法,许多国家也是采用贫困线,但这是一种相对贫困线,即低于一般社会认定的某种生活水平的状况。许多发达国家把相对贫困线确定为社会平均工资的一定比例,如50%或者60%,处于这个相对贫困线以下的生活状况被视为相对贫困。

目前,发展中国家所面临的主要是绝对贫困问题,而发达国家所需解决的主要是相对贫困。而且,解决绝对贫困是社会救助制度产生的重要原因之一,也是许多国家尤其是发展中国家长期以来把社会救助政策作为解决它的重要手段之一。因此,与发达国家利用社会救助政策来解决相对贫困不同,发展中国家主要把社会救助政策视为解决绝对贫困的重要工具。

(2) 狭义贫困和广义贫困。如果说绝对贫困与相对贫困主要是从最低生理需要与相对生活需要来区分,那么狭义贫困和广义贫困则主要是从是否包括精神文化生活这个视角来区别的。

狭义贫困是指某一些人或者家庭的生活在物质(或者经济)方面的一种困难状况,它并不包括人们的精神文化生活质量如何。狭义贫困与绝对贫困、相对贫困有交叉的地方,也有不同的地方。狭义贫困中有可能既包括绝对贫困也包括相对贫困,这是因为绝对贫困和相对贫困主要指的是物质生活方面的贫困。虽然狭义贫困与绝对贫困都是指物质生活方面的贫困,但是两者并不等同,因为狭义贫困有时指的是一种相对的物质生活水平,即相对贫困。另一方面,狭义贫困也不能等同于相对贫困,这是因为在许多发达国家中的相对贫困往往包括精神文化方面的贫困。

广义贫困指的是某一些人或者家庭不仅在物质生活方面而且在精神文化生活方面也贫困的一种生活状态。广义贫困与绝对贫困、相对贫困既有相同的一面,也有区别的一面。广义贫困与绝对贫困之间的共同之处在于两者都包括物质生活方面的贫困,不同之处在于广义贫困不仅包括物质生活而且还包括精神文化质量。同时,广义贫困与相对贫困虽然都包含物质生活和精神文化生活这两个方面,但广义贫困强调的是衡量一种生活状况时包括了哪些方面,而相对贫困强调的则是一种相对于另外一些人或者家庭的生活水平。

与绝对贫困和相对贫困一样,狭义贫困和广义贫困也随着社会经济的发展而发生变化。而且,与先要解决绝对贫困后要解决相对贫困相同,某个国家或社会首先要克服的是狭义贫困,然后才是广义贫困。目前,发展中国家主要解决的是狭义贫困,而发达国家则主要解决广义贫困。

(3) 长期贫困和暂时贫困。长期贫困指的是某一些人或者家庭长时间地处于贫困的一种状态。因此,如果某种贫困状态已经持续了很长时间或者经过长期努力仍不能摆脱,那么这种贫困就被视为长期贫困。长期贫困与绝对贫困、狭义贫困之间存在着共同之处,也存在不同的地方。长期贫困既可能是绝对贫困也可能是相对贫困,既可能是狭义贫困也可能是广义贫困;另一方面,绝对贫困、狭义贫困可能是一种暂时的贫困。

暂时贫困是指某些人或者家庭的生活不是长期的而是暂时地处于一种贫困状态。暂时贫困往往是由于自然灾害、疾病或其他突发事件造成的。暂时贫困与相对贫困、广义贫困之间存在着共同之处,也存在不同的地方。暂时贫困既可能是绝对贫困也可能是相对贫困,既可能是狭义贫困也可能是广义贫困;另一方面,相对贫困、广义贫困可能是一种长期的贫困。暂时贫困有可能会转变为长期贫困。当消除暂时贫困的措施不当或者由于另外一些原因发生时,暂时贫困就会变为长期贫困。因此,当某些人或者家庭发生暂时贫困时,我们要及时地采取有效措施,帮助他们克服暂时贫困,防止转变为长期贫困。因为长期贫困对人、家庭乃至整个社会的负面影响要比暂时贫困严重得多。另外,还有农村贫困和城镇贫困,区域贫困和个体贫困等不同的划分类型。

3. 贫困的测量

(1) 贫困测度。洛伦兹曲线是世界各国通用的测量收入分配不均等程度的曲线,它的横线为累计相对人口线,纵线为累计相对收入线。如果收入分配是绝对均等的,1%的人口得到1%的收入,累计收入分配曲线为对角线。如果收入分配是绝对不均等的,99%的人完全没有收入,1%的人拥有全部收入,累计收入分配曲线为由横线和右边垂线组成的折线,实际收入分配介于两者之间的为洛伦兹曲线。洛伦兹曲线与对角线之间的区域面积越大,收入分配越不均等;反之则越趋向均等。

洛伦兹曲线不是一个确切的数值来表示收入差距的总体水平,而衡量这种水平的最常用的是基尼系数。基尼系数是从洛伦兹曲线推导出来的,用以测定洛伦兹曲线背离完全平均状况的程度,表明不均等的比率(G)。其基本思路是,设 A 为洛伦兹曲线与绝对均等线(即对角线)围成的面积,B 为完全不均等线(折线)与绝对均等线围成的面积,基尼系数就是 A 与 B 的比率,即 $G=A/B$。

当收入分配完全均等时,$A=0$,则基尼系数为零;当收入分配完全不均等时,$A=B$,则基尼系数为1。基尼系数越小,表明收入分配越趋于均等;基尼系数越大,表明收入分配越不平等。在现实生活中,基尼系数总是大于0而小于1。

根据国内外研究得出的基尼系数的标准为:基尼系数在0.2以下为高度均等,在0.2~0.3之间为相对均等,在0.3~0.4为比较均等,0.4以上为不均等。

(2) 贫困指标。贫困发生率,又称绝对贫困指标,是指贫困人口与全部人口之比。它的基本特点是不考虑贫困线以下人口的收入变化和收入的分布，重在测定贫困人口比重。如果用 H 表示贫困发生率，用 N 代表全部人口，用 Q 代表贫困人口，那么，$H=Q/N$。其贫困发生率指标的缺点是不能反映贫困人口的收入水平及其变化情况。

贫困缺口率，又称相对贫困指标，是每个贫困人口的平均纯收入与贫困线收入的差距除以贫困线收入所得出的比率。如果贫困缺口率为 I，平均收入为 U，贫困线收入为 L，那么，$I=\dfrac{L-U}{L}$。

贫困缺口率与贫困发生率相比，对贫困人口的数量不很敏感，而侧重于收入分布，它主要用来说明贫困人口的实际收入与贫困线之间的差距及贫困状况的变化情况。如果低于贫困线人口的收入上升，与贫困线的差距就会缩小，I 数值就会下降；反之，I 数值越高，说明贫困程度越高。当 I 为 0 时，表明贫困已经消除。

贫困缺口率指标的缺点是无法正确地反映一国贫困人数占总人数的比重。因此，它与贫困发生率各有千秋，在测定某一个国家或者地区的贫困状况时，应该同时使用它们。

恩格尔系数，是判定人们生活水平高低或贫富差距的指标。恩格尔系数是人们全年的食品支出与消费性支出的比率，即恩格尔系数（E）＝全年食品支出／全年消费性支出。

采用恩格尔系数划分贫富的标准是：

$E>0.60$ 为贫困；

$0.50<E\leqslant 0.60$ 为温饱；

$0.40<E\leqslant 0.50$ 为小康；

$0.20<E\leqslant 0.40$ 为富裕；

$E\leqslant 0.20$ 为最富有。

以恩格尔系数作为唯一的指标来比较与衡量一个国家的生活水平或者一部分人的贫穷状况时，往往因各国特殊的具体情况而与人们的实际生活状况产生差异。因此，仅用恩格尔系数无法准确反映一国人民的实际生活水平。

除了上述国际上通用的指标之外，另外还有一些反映贫困状况的指标，如人均国民生产总值、实际生活质量指数等。

（二）贫困的社会影响

1. 贫困的社会危害

贫困是一种消极的社会现象，它会引发许多社会问题，并造成不良的社会影响。主要有以下几个方面：一是影响社会稳定。二是影响经济社会的健康发展。三是影响社会和谐。四是不利于良好的社会文化的发展。

2. 贫困的积极价值

贫困的社会影响也不绝对是负面的。对于一些个体，贫困问题能激发人们的自我奋斗精神。穷则思变，通过个人的勤劳致富，创造美好生活。

（三）贫困的致因分析

1. 自然原因

农村地区的贫困问题，主要是由于自然条件造成的。根据统计，我国贫困地区大多分布在革命老区、深山地区、少数民族地区和边远地区。由于贫困地区地处偏远，交通不便，环境闭塞，当地农民的生活来源绝大部分依靠农业生产。然而这些革命老区、深山地区、少数民族地区和边远地区不仅土壤贫瘠、资源匮乏，而且气候干旱、降水稀少、水土流失严重，土地产出困乏。因此，自然环境恶劣是导致农村贫困的直接因素。

2. 社会原因

城市的贫困问题，主要受到社会变革的影响。例如在20世纪90年代的国有企业改革过程中，许多职工下岗分流，失去就业机会，从而导致贫困问题的发生。

3. 个体原因

个体差异也会造成贫困问题。每个人的家庭背景、教育程度、生活经历、个人天赋、勤劳品质等都会对其就业和收入能力造成很大的影响。

（四）贫困的理论研究

1. 结构分析

贫困结构论认为贫困是社会结构、社会制度以及社会政策的结果。主要观点有制度贫困论、社会政策贫困论、冲突学派的贫困论等。贫困的结构理论认为，正是权利结构的不平等、不合理，迫使部分社会成员失能而陷于贫困或长期维持着贫困状态。贫困不在于贫困者本身的无技能或者缺乏动机，而是社会力作用的结果。

2. 文化分析

贫困的文化理论认为贫困是一种文化现象。刘易斯认为贫困化是一个特定的概念标签，是一个拥有自己的结构与理性的社会亚文化。它表达着在既定的历史和社会中，贫困者共享的有别于主流文化的一种生活方式，也表达着在阶层化、高度个人化的社会里，贫困者对其边缘地位的适应和反应，它还代表着一种努力，即贫困者面对并处理着那些根据主流社会的价值并不成功的种种努力。贫困文化是贫困者解决日常生活问题的方法,为那些无法达到主流社会要求的人们提供自我安抚与防卫的机制。贫困问题的解决,可以视为贫困文化的改变。如果是一种文化的改变,那么贫困问题的解决就不是救济者与被救济者的关系,而是文化的冲突、融合和共生。

3. 社会变迁分析

将贫困研究置于发展的背景之中是这些年来,新贫困研究的一个重要的视角,发展包括结构变迁文化变迁,发展中研究贫困具有特别的意义。发展中的不平衡,是导致贫困的一个因素。

二、社会救助与反贫困

(一) 反贫困

1. 反贫困的概念

所谓反贫困是指人类同贫困问题的斗争。我国在其反贫困过程中,习惯于用"扶贫"来表示反贫困的具体行为过程。在衡量反贫困所取得的成就方面,国际社会通常采用一系列的指标来反映。这些指标包括以人均GDP和基尼系数为代表的经济指标,也包括以婴幼儿死亡率、中小学入学率以及预期寿命为代表的社会指标。

2. 反贫困的多种方式

从反贫困的过程来看,反贫困的形式主要有三种:减少贫困、减缓贫困和消除贫困。减少贫困强调减少贫困人口的数量;减缓贫困强调反贫困的重点在于减缓贫困的程度;消除贫困则强调反贫困的目的是最终消除贫困问题,这也是反贫困的终极目标。

(二) 社会救助与反贫困

《中共中央 国务院关于打赢脱贫攻坚战的决定》指出,实现到2020年让7 000多万农村贫困人口摆脱贫困。到2020年,稳定实现农村贫困人口不愁吃、不愁穿,义务教育、基本医疗和住房安全有保障。实现贫困地区农民人均可支配收入增长幅度高于全国平均水平,基本公共服务主要领域指标接近全国平均水平。确保我国现行标准下农村贫困人口实现脱贫,贫困县全部摘帽,解决区域性整体贫困。

为了实现脱贫目标,决定提出了许多举措,包括发展特色产业脱贫、引导劳务输出脱贫、实施易地搬迁脱贫、结合生态保护脱贫、着力加强教育脱贫、开展医疗保险和医疗救助脱贫、探索资产收益扶贫、健全留守儿童、留守妇女、留守老人和残疾人关爱服务体系等。

对于有劳动能力的群体,可以通过多种帮扶措施,帮助他们脱贫。但是,对于失去劳动能力的老弱病残群体,必须通过社会救助的兜底作用,解决他们的贫困问题。

第三节 幸福感与社会福利

一、幸福感、幸福观与幸福指数

(一)幸福感

1. 幸福感

所谓幸福感,就是人们根据内化了的社会标准对自己生活质量的整体性、肯定性的评估,是人们对生活的满意度及其各个方面的全面评价,并由此而产生的积极性情感占优势的心理状态。

按照心理学的界定,主观幸福感是个体对自我评价的幸福,认为幸福是评价者个人对其生活质量的整体评估。它有主观性、整体性和相对稳定性等特点。主观幸福感是衡量个人生活质量的重要综合性心理指标。

幸福中国联盟认为主观幸福感是一种内在态度,这种态度包括认知、行为和习惯三个基本组成成分。主要的测量内容包括心理健康、生活质量和社会关系三个方面。宾夕法尼亚大学的"积极心理学之父"马丁·瑟里格曼表示,这个规则能被归纳成:快乐+参与+意图=幸福。

2. 幸福感的来源

幸福因何而生,这对我们认识幸福、获得幸福更具有现实意义。我们可以从物质、感情和自我这三个层面探究幸福的来源。

第一层面:来自于物质层面的幸福。物质层面重大需求的满足,能带来幸福感。比如说你买了一套别墅,看着大海,幸福感油然而生。这种幸福感是真实的,不能说是虚假的。这就是人发财、赚钱的动力。但物质层面的幸福感,是短暂的、递减的,还有可能是有害的。所以,人单单追求物质幸福是不够的。这方面的例子不胜枚举,比如石油大亨洛克菲勒在财富达到富可敌国的情况下,心理健康极度恶化,几乎接近死亡边缘;柯达集团创始人物质财富可想而知,但四十岁前几乎没有笑过,最终以自杀结束了自己的生命。

第二层面:来自情感层面的幸福。亲情、友情、爱情、信任、拥护、爱戴,都会带来幸福感。来自人和人的真情所产生的幸福感,要比来自于物质层面的幸福感长远得多,持久得多。而且多多益善,没有害处。更重要的是不会破坏环境、不消耗资源。回想童年的伙伴、青年的挚友、中年的伙伴,都能让我们产生幸福感。通过对亲人、朋友、他人的关爱,更能够产生交互作用,更能够产生稳定、长久的幸福感。

第三层面:来自于自我实现的幸福。伟大的思想家、艺术家、科学家通过对社会的贡献,获得了自我实现的幸福。孔子的思想传承了几千年,爱迪生发明了电灯泡,人类永远纪念他们。作为一个普通人能实现永恒的幸福吗?只要生命存在能够给别人带来愉快、快乐和幸福,造福他人、造福社会,这就是永恒的幸福。

所以,想要更加幸福,就要结合自身情况制定相应的对策。如果你希望改善物质状况,那就制定合理的目标和采取积极行动;如果你忽略了亲情、友谊与社会关爱,多用心、多用时间做些力所能及的事情也可以获得幸福;如果你信念坚定,以社会责任为己任,那你在付出的过程中就能体验强烈的幸福感,那是种来自于内心深处永恒的幸福。

3. 幸福感的提升

幸福是种可以提升的能力。当前人们对幸福有很多误区,比如:有钱就幸福,有权就幸福,有名就幸福等等,而实际上幸福是每个人的权利和能够提升的能力。通过对哲学、心理学等多学科的提炼,是能够总结出幸福的规律和教练技术。幸福中国联盟就通过多学科专家和学者,把中国传统文化和心理学、哲学多领域成果转化为可以应用、操作的体验体系。

4. 幸福感的影响因素分析

对于人的主观幸福感的测量在20世纪60年代晚期到80年代中期,成为心理学的一个热点研究领域。心理学家对于主观幸福感的探讨更多地来自生活质量、心理健康和老年社会学三个学科领域。由于社会学家和经济学家加入幸福感研究的行列,幸福感的丰富内涵和表现形式得到了更多的揭示。应该说,作为社会心理体系一个部分的幸福感,受到许多复杂因素的影响,主要包括:经济因素如就业状况、收入水平等;社会因素如教育程度、婚姻质量等;人口因素如性别、年龄等;文化因素如价值观念、传统习惯等;心理因素如民族性格、自尊程度、生活态度、个性特征、成就动机等;政治因素如民主权利、参与机会等。此外,对主观幸福的理解还涉及许多分析层面,主要包括认知与情感、个体与群体、横向与纵向、时点与时段等等。在主观幸福感与社会心理体系诸多因素和层面之间的密切联系中,以下几点是十分独特而重要的:

第一,心理参照系。就社会层面而言,其成员的幸福感将受到他们心理参照系的重大影响,例如在一个封闭社会中,由于缺乏与其他社会之间的比照,尽管这个社会的物质发展水平不高,但由于心理守常和习惯定势的作用,其成员便可能知足常乐,表现出不低的幸福感;而一个处在开放之初的社会,面对外来发达社会的各种冲击,开始了外在参照。因此,其成员的幸福感便可能呈现下降之势,因为此时他们原有的自尊受到了创伤。

第二,成就动机程度。人们的成就需要决定他们的成就动机程度,成就动机程度又决定其预期抱负目标。其中人们对于自身成就的意识水平是一个重要环节,因为如果人们意识到的自身成就水平高于他们的预期抱负目标,那么,便会产生强烈的幸福感;反之,如果人们意识到的自身成就水平低于他们的预期抱负目标,那么,则不会有幸福感可言。

第三,本体安全感。它指的是,个人对于自我认同的连续性、对于所生活其中的社会环境表现出的信心。这种源自人和物的可靠感,对于形成个体的信任感是极其重要的,而对于外在世界的信任感,既是个体安全感的基础,也是个体抵御焦虑并产生主观幸福感的基础。因此,人的幸福感有时与其经济状况或收入水平之间并未呈现出简单的正相关关系,在现实生活中,一些经济状况不佳的人,其幸福感却不低,而有些百万富翁却整日忧心忡忡。

因此,我们就可以理解,为什么中国人的幸福感在过去10年中先升后降,表现出与经济发展轨迹之间的非同步性。其中主要原因在于,改革开放和现代化建设初期,物质发展成效明显地呈现出来,那时社会分化程度还不大,社会成员在心理上更多是作纵向比较,与过去的生活水平相比,较容易产生满足感。最近10年,社会结构转型加速,各个领域的体制改革日益全面触及深层利益,社会分化程度加大,尤其是贫富差距凸显;在社会心理方面,随着生活条件逐渐改善,人们需求层次日益提升,且呈现出多样化态势,因此,需求能被满足的标准相对提高了;而由于资源相对短缺和竞争加剧以及现代生活节奏加快,人们的各种压力感大大增加,这一切都强有力地影响了人们的幸福感。值得特别关注的是,一些调查结果表明,近年来人们对社会问题的关心更倾向于与民生有关的领域,民生问题成为大多数社会成员最关切的社会问题。这种关注重点的变化,反映了人们对于社会发展态势的判断。而对于民生问题关注程度的上升,尤其反映了体制改革与社会发展正在对人们的生存条件和生活质量产生最强有力的影响。这一切极其深刻地影响人们的本体安全感,即具体表现为对社会生活保障需求的增强,从而影响到人们的幸福感。

(二)幸福观

1. 幸福观

幸福观是人生观的一部分或一个方面,是人们对幸福的根本看法。幸福是指人们在创造物质生活和精神生活的实践中,由于目标和理想的实现而感到精神上的满足。幸福观是人们的世界观、人生观的反映。由于人们的生活价值目标不同,人们的幸福观也就不同。尤其是不同的阶级有不同的幸福观。

2. 幸福观的不同认识

(1)道家的幸福观。道家主张清静无为,顺其自然,崇尚返归自然,逃避尘世,过原始质朴和自由自在的田园生活。

(2)佛家幸福观。佛教提出苦、集、灭、道四圣谛。人生本无幸福可言,有的只是生老病死各种各样的痛苦,而这些痛苦的根本来源在于"爱"与"痴",即人的贪求欲望,对佛理、佛性的无知,要摆脱痛苦的"生死轮回",达到幸福的彼岸即"涅槃",只有灭除贪爱欲望,修行念佛。由此可见,佛教基本教义与其说是一种关于人生幸福根源和如何获得幸福的理论与方法,不如说是一种说明人生痛苦根源和如何摆脱痛苦的理论与方法。

(3)西方理性主义的幸福观。理性主义是西方思想史上的一大传统,古代以苏格拉底、柏拉图、斯多葛学派等为代表,而近代以笛卡儿、康德、黑格尔等人为代表。理性主义强调理性作用,贬低感性与情感的作用,主张抑制欲望,而追求道德的完善或精神上的幸福。他们认为人生目的和幸福在于按理性命令行事,而感官的享受和快乐只会玷污理性,荒废人生。理性主义的幸福观有两种:一种是以柏拉图、亚里士多德为代表的和谐说,一种是以犬儒学派和斯多葛学派为代表的禁欲主义。

(4)基督教神学的幸福观。基督教神学家认为人要达到幸福的境界,不是对财富、名誉、权力和肉欲的享受,而是在宗教德行中,在对上帝的热爱和追求中。只有对上帝的沉思、崇拜,才能返归天国,获得真正的幸福。

(5)儒家幸福观。儒家提倡积极进取、奋发有为的人生,向内修身养性,形成仁、义、礼、智等良好的道德品质。向外要齐家、治国、平天下,求取功名,行中庸之道,不走极端,处理好人际关系等,这样的人生才是幸福的人生。

(6)资产阶级的幸福观。资产阶级的幸福主张是利己主义、享乐主义、个人主义,认为物质享受与个人私欲的满足是衡量幸福快乐的尺度。

3. 马克思主义幸福观

马克思主义幸福观认为,每个人都在谋求幸福,个人的幸福和大家的幸福是分不开的。马克思主义幸福观最重要之点在于把幸福的创造和幸福的享受结合起来,并把创造幸福作为前提,然后才谈得上享受幸福。因为对无产阶级和劳动人民来说,没有劳动就没有幸福可言。在社会主义条件下,只有社会劳动才是创造幸福的根本途径。只有为共产主义事业而奋斗,为绝大多数人谋利益,才是人生的最大幸福。

马克思主义幸福观具有三个特点:

(1) 认为幸福观是整个历史发展的产物,各个阶级的幸福观是由不同的生产方式所决定的。

(2) 认为幸福的关键是人的志向、生活目的。真正的幸福在于铲除剥削制度,改变不合理的社会关系,创造崭新的合理的社会主义制度。

(3) 认为个人幸福和集体幸福紧密结合。强调集体幸福,但不否定个人幸福,把个人幸福融于集体、民族、阶级和人类的幸福之中。集体主义是共产主义幸福观的核心。共产主义幸福观把全心全意为人民服务、为全人类解放而奋斗,看成是最大的幸福,坚持把追求个人幸福和实现共产主义理想统一起来。

(三) 幸福指数

1. 幸福指数的概念

幸福指数就是指把主观幸福感作为一项指标,通过运用专门的测量工具去获得人们主观幸福感的数量化结果。然而,如果幸福指数将在生活质量指标体系中甚至将在一个地方或国家的发展规划中扮演一种重要而合理的角色的话,那么,对于幸福指数寻求一种充分的理解,并且避免各种误读,无疑成为一项最基本的前提。

2. 幸福指数的构成与测量

首先,对于幸福的理解涉及了哲学、心理学、社会学、经济学、文化学等多个学科,这说明了社会心理体系的高度复杂性,而这种复杂的主观世界要用数量化的工具来加以测量和说明,无疑是对现代社会科学的局限性提出一个重大挑战。因此,关于幸福指数一种可能的误读就是,将幸福指数简单化的倾向。典型表现之一是,希望通过一份调查问卷就能达成对主观幸福感全面而准确地把握。而幸福感在测量上存在的一个重要问题就是:在进行测量的时间点之上人们所表达的生活感受,是否能够代表他们在一个时期里的总体生活感受。

其次,幸福指数是社会发展状况及其问题的"风向标"和"晴雨表"。如果说社会心理体系包含理性层面的认知评价和感性层面的情绪感受,那么,在幸福感中情绪感受这一感性层面常常占据主导地位,幸福感有时是一种很个体化的主观领域。因此,在实践领域中,幸福指数可以成为生活质量指标体系中一个重要方面,但并非唯一方面。在这里,关于幸福指数一种可能的误读就在于,认为幸福指数能够作为体现个人生活质量和衡量社会进步程度的一个绝对性指标,从而忽视了对于社会发展内涵和人的精神领域的丰富性的考虑。

第三,作为制定发展规划和社会政策一种重要参考因素的幸福指数,与GDP之间的关系应该是辩证的。GDP是硬指标,幸福指数是软指标,两者在发展规划和社会政策中各具独特的地位与作用。能够关怀幸福,说明发展理论与发展实践上升了一个层次,发展的内涵更加丰富了。但决非要在GDP与幸福指数之间做一种非此即彼的选择。因此,关于幸福指数又一种可能的误读就在于,产生"幸福指数崇拜",即将幸福指数的意义无条件地夸大化、片面化、偏激化。

对于幸福感的测量,西方心理学家、社会学家和经济学家等已经探索了几十年,具有了一定的知识和经验积累。即便如此,尚未有任何一种幸福感测量工具能够得到普遍认同,许多量表仍处在不断改进之中。中国与西方的社会、文化背景及其反映形式之一的社会心理都存在差异,从而对于幸福的理解不会完全相同,感受幸福的方式也会有所差异。因此,我们若要研制出一套既体现国际水平又符合中国国情的幸福感测量工具,尤其是获得可以作为发展规划和社会政策参考的幸福指数,尚有待进行高水准、创新性的多学科合作研究。

3. 我国的幸福指数

根据中国家庭金融调查与研究中心发布的《国民幸福报告2014》,总体来看,我国居民普遍感到幸福,幸福指数在130以上,城镇地区居民幸福指数为133.1,略高于农村地区居民的127.0。从省份来看,幸福指数最高的是山东省,为147.5。该报告在健康、收入、婚姻、学历、职业等各个方面对构成幸福的密码进行解读,揭示当前中国百姓的幸福现状。

二、幸福感与社会福利

(一)社会福利的价值目标

福利的字面意思就是好的生活,幸福的生活。社会福利的价值目标就是提高人们的生活质量,提升人们的幸福感。

(二)发展适度普惠型社会福利与提升国民幸福感

1. 适度普惠型社会福利的概念

我们认为,适度普惠型社会福利是从传统的补缺型社会福利向全民普惠型社会福利转变的中间形态,它与特定的社会发展进程相联系。我国适度普惠型社会福利制度是指从步入小康社会到21世纪中叶达到中等发达国家水平这一阶段所要实现的一种福利化进程。其中,"普惠"是要建立一种全体国民均能享受的福利模式，"适度"是指我国社会福利的建设具有阶段性。在适度普惠型社会福利建设的初级阶段，人们所能享有的福利水平和获得的福利项目是低标准和不平衡的；随着经济的发展和社会民主的扩展，福利待遇和福利项目逐步走向全面和高水平，并最终达到全国一致。适度普惠型社会福利具有三个一致性，一是福利规模和经济发展水平相一致；二是福利进程与国民观念、社会民主发展相一致；三是福利实现程度与物质技术条件相一致。

2. 我国发展适度普惠型社会福利制度的基础条件

长期以来，我国实行的是补缺型社会福利，这种福利制度是与当时的经济发展水平以及社会民主化进程联系在一起的，为我国消除贫困，改善人民生活发挥了重要作用。但是随着我国经济的发展和社会政治制度的完善，建立一种更高层次的社会福利体系已显得十分必要。

首先，我国社会经济已经发生重大变化，正步入中等发达国家水平，具备了建立更高水平、更广覆盖的社会福利的基础。经过改革开放30多年的发展，我国经济实力和综合国力大幅提升。我国已经具备构筑更高层次社会福利体系所需的物质条件。

其次，在我国民主进程和社会文化制度建设中日益重视改善民生，发展人民福利。中共十七届五中全会提出，把保障和改善民生作为转变经济发展方式的根本出发点和落脚点。这些为适度普惠型社会福利制度的建设和发展奠定了政策基础。

再次，我国已经具备建立更高层次社会福利的理论和认识基础。随着我国社会保障制度的发展，人们对福利的看法已经发生重大变化。大民政思想逐渐取代小民政观念，狭义的福利观逐渐被广义的福利观所取代，改变小福利思想、还原普遍福利思想已逐渐被社会接受，从补缺型社会福利向适度普惠型社会福利转型已经具备制度上和观念上的统一。2007年10月，民政部适时地提出构建适度普惠型社会福利，正是反映了我国进入中等发达经济水平和制度转型的时代要求。

本章小结

共同富裕是全体人民通过辛勤劳动和相互帮助最终达到富裕的生活水平，也就是在消除两极分化和贫穷的基础上实现普遍富裕。共享是中国特色社会主义的本质要求。共享理念的提出，为共同富裕的实现指明了方向。

贫困指的是由于缺乏物质的、文化的和社会的资源而处于一种社会不可接受的最低生活水平或生存状态，以及由于缺乏必要的手段、能力和机会而不能摆脱这种最低生活水平或生存状态。所谓反贫困是指人类同贫困问题的斗争。从反贫困的过程来看,反贫困的形式主要有三种:减少贫困、减缓贫困和消除贫困。

社会福利的价值目标是提高人们的生活质量,提升人们的幸福感。幸福是指人们在创造物质生活和精神生活的实践中,由于目标和理想的实现而感到精神上的满足。幸福观是人们的世界观、人生观的反映。幸福指数就是指把主观幸福感作为一项指标,通过运用专门的测量工具去获得人们主观幸福感的数量化结果。

适度普惠型社会福利是由政府和社会基于本国(或当地)的经济和社会状况,向全体国民(居民)提供的、涵盖其基本生活主要方面的社会福利。

社会救助篇

正念與佛家

第三章 社会救助理论与制度

▶学习目标◀

通过本章学习,学生应该能够理解并掌握以下核心内容:
1. 中国古代的社会福利思想
2. 底线公平的社会救助思想
3. 构建中国特色社会救助制度

第一节 社会救助的思想基础

一、中国古代的社会福利思想

中国传统社会救助、社会福利思想最早是与安民、抚民的思想混合在一起的,经过漫长的历史时期的发展,就逐步形成了对后世颇有影响的大同社会论、仓储后备论、社会互助论、社会救济论等各种社会思想。

中国传统社会救助、社会福利的重要思想:一是大同社会论。孔子首先提出了大同社会的思想。大同社会论包含了朴素的社会保障的构想。二是社会互助论。墨子主张:兼爱交利。社会互助是中国传统社会思想的重要组成部分,而互助是中国人民的传统美德。三是仓储后备论。仓储后备论是一种主张建立谷物积蓄以备灾荒并救济贫民的社会思想。四是社会赈济论。赈济就是主张用实物和货币救济遭受灾害或生活极端困难无以生存的社会成员,以保障其最低限度的生活需要的一种保障思想。

二、中国古代社会救助的主要实践

中国古代社会救助的主要实践就是建立仓储制度和赈济制度。

第二节 当代中国的社会救助思想

当代中国社会救助的代表性思想主要有：平等主义理论，复合集体主义理论，底线公平理论。平等主义理论认为：所有中国公民凡是生活处于困难时都应该"一视同仁"地得到国家的帮助。复合集体主义理论认为社会福利的集体主义本性要与人的动机和需要的多样性、复杂性、多元性有机结合起来。

一、底线公平理论的社会救助思想

2006年11月景天魁提出底线公平的社会保障理念，认为要以底线公平为核心理念完善社会保障体系。第一，底线公平首先强调政府的责任底线——政府责任与市场作用的边界，强调建立政府、社会、家庭和个人之间合理共担的责任结构。第二，政府责任和能力也是有限的，为此，就必须建立这样一种制度结构，即区分基础部分和非基础部分，也就是由底线部分福利制度、跨底线福利制度以及非底线福利制度，构成多层次的福利制度体系。第三，社会政策的重点应是关注大多数人的基本利益，优先满足弱势群体和底层群众的迫切需要，这最符合全社会包括富裕阶层在内的根本利益。第四，底线公平因其能够最直接地改善社会福利状况，最明显地收获福利改善的社会效益，而成为经济发展和社会公平的结合点。第五，底线部分福利因其具有基础性、确定性和稳定性，而有助于降低和克服福利实践和福利研究中的模糊性和随意性。第六，将公平区分为无差别的公平和有差别的公平，可以有效地增强社会包容度，协调贫富各方利益，促进社会团结。

底线公平应该包括生存权利公平、健康权利公平和发展权利公平。确保了这三个权利的公平，就可以满足人们的基本需要——吃得上饭、看得起病、上得了学。我们可以把保障这三项权利作为底线，即是基本需要的底线，也是政府和社会责任的底线。

二、底线公平的具体测量指标

（一）生存权利公平性的测量指标

我们用最低生活保障制度作为划分底线的一个标志，并不是因为它的公平水平"最低"，而是因为它对于保障生存权利最为基本，也最为关键，同时也因为它是由财政出资的，完全体现政府责任，在底线的划界上没有"跨线"的情况，不会造成模糊的问题。那么，从最低生活保障制度怎么进行生存权利公平情况的测量呢？最低生活保障制度确定的量化水平较为容易获得。世界各国和各个地区都有明确的贫困线，都有行之有效的测量办法，比如家计调查等。我们选择以下三个具体指标：一是应保尽保率。二是低保标准的城乡之比。三是低保标准的地区之比。

（二）发展权利公平性的测量指标

毋庸赘言，影响发展权利公平性的并不仅仅是教育，也不仅仅是义务教育。如前所述，我们的理由在于义务教育的公平性对于发展权利的公平测量具有指标性意义。而在义务教育中，也有许多指标对于公平性具有影响，选取以下三个具体指标：义务教育完成率、义务教育经费的城乡差距、义务教育经费的地区差距。

（三）健康权利公平性的测量指标

卫生服务一般分为公共卫生服务和医疗服务，医疗服务又分基本医疗服务和非基本医疗服务，公共卫生服务也可有基本和非基本之分。政府责任范围应该优先保障的是基本公共卫生服务和基本医疗服务。公共卫生服务的内容比较确定，而医疗服务种类庞杂，而且处于剧烈变动之中，每种服务又对应有多种治疗方案，要划分基本医疗服务在技术上有很大的难度。

"底线公平"与"病有所医"目标一致，测量底线公平实现的程度就是测量"病有所医"的实现程度。因为基本医疗服务的不确定性，直接测量"病有所医"状况操作性比较差。那么，反过来测量"病无所医"，也就是应治疗而未能治疗，却是有效性较好的选择。可选择的指标如两周患病而未就诊的比例、应住院未住院的比例，如果测量到这个比例越高，就说明底线公平的实现程度越低。

"可及性""可得性""可负担性"，基本上与所关注的地区差距、城乡差距、收入差距相切近，我们就借用这三个指标测量底线公平意义上的健康权利公平性。一是卫生医疗可及性。二是卫生医疗可得性。三是卫生医疗可负担性。

总的看来，上述指标包括以下共同特征：第一，只认底线，不认差别。在底线面前人人平等。第二，无歧视。目前中国的社会保障制度是包含歧视的，非户籍人口不能参保、不能入学，多交费就多得保障，从概念上就是对于平等权利的蔑视。第三，基于以上基础的社会保障具有普惠性。底线公平体现的是社会保障实现普惠性的基础。换言之，"底线公平"概念凭借于它所具有的普惠性特点，而成为整个社会保障制度的理念基础。

第三节 构建中国特色的社会救助制度

一、构建中国特色社会救助制度的理论基础

健全完善中国特色社会救助制度,需要积极借鉴国际经验,结合我国社会主义初级阶段的国情,认真贯彻落实《社会救助暂行办法》,着力以法治方式构建覆盖城乡、救急解难、托底有力、持续发展的社会救助制度体系,编密织牢基本民生安全网。

进一步健全完善社会救助制度体系,一方面需要立足中国国情,总结各地成功经验,解决关键问题;另一方面,也需要拓展眼界,关注西方主要国家社会救助的发展趋势,积极借鉴国外经验。目前,国外的社会救助发展呈现出三个特点。一是立法先行。据不完全统计,全球已有一百多个国家或地区颁布了社会救助法规。从国外社会救助实践看,相关法制建设是社会救助改革和政策施行的关键。二是制度统筹。2008年世界金融危机爆发后,各国政府不断强化社会救助管理,统筹整合社会救助资源。比如,2009年法国整合了原有的最低融入社会救助金(RMI)、单亲家长补助金(API)、再就业津贴(PPE)等项目,建立统一的就业团结收入制度(RSA)。三是分类救助。即对有劳动能力的,鼓励自立自救;对于没有劳动能力的,则提供较好的生活保障。

二、中国特色社会救助制度的发展趋势

今后一个时期,中国特色社会救助制度发展将呈现出以下趋势。

(一)法治化

在社会救助领域,法治化不仅要做到"有法可依",更要坚持"有法必依"、"依法办事"。一是以《社会救助暂行办法》为指引,不断健全制度体系,完善体制机制,加大资金投入,加强能力建设,持续提高社会救助法治化水平。二是加快推进地方性社会救助立法,结合地方工作实际,尽快研究制定地方性社会救助法规。三是加强与相关部门的沟通协调,认真研究、总结各地社会救助实践经验、做法,尽早启动《社会救助法》立法程序,进一步消除分歧,达成共识,积极推进社会救助立法进程,提升社会救助立法层次。

(二)体系化

首先,制度建设体系化。在社会救助制度建设的顶层设计上,要依法破解社会救助"碎片化"困局,按照整体规划、全面推进的思路,综合构建包括最低

生活保障、特困人员供养、受灾人员救助、医疗救助、教育救助、住房救助、就业救助、临时救助,以及社会力量参与在内的社会救助制度体系,实现各项制度之间的有效衔接和协调发展。其次,机制建设体系化。以全国社会救助部际联席会议制度和地方政府建立的相应协调机制为依托,围绕困难群众需要解决的突出问题,在社会救助管理中探索各种跨部门的协同协作形式,用体系化的机制强化救助制度的实施和规范管理,形成社会救助的合力。最后,城乡发展体系化。结合国家户籍管理制度改革,推进城乡社会救助统筹体系化发展,结束长期以来的社会救助城乡分治,逐步缩小城乡之间、区域之间和不同群体之间的社会救助差距,逐步建立覆盖城乡、公平公正、可持续发展的社会救助体系。

(三) 综合化

坚持适度发展理念,注重提升困难群众自我发展能力,促进困难群众积极参与、融入社会。首先,坚持物质救助与服务救助并重。在社会救助手段和方式上,促进由传统的、单一的物质和现金救助转向物质保障、生活照料、精神慰藉、心理疏导、能力提升和社会融入相结合的综合援助,实现社会救助方式的多样化、组合化、专业化和个性化,最大程度发挥社会救助体系的综合效用。其次,注重造血式救助。通过完善教育救助、就业救助制度以及建立低保与促进就业、扶贫开发的联动机制,提升救助对象自我发展能力,阻断贫困的代际传递。再次,关注支出型贫困。适时探索扩大医疗、住房等专项救助的覆盖范围,完善重特大疾病医疗救助工作,给予低收入家庭、支出型贫困家庭以及时的救助。最后,建立急难救助机制。充分发挥临时救助针对性强、操作灵活、响应快的特点,通过补足急难救助这一短板,把困难群众遇到的突发性、临时性、紧迫性急难事项作为救助制度的主要内容,促进社会救助体系的转型升级。

(四) 规范化

继续完善各项社会救助管理制度,创新社会救助管理体制和运行机制,按照公开、公平、公正、及时的要求,规范救助程序和救助行为,使社会救助管理工作全面走上规范化、制度化、阳光化轨道。完善社会救助投诉、举报受理机制,规范部门间投诉、举报处理转办流程,对于举报投诉的问题和媒体曝光的个案,及时调查处理,回应社会关切。建立社会救助诚信管理体系,健全失信信息披露制度,对于骗取社会救助的行为,将有关个人和单位信息记入信用管理系统,努力消除骗保现象。开展社会救助绩效评估,健全行政问责制度,不断提高社会公众对社会救助的满意度。

(五) 多元化

在发挥政府托底救助责任,做好政府救助工作的同时,着力引导社会力量参与社会救助,形成政府和社会相互协作、相互配合的良好局面。畅通社会力量参与社会救助的渠道,引导大型社会组织和企业建立公益性基金,在民政部门统筹下参与社会救助,形成政府救助与慈善救助的协同互补。研究制定政府购买社会救助服务的具体办法和措施,将部分事务性、临时性、服务性工作委托、承包给社会组织、专业社会工作机构和竞争性市场主体承担。鼓励社工机构和专业社会工作者、志愿者积极参与社会救助,进一步拓展社会救助服务内涵,帮助社会救助对象提升能力、融入社会。

(六)信息化

要逐步建立城乡各类困难群众基本信息数据库,实现劳动就业、社会保障、计划生育、扶贫开发、社会帮扶等相关信息的互联互通,形成纵向贯通、横向互联的社会救助信息共享机制。全面建立居民家庭经济状况核对信息平台,形成省、市、县(市、区)三级联网的经济状况信息共享机制,实现信息化核对、网络化管理,为政府决策、数据查询和动态管理提供依据。完善医疗费用信息化结算机制。建立医疗救助与基本医疗保险、大病保险等医疗保障制度的信息化结算平台,全面实现"一站式"即时结算,方便困难群众看病就医。建立慈善资源与救助需求的信息对接平台,在受助人群和慈善主体间架起桥梁,畅通双方信息沟通渠道,提高救助的及时性和针对性。

▶本章小结◀

中国传统社会救助、社会福利的重要思想。一是大同社会论。二是社会互助论。三是仓储后备论。四是社会赈济论。

底线公平的社会救助理论认为。第一,底线公平首先强调政府的责任底线。第二,政府责任和能力也是有限的,为此,就必须建立这样一种制度结构,就是由底线部分福利制度、跨底线福利制度以及非底线福利制度,构成多层次的福利制度体系。第三,社会政策的重点应是关注大多数人的基本利益,优先满足弱势群体和底层群众的迫切需要。第四,底线公平因其能够最直接地改善社会福利状况,最明显地收获福利改善的社会效益,而成为经济发展和社会公平的结合点。第五,底线部分福利因其具有基础性、确定性和稳定性,而有助于降低和克服福利实践和福利研究中的模糊性和随意性。第六,将公平区分为无差别的公平和有差别的公平,可以有效地增强社会包容度,协调贫富各方利益,促进社会团结。底线公平应该包括生存权利公平、健康权利公平和发展权利公平。

中国特色社会救助制度的发展趋势包括:法治化,体系化,综合化,规范化,多元化和信息化。

第四章 社会救助管理

> 学习目标

通过本章学习,学生应该能够理解并掌握以下核心内容:
1. 社会救助的运行机制和体系构成
2. 社会救助对象和责任主体
3. 社会救助资源筹集的主要渠道与补充渠道
4. 社会救助政策和社会救助法的概念
5. 最低生活保障的基本原则
6. 社会救助的基本程序

第一节 社会救助的运行机制

一、社会救助的运行机制

社会救助的运行机制是指社会救助主体实现社会救助的途径和方法,主要包括社会救助体系的构建以及社会救助网络的构建。

（一）社会救助体系的构成

我国现有的社会救助体系一般由五部分构成。

1. 生存保障系统。生存保障系统是以保障城乡所有困难人群最基本生活的救助工作,包括:(1) 城乡低保;(2) 特殊困难人员供养。

2. 生活支撑系统。生活支撑系统是对保障困难群众基本生活的配套措施,包括4个方面的专项救助:(1) 医疗救助;(2) 住房救助;(3) 就业救助;(4) 教育救助等。

3. 灾害救助系统。灾害救助系统是对因灾产生贫困的救助,包括:(1) 因洪涝、干旱、地震、风雹、风暴潮等自然灾害所造成的灾民生活的紧急救助;(2) 突发疫情、化学灾害事故、灾害性天气等响应预案中的生活救助等。

4. 临时救助系统。临时救助系统是对城乡困难群众在特殊时期的救助,包括:(1)传统的时令救济工作;(2)因临时变故或重大事件发生生活困难的临时救济。

5. 补充救助系统。补充救助系统是对上述各项救助的补充,包括:(1)各级捐赠点的经常性捐赠和对困难群众的定向捐赠。(2)各级党政机关、企事业单位送温暖活动。(3)社会上的帮困互助。

(二)社会救助的层次

实践中,经过调查一般将困难群众确定为三个救助层面。第一层面是低保户,此类困难户按照国家政策享受最低生活保障。第二层面是低保边缘户,此类困难户按照地方市级政策享受生活保障。第三层面是低收入困难家庭,此类困难户按照城市区级政策享受帮扶。

(三)统一规范的三级社会救助服务网络

1. 健全服务网络

健全社会救助工作的区、街、居三级网络管理体系,充分发挥街道、社区居委会在帮扶困难群众中的重要作用。

2. 社会救助渠道统一

逐步实现社会救助"一口受理、一口上报、一口拨付",即各类救助对象救助款物的发放,救助政策的衔接及救助信息的汇总都要通过社会救助事务管理所一个部门运作,实现社会救助广覆盖、不遗漏、少重复。

3. 规范社会救助机构

社会救助机构要形成统一标准、统一标识、统一配置、统一配送的实物救助平台,实现社会救助机构的规范化运作,以加强管理和监督。

二、基层社会救助运行机制图

基层社会救助运行机制图如图 4-1 所示。

第二节 社会救助的行为主体

一、社会救助对象

(一)社会救助对象的概念

社会救助对象是指需要被进行社会救助的人。在实际工作中,通常以家庭作为受助单位。凡是共同生活的家庭成员人均收入低于户籍所在地城乡居

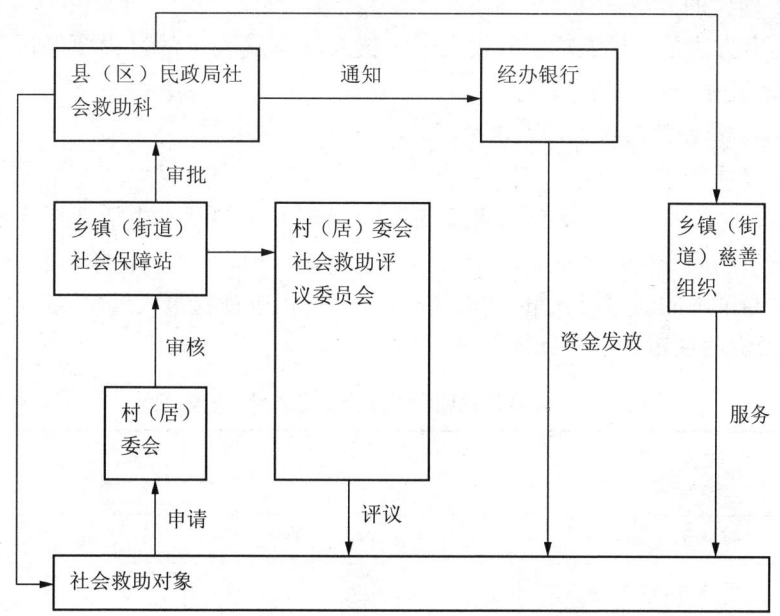

图 4-1 基层社会救助运行机制图

民最低生活保障标准的城乡居民,均有权申请最低生活保障。

1. 社会救助对象的特征

社会救助对象的特征:(1)申请对象的普遍性。社会救助作为社会的安全网,必须覆盖到社会的每一个角落,做到"横向到边,纵向到底"。(2)确定标准的唯一性。确定社会救助对象的唯一标准就是最低生活保障线。只要是收入低于最低生活保障线都有权利申请最低生活保障。(3)以家庭为单元。实际的社会救助工作以家庭作为申请单元。共同生活的家庭成员,只要人均收入水平没有达到最低生活保障线就可以申请。

2. 确认标准

最低生活保障线是社会救助对象的确认标准。确定最低生活保障线有许多不同方法。比较简易的方法是收入比例法。城市居民最低生活保障标准以省辖市为单位,农村居民最低生活保障标准以县(市、区)为单位,分别按照不低于当地上年度城镇居民人均可支配收入和农民人均纯收入20%的比例确定。最低生活保障标准随当地城乡居民收入的提高相应增长,原则上城市不低于上年度城镇居民人均可支配收入增长幅度,农村不低于上年度农民人均纯收入增长幅度。具体标准由各地根据当地实际情况确定。

3. 确认的方法

确定方法是审核人均家庭收入。审核人均家庭收入的过程要经过审核、评议、审批和公示等法定程序。

（二）社会救助对象的需求分析

1. 物质需求

（1）食品需求。必需食品消费支出的确定方法同基本生活费用支出法，即通过市场调查确定当地食品必需品消费清单（即标准食物清单）、根据中国营养学会推荐的能量摄入量（如表4-1所示）、相应食物摄入量（如表4-2所示）以及食物的市场价格计算得出。

表4-1 中国居民膳食能量推荐摄入量（千卡/日）

分类 \ 性别	男	女
轻体力活动	2 400	2 100
中体力活动	2 700	2 300
重体力活动	3 200	2 700

资料来源：中国营养学会编著的《中国居民膳食营养素参考摄入量》，中国轻工业出版社2001年版，第18页。有关说明：

(1) 表中所列为18—49岁成年人膳食能量推荐摄入量；

(2) 综合考虑轻体力活动男、女膳食能量推荐摄入量，建议以2200千卡作为测算城乡低保标准时的参考数据。

表4-2 中国居民不同能量水平建议食物摄入量（克/日）

类别 \ 能量	1 600千卡	1 800千卡	2 000千卡	2 200千卡	2 400千卡	2 600千卡	2 800千卡
谷类	225	250	300	300	350	400	450
大豆类	30	30	40	40	40	50	50
蔬菜	300	300	350	400	450	500	500
水果	200	200	300	300	400	400	500
肉类	50	50	50	75	75	75	75
乳类	300	300	300	300	300	300	300
蛋类	25	25	25	50	50	50	50
水产品	50	50	75	75	75	100	100

续　表

能量 类别	1 600千卡	1 800千卡	2 000千卡	2 200千卡	2 400千卡	2 600千卡	2 800千卡
烹调油	20	25	25	25	30	30	30
食盐	6	6	6	6	6	6	6

资料来源：中国营养学会编著的《中国居民膳食指南》，西藏人民出版社2007年版，第176页。

（2）其他生活必需品。非食品类生活必需品支出根据调查数据确定维持基本生活所必需的衣物、水电、燃煤（燃气）、公共交通、日用品等消费清单测算支出数额。

2. 精神需求

社会救助对象一般为老年人、残疾人或者大病家庭。他们除了物质上的穷困以外，更存在精神上的虚弱以及无助感。因此，他们需要精神上的鼓励、心理上的关怀和社会关系上的支持。社会救助对象也有参与社会，实现自我价值，获得社会尊重和肯定的需要。

3. 需求分析对于社会救助工作的启示

（1）注重物质救助的同时，注意关心社会救助对象的精神和心理需求，把社会救助与社区社会工作紧密结合起来。

（2）尊重社会救助对象的人格，保护社会救助对象的个人隐私。

（3）创造机会，帮助社会救助对象实现参与社会的需要。

二、社会救助的责任主体与服务机构

（一）社会救助的责任主体

社会救助是一项重要的基础性社会工作，对于维护社会和谐稳定具有托底作用，因此责任重大，必须有明确的主体承担责任。在我国，社会救助的责任主要是由民政系统负责的。

1. 社会救助责任主体的概念

社会救助的责任主体是指承担社会救助责任的政府部门及其主要负责人。通俗的说，社会救助的责任主体就是谁负责进行社会救助。强调责任是因为，社会救助关系社会稳定、关系百姓冷暖，责任重大。

社会救助主体根据不同的层级分别承担社会救助的领导责任、管理责任、服务责任和监督责任。（1）领导责任。在社会救助中，民政部承担领导责任。进一步完善政府领导、民政牵头、部门配合、社会参与的社会救助工作机制。建立由民政部牵头的社会救助部际联席会议制度，统筹做好最低生活保障与医疗、教育、住房等其他社会救助政策以及促进就业政策的协调发展和有效衔接,研究解决救助申请家庭经济状况核对等信息共享问题,督导推进社会救助体系建设。地方各级人民政府要将最低生活保障工作纳入重要议事日程,纳入经济社会发展总体规划,纳入科学发展考评体系,建立健全相应的社会救助协调工作机制,组织相关部门协力做好社会救助制度完善、政策落实和监督管理等各项工作。(2)管理责任。地方政府民政部门承担社会救助的具体管理责任。最低生活保障工作实行地方各级人民政府负责制,政府主要负责人对本行政区域最低生活保障工作负总责。县级以上地方各级人民政府要切实担负起最低生活保障政策制定、资金投入、工作保障和监督管理责任,乡镇人民政府(街道办事处)要切实履行最低生活保障申请受理、调查、评议和公示等审核职责,充分发挥包村干部的作用。各地要将最低生活保障政策落实情况纳入地方各级人民政府绩效考核,考核结果作为政府领导班子和相关领导干部综合考核评价的重要内容,作为干部选拔任用、管理监督的重要依据。民政部要会同财政部等部门研究建立最低生活保障工作绩效评价指标体系和评价办法,并组织开展对各省(区、市)最低生活保障工作的年度绩效评价。(3)监督责任。各级民政部门承担具体的监督责任。民政部门要强化责任追究,对因工作重视不够、管理不力、发生重大问题、造成严重社会影响的地方政府和部门负责人,以及在最低生活保障审核审批过程中滥用职权、玩忽职守、徇私舞弊、失职渎职的工作人员,要依纪依法追究责任。

2. 社会救助责任主体的构成

社会救助的责任主体根据其处于不同的政府层级承担相应的责任。根据不同部门承担责任的内容,可以简要划分为管理部门和具体的业务部门。(1)管理部门。社会救助的管理按照不同行政层级,具体承担不同的职责。民政部和各级地方民政部门主要承担管理责任。(2)业务部门。社会救助的业务部门负责具体的社会救助工作。在地方,社会救助业务一般由街道(乡镇)的社会救助站负责。社会救助站直接面对服务对象,为需要救助的贫困者提供各种救助服务。为了便民,现在各地都在探索一站式社会救助服务。在社会救助站,救助对象可以办理各项社会救助业务,而不必像以前要到医疗、住房、教育等各个部门去跑。

(二)社会救助的服务机构

社会救助业务面向千家万户,涉及生活保障、医疗、教育、住房等各个方面,具体工作千头万绪。因此,其服务机构要尽量便民利民,有利于社会救助能够深入基层、深入百姓,把政府和社会的温暖送到急需帮助的困难群体。社会救助的服务机构一般是最基层的社会救助站。但是,政府的力量是有限的,除了社会救助站以外,也要积极吸收社会组织的资源和力量,主要包括志愿者组织和慈善组织。在社会救助工作中,要积极发挥志愿者组织、慈善组织的民间优势,使各方面的力量形成合力。

1. 服务机构

社会救助服务机构具体负责社会救助工作。在机构设置方面,一般城市在街道、农村在乡镇设置社会救助站。社会救助站具体负责受理申请、审核、组织评议和发放款物等社会救助事宜。

2. 志愿者组织

志愿者是指在不为物质报酬的情况下,基于道义、信念、良知、同情心和责任,为改进社会而提供服务,贡献个人的时间及精力的人和人群。志愿服务泛指利用自己的时间、自己的技能、自己的资源、自己的善心为邻居、社区、社会提供非营利、非职业化援助的行为。政府的力量总是有限的,志愿者组织在社会救助中可以起到补充的作用。而且在对社会救助对象的服务提供、探访、调查收入等方面,志愿者组织具有政府所不具备的亲民优势。因此,在社会救助工作中,要积极引入志愿者的力量,特别是引导基层社区形成社会救助志愿者的专业组织。

3. 慈善公益组织

慈善公益组织通常被定义为:一个以致力于公共利益为唯一目的、其受益者为社团的全体成员或某些处于弱势地位或其他值得给予特别关照的特定群体的非营利组织。有时,慈善公益组织必须强调"公益性"特征,从事慈善性、教育性、宗教性和科学性的事业,强调不用于私人受惠。在社会救助工作中,也要积极吸取慈善组织的力量。同时,在社区积极营造慈善氛围,开展慈善一日捐等微小慈善服务。

三、社会救助的资源管理

(一) 社会救助资源的筹集

充足的资源是社会救助的物质基础。筹集社会救助资源是社会救助工作中的重要环节。财政预算是社会救助资金筹集的主要渠道,福利彩票公益金和慈善捐款也是社会救助资源的补充渠道。

(二) 社会救助资源筹集的主要渠道

财政预算是社会救助资源筹集的主要渠道。社会救助是政府重要的社会责任,各级政府都必须把社会救助资金纳入财政预算,为社会救助金的足额及时发放提供资金保障。

第三节 社会救助的政策、法律和程序

一、社会救助政策

(一)社会救助政策的含义

现代汉语中的"政策"一词是从英文单词 Policy 翻译而来。它是指政党或者政府为实现特定任务而采取的行动。"政策是国家机关、政党及其他政治团体在特定时期为实现或服务于一定社会政治、经济、文化目标所采取的政治行为或规定的行为准则,它是一系列谋略、法令、措施、办法、条例等的总称。"政策包含两个基本要素:价值观和行动。后行为主义政治学家戴维·伊斯顿认为:"政策是对全社会的价值做有权威的分配。"

社会政策是政府为解决社会领域问题而提出的政策。社会政策的主要任务就是协调社会关系,通过有效的社会行动,以物质和服务来满足不同弱势群体的社会需要,从而实现社会平等和社会正义。社会政策的目标是保障公民的基本生活。社会政策的领域主要包括:社会救助政策、养老保障政策、家庭政策、医疗政策、住房政策、就业政策、教育政策等。

社会救助政策是政府为解决贫困人口的基本生活困难而采取的政策。社会救助政策的目标是通过积极的社会救助保障困难群体的基本生活,促进社会和谐稳定,维护社会公正。

(二)我国的社会救助政策

在构建社会主义市场经济过程中,我国政府高度重视社会救助问题。从中央到地方制定了许多社会救助方面的政策。当前,最重要的政策是 2012 年 9 月发布的《国务院关于进一步加强和改进最低生活保障工作的意见》。该意见提出了社会救助的总体要求和基本原则,对于做好社会救助工作具有重要的意义。

最低生活保障工作要以科学发展观为指导,以保障和改善民生为主题,以强化责任为主线,坚持保基本、可持续、重公正、求实效的方针,进一步完善法规政策,健全工作机制,严格规范管理,加强能力建设,努力构建标准科学、对象准确、待遇公正、进出有序的最低生活保障工作格局,不断提高最低生活保障制度的科学性和执行力,切实维护困难群众基本生活权益。

最低生活保障的基本原则是:(1)坚持应保尽保。把保障困难群众基本

生活放到更加突出的位置,落实政府责任,加大政府投入,加强部门协作,强化监督问责,确保把所有符合条件的困难群众全部纳入最低生活保障范围。(2)坚持公平公正。健全最低生活保障法规制度,完善程序规定,畅通城乡居民的参与渠道,加大政策信息公开力度,做到审批过程公开透明,审批结果公平公正。(3)坚持动态管理。采取最低生活保障对象定期报告和管理审批机关分类复核相结合等方法,加强对最低生活保障对象的日常管理和服务,切实做到保障对象有进有出、补助水平有升有降。(4)坚持统筹兼顾。统筹城乡、区域和经济社会发展,做到最低生活保障标准与经济社会发展水平相适应,最低生活保障制度与其他社会保障制度相衔接,有效保障困难群众基本生活。

二、社会救助法律

(一)社会救助法律的概念

社会救助法是调整社会救助关系的法律规范的总称。社会救助关系是社会救助当事人之间的权利与义务关系,包括社会救助主体、社会救助对象、社会救助服务提供者等之间的关系。

社会救助法是社会救助政策的制度化表现形式。政策具有灵活性,会随着领导人的更替或者领导人注意力的改变而发生变化。社会救助政策对于维护社会和谐稳定,具有重要作用。因此,必须把在实践中不断完善的政策上升为法律,增强社会救助工作的权威性和规范性。

(二)我国的主要社会救助法规

我国目前的社会救助法规主要有《社会救助暂行办法》、《城镇居民最低生活保障条例》、《城市生活无着的流浪乞讨人员救助管理办法》、《农村五保供养条例》等。其中最主要的是《社会救助暂行办法》。

随着社会救助工作的深入开展,迫切需要有一部法律对相关实践问题进行规范。社会救助立法工作早就提上了立法议程,但是由于理论和实践的复杂性,立法过程中还存在许多争议,进展缓慢。为了实际工作的需要,2014年2月21日,国务院以行政法规的形式出台了《社会救助暂行办法》(以下简称暂行办法)。暂行办法明确社会救助的目标是保障公民的基本生活,促进社会公平,维护社会和谐稳定,社会救助的方针和原则是:社会救助制度坚持托底线、救急难、可持续,与其他社会保障制度相衔接,社会救助水平与经济社会发展水平相适应。社会救助工作应当遵循公开、公平、公正、及时的原则。暂行办法明确国务院民政部门统筹全国社会救助体系建设。国务院民政、卫生计生、教育、住房城乡建设、人力资源社会保障等部门,按照各自职责负责相应的社会救助管理工作。县级以上地方人民政府民政、卫生计生、教育、住房城乡建设、人力资源社会保障等部门,按照各自职责负责本行政区域内相应的社会救助管理工作。前两款所列行政部门统称社会救助管理部门。暂行办法明确社会救助资金实行专项管理,分账核算,专款专用,任何单位或者个人不得挤占挪用。社会救助资金的支付,按照财政国库管理的有关规定执行。暂行办法明确了我国社会救助的基本体系,具体包括最低生活保障制度、特困人员供养制度、专项社会救助、灾害社会救助、临时社会救助等。

三、社会救助程序

(一)强调社会救助程序的重要性

科学的程序设计,可以使社会救助资源准确的输送到确需帮助的社会救助对象。避免社会救助过程中的各种负面行为和社会现象。最低生活保障制度虽然总体上做到了规范有序,但有些地方在政策执行和监督管理等方面还存在一些漏洞,突出表现在三个方面:一是"搭车保"。少数地方政府把低保作为福利手段或是处理上访、拆迁等疑难问题的安抚措施,不加区别、不经收入核查,直接将某一群体纳入低保。二是"骗保"。有的居民为获取低保待遇,采取不正当手段隐瞒家庭收入和财产,或者请就业单位出具虚假收入证明甚至编造虚假申请材料,达到骗取低保的目的。三是"关系保"、"人情保"。少数低保工作人员违规违纪,将不符合条件的家庭纳入低保范围,甚至个别低保工作人员虚报、冒领低保金,损害了低保制度。

例如,2011年河南省监察厅会同民政厅、财政厅等部门对全省367万农村低保对象进行集中排查,共退出27.98万人,其中因家庭收入增加等原因正常退出25.71万人;清退搭车保0.73万人,清退隐瞒收入骗保0.71万人,清退关系保、人情保0.83万人。这些问题的存在虽然是个别的、局部的,但却影响了低保制度实施的公正性,伤害了人民群众的感情,损害了政府的公信力。因此,必须严格社会救助程序,从程序上杜绝不合理现象的发生。

(二)社会救助的基本程序

1. 申请

凡认为符合条件的城乡居民都有权直接向其户籍所在地的乡镇人民政府(街道办事处)提出最低生活保障申请;乡镇人民政府(街道办事处)无正当理由,不得拒绝受理。受最低生活保障申请人委托,村(居)民委员会可以代为提交申请。申请最低生活保障要以家庭为单位,按规定提交相关材料,书面声明家庭收入和财产状况,并由申请人签字确认。

2. 审核

乡镇人民政府(街道办事处)是审核最低生活保障申请的责任主体,在村(居)民委员会协助下,应当对最低生活保障申请家庭逐一入户调查,详细核查申请材料以及各项声明事项的真实性和完整性,并由调查人员和申请人签字确认。

3. 民主评议

入户调查结束后,乡镇人民政府(街道办事处)应当组织村(居)民代表或者社区评议小组对申请人声明的家庭收入、财产状况以及入户调查结果的真实性进行评议。各地要健全完善最低生活保障民主评议办法,规范评议程序、评议方式、评议内容和参加人员。

4. 审批

县级人民政府民政部门是最低生活保障审批的责任主体,在做出审批决定前,应当全面审查乡镇人民政府(街道办事处)上报的调查材料和审核意见(包含民主评议结果),并按照不低于30%的比例入户抽查。有条件的地方,县级人民政府民政部门可邀请乡镇人民政府(街道办事处)、村(居)民委员会参与审批,促进审批过程的公开透明。严禁不经调查直接将任何群体或个人纳入最低生活保障范围。

5. 公示

要严格执行最低生活保障审核审批公示制度,规范公示内容、公示形式和公示时限等。社区要设置统一的固定公示栏;乡镇人民政府(街道办事处)要及时公示入户调查、民主评议和审核结果,并确保公示的真实性和准确性;县级人民政府民政部门应当就最低生活保障对象的家庭成员、收入情况、保障金额等在其居住地长期公示,逐步完善面向公众的最低生活保障对象信息查询机制,并完善异议复核制度。公示中要注意保护最低生活保障对象的个人隐私,严禁公开与享受最低生活保障待遇无关的信息。

6. 发放

要全面推行最低生活保障金社会化发放,按照财政国库管理制度将最低生活保障金直接支付到保障家庭账户,确保最低生活保障金足额、及时发放到位。

▶ **本章小结** ◀

社会救助的运行机制是指社会救助主体实现社会救助的途径和方法,主要包括社会救助体系的构建以及社会救助网络的构建。社会救助资源筹集的主要渠道是财政预算,福利彩票公益金和慈善捐款也是社会救助资源筹集的重要补充渠道。

社会救助对象是指需要进行社会救助的人。最低生活保障线是社会救助对象的确认标准。社会救助主体根据不同的层级分别承担社会救助的决策责任、管理责任、服务责任和监督责任。社会救助政策是政府为解决贫困人口的基本生活困难而采取的政策。社会救助政策的目标是通过积极的社会救助保障困难群体的基本生活,促进社会和谐稳定,维护社会公正。

最低生活保障的基本原则是坚持应保尽保、坚持公平公正、坚持动态管理和坚持统筹兼顾。

社会救助法是调整社会救助关系的法律规范的总称。社会救助关系是社会救助当事人之间的权利与义务关系,包括社会救助主体、社会救助对象、社会救助服务提供者等之间的关系。

社会救助的基本程序:1.申请;2.审核;3.民主评议;4.审批;5.公示;6.发放。

第五章 最低生活保障

▶学习目标◀

通过本章学习,学生应该能够理解并掌握以下核心内容:
1. 最低生活保障的概念
2. 城市最低生活保障制度
3. 农村最低生活保障制度
4. 农村五保供养制度

第一节 最低生活保障的概念

一、最低生活保障的概念

最低生活保障,是指以政府为责任主体,对收入低于贫困线或最低生活保障线的城乡居民依照法定标准提供援助,以维持其最低生活为目标的一种社会保障制度。最低生活保障的根本目标,就是运用国家财力帮助那些低于当地最低生活保障线的贫困人口摆脱困境,使其达到基本的社会生活水平。社会救助暂行办法指出:国家对共同生活的家庭成员人均收入低于当地最低生活保障标准,且符合当地最低生活保障家庭财产状况规定的家庭,给予最低生活保障。

最低生活保障具有以下特征:一是申请对象的普遍性。最低生活保障是社会的安全网和底线,要对社会稳定起到托底作用,只要是当地合法居民都有权申请。二是确定标准的唯一性。确定最低生活保障对象的标准主要是看共同生活的家庭成员的人均收入是否低于当地最低生活保障线。三是以家庭为单元。最低生活保障以家庭作为单元进行申请。

最低生活保障的功能是保障公民的基本生存,维持社会稳定。社会稳定是经济社会发展的基础,而保障低于最低生活保障线的贫困者的生活,对于保障社会稳定具有重要的意义。

二、社会救助对象的确认标准

最低生活保障线是社会救助对象的确认标准。确定最低生活保障线有许多不同方法。比较简易的方法是收入比例法。城市居民最低生活保障标准以省辖市为单位,农村居民最低生活保障标准以县(市、区)为单位,分别按照不低于当地上年度城镇居民人均可支配收入和农民人均纯收入20%的比例确定。最低生活保障标准随当地城乡居民收入的提高相应增长,原则上城市不低于上年度城镇居民人均可支配收入增长幅度,农村不低于上年度农民人均纯收入增长幅度。具体标准由各地根据当地实际情况确定。

三、最低生活保障标准的确认方法

最低生活保障标准,由省、自治区、直辖市或者设区的市级人民政府按照当地居民生活必需的费用确定、公布,并根据当地经济社会发展水平和物价变动情况适时调整。最低生活保障家庭收入状况、财产状况的认定办法,由省、自治区、直辖市或者设区的市级人民政府按照国家有关规定制定。

制定和调整城乡低保标准时,可以采用基本生活费用支出法、恩格尔系数法或消费支出比例法。

(一)基本生活费用支出法

城乡低保标准根据当地居民基本生活费用支出确定,包括必需食品消费支出和非食品类生活必需品支出两部分。

用公式表示为:

城乡低保标准＝必需食品消费支出＋非食品类生活必需品支出

其中,必需食品消费支出通过市场调查确定当地食品必需品消费清单(即标准食物清单)、根据中国营养学会推荐的能量摄入量、相应食物摄入量以及食物的市场价格计算得出;非食品类生活必需品支出根据调查数据确定维持基本生活所必需的衣物、水电、燃煤(燃气)、公共交通、日用品等消费清单测算支出数额。

(二)恩格尔系数法

城乡低保标准根据当地居民必需食品消费支出和上年度最低收入家庭恩格尔系数确定。

用公式表示为:

城乡低保标准＝必需食品消费支出/上年度最低收入家庭恩格尔系数

其中,必需食品消费支出的确定方法同基本生活费用支出法,即通过市场调查确定当地食品必需品消费清单(即标准食物清单)、根据中国营养学会推荐的能量摄入量、相应食物摄入量以及食物的市场价格计算得出。

(三)消费支出比例法

已按基本生活费用支出法或恩格尔系数法测算出城乡低保标准的地区,可将此数据与当地上年度城乡居民人均消费支出进行比较,得出低保标准占上年度城乡居民人均消费支出的比例。在今后一定时期内再次计算城乡低保标准时,可直接用当地上年度城乡居民人均消费支出乘以此比例。

用公式表示为:

城乡低保标准＝当地上年度城乡居民人均消费支出×低保标准占上年度城乡居民人均消费支出的比例

四、最低生活保障的申请程序

申请最低生活保障,按照下列程序办理:

(1) 由共同生活的家庭成员向户籍所在地的乡镇人民政府、街道办事处提出书面申请;家庭成员申请有困难的,可以委托村民委员会、居民委员会代为提出申请。

(2) 乡镇人民政府、街道办事处应当通过入户调查、邻里访问、信函索证、群众评议、信息核查等方式,对申请人的家庭收入状况、财产状况进行调查核实,提出初审意见,在申请人所在村、社区公示后报县级人民政府民政部门审批。

(3) 县级人民政府民政部门经审查,对符合条件的申请予以批准,并在申请人所在村、社区公布;对不符合条件的申请不予批准,并书面向申请人说明理由。

五、最低生活保障待遇的落实

对批准获得最低生活保障的家庭,县级人民政府民政部门按照共同生活的家庭成员人均收入低于当地最低生活保障标准的差额,按月发给最低生活保障金。

对获得最低生活保障后生活仍有困难的老年人、未成年人、重度残疾人和重病患者,县级以上地方人民政府应当采取必要措施给予生活保障。

六、最低生活保障的动态调整

最低生活保障家庭的人口状况、收入状况、财产状况发生变化的,应当及时告知乡镇人民政府、街道办事处。县级人民政府民政部门以及乡镇人民政府、街道办事处应当对获得最低生活保障家庭的人口状况、收入状况、财产状况定期核查。最低生活保障家庭的人口状况、收入状况、财产状况发生变化的,县级人民政府民政部门应当及时决定增发、减发或者停发最低生活保障金;决定停发最低生活保障金的,应当书面说明理由。

第二节 我国的城乡最低生活保障制度

一、我国城乡最低生活保障制度的产生和发展

（一）我国城市最低生活保障制度的发展过程

1993年6月1日,上海市率先建立了城市居民最低生活保障线制度,拉开了城市救助制度改革的序幕。在1994年召开的第十次全国民政会议上,民政部肯定了上海的经验,提出了"对城市社会救济对象逐步实施按最低生活保障线标准进行救济"的改革目标,并部署在东部沿海地区进行试点。到1995年上半年,已有上海、厦门、青岛、大连、福州、广州等6个大中城市相继建立了城市居民最低生活保障线制度。在这一阶段,这项制度的创建和实施基本上是个别城市地方政府的自发行为。

1995年5月民政部在厦门、青岛分别召开了全国最低生活保障线工作座谈会,号召将这项制度推向全国。到1997年5月,全国已有206个城市建立了这项制度,约占全国建制市的1/3。在这一阶段制度的创建和推行已经成为中央政府的一个职能部门——民政部门的有组织行为。

1997年9月2日,国务院颁发《关于在全国建立城市居民最低生活保障制度的通知》（国发[1997]29号）,决定在全国建立城市居民最低生活保障制度。通知要求把建立城市居民最低生活保障制度当成一项重要的工作抓紧抓好;要合理确定保障对象的范围和保障标准;要认真落实最低生活保障资金;倡导生活互助,鼓励保障对象劳动致富;加强领导,确保城市居民最低生活保障制度顺利实施。

1999年9月28日,国务院正式颁布《城市居民最低生活保障条例》（中华人民共和国国务院令第271号）,自1999年10月1日起施行。这是迄今为止最全面、最权威的规范性法律文件。《条例》规定:"持有非农业户口的城市居民,凡共同生活的家庭成员人均收入低于当地城市居民最低生活保障标准的,均有从当地人民政府获得基本生活物质帮助的权利。"同时,"对无生活来源,

无劳动能力又无法定赡养人、抚养人或扶养人的城市居民,批准其按照当地城市居民最低生活保障标准全额享受。"以及"对尚有一定收入的城市居民,批准其按家庭人均收入低于当地城市居民最低生活保障标准的差额享受。"

2001年11月12日,国务院办公厅发出《国务院办公厅关于进一步加强城市居民最低生活保障工作的通知》(国办发[2001]87号),针对一些地方财政投入不足、属地管理原则没有完全落实、管理工作不够规范、基层日常管理、服务工作不适应以及最低生活保障与其他保障措施衔接不够紧密等问题,要求进一步提高认识,认真抓好城市居民最低生活保障工作;认真贯彻属地管理原则,全面落实城市居民最低生活保障制度;加大财政投入力度,管好用好城市居民最低生活保障资金;建立健全法规制度,推进城市居民最低生活保障工作的规范化管理;加强组织领导,确保城市居民最低生活保障制度落到实处。

近些年的实践证明,城市居民最低生活保障制度在解除贫困群体的生存危机、遏制城市贫困规模的持续扩大、维持社会团结和稳定等方面发挥了相当重要的作用。有关数据显示,2000年年底城市居民最低生活保障制度仅覆盖400万人;2002年年底城市低保对象人数激增到2 200万人,2007年的数据位2 233万人。

(二)我国的农村最低生活保障制度

农村最低生活保障制度是国家和社会为保障收入难以维持基本生活的农村贫困人口而建立的一种社会救助制度。建立农村最低生活保障制度,是消除城乡差别、实现农民国民待遇的重要举措。它有效保障农民的基本生活权益,缓和改革中的社会矛盾,同时也是尽快地建立和完善农村社会保障制度的关键所在。

从1997年开始,中国部分有条件的省市逐步建立农村最低生活保障制度。广东、浙江等经济发达省市相继出台实施《农村最低生活保障办法》,以法律的形式将农民纳入社会保障范围。但是,总的来说农村最低生活保障制度一直是我国最低生活保障制度的空白区,直到国务院2007年7月11日印发《关于在全国建立农村最低生活保障制度的通知》,我国的农村最低生活保障制度才逐步建立起来。

2007年7月11日,国务院办公厅发出《国务院关于在全国建立农村最低生活保障制度的通知》(国发[2007]19号),决定2007年在全国建立农村最低生活保障制度。目前是通过在全国范围内建立农村最低生活保障制度,将符合条件的农村贫困人口全部纳入保障范围,稳定、持久、有效地解决全国贫困人口的温饱问题。农村最低生活保障对象是家庭年人均收入低于当地最低生活保障标准的农村居民,主要是因病残、年老体弱、丧失劳动能力以及生存条件恶劣的原因造成生活成年困难的农村居民。

二、我国城乡最低生活保障制度的设计

1. 保障对象

家庭人均收入低于当地最低生活保障线的贫困人口。包括:传统的"三无对象"(无固定收入、无劳动能力、无法定赡养人或抚养人);失业保险期满未能重新就业、家庭人均收入低于当地最低生活保障标准的居民;家庭有人在职,但在领取工资或最低工资、退休金后,家庭人均收入仍少于当地最低生活保障标准的居民;因天灾人祸造成暂时生活困难的居民。此外,还有一些国家政策规定的特殊保障对象。在职人员由单位补至最低生活保障线;无业人员符合条件的,由地方财政拨款,民政部门补至最低生活保障线。第一类属于传统保障对象,后三类属于新增的社会救济对象。随着经济体制改革的深入,后三类救济对象会有所增加,逐渐成为最低生活保障制度的主要对象。从保障对象来看,最低生活保障制度是社会最后一道"安全网"。

2. 救助标准

通过政府的援助,使受助对象的收入水平达到当地最低生活保障线。城市居民最低生活保障标准,按照维持城市居民基本生活所必需的衣、食、住费用,并适当考虑水电燃煤(燃气)费用以及未成年人的义务教育费用确定。对"三无"人员,按照城市居民最低生活保障标准全额享受;对尚有一定收入的城市居民,按照家庭人均收入低于城市居民最低生活保障标准的差额享受即按照本市城镇居民的家庭人均收入与当年公布的城镇居民最低生活保障线的差额确定,差多少补多少。

3. 管理体制和运行体制

城市居民最低生活保障制度实行地方人民政府负责制。市民政局负责本行政区内城市居民最低生活保障的管理工作;财政部门按照规定落实城市居民最低生活保障资金;统计、物价、审计、劳动保障和人事等部门分工负责,在职责范围内负责城市居民最低生活保障的有关工作。民政部门以及街道办事处和镇人民政府负责城市居民最低生活保障制度的具体管理审批工作。街道(乡镇)社会保障所设有低保工作人员,从事低保事务性工作。街道居委会根据管理审批机构的委托,可以承担城市居民最低生活保障的日常管理、服务工作。

三、我国城乡最低生活保障制度的运行

（一）我国最低生活保障制度存在的问题

当前，最低生活保障制度存在如下突出问题：

（1）最低生活保障制度没有完全实现城乡统筹。城乡分隔是我国社会结构的显著特征，这种结构已经严重制约了我国社会全面、协调和可持续发展。最低生活保障制度的转型首先是从城市开始的，它在20世纪90年代发起、推广并逐步定型，这项制度初步整合并改进了城市社会救助，使得城市贫困居民可以享受基本生活保障。而与此同时，农村居民有3 000万人左右处于贫困状态，急需要政府和社会的制度性救助。由此可见，现行生活救助更多地满足城市居民的需求，而对农村贫困居民的救助需求满足不够。

（2）最低生活保障制度救助项目比较单一。整体上看，现行社会救助主要还是单一的生活救助，重在保障贫困居民的最低生活需求。尽管一些地区在试行一些专项救助，比如说医疗救助、教育救助、住房救助等，但是目前成效还不明显。其他一些有助于救助对象摆脱贫困状态的支持性的救助项目，还几乎没有开展，例如促进救助对象的社会参与，改善救助对象的社会质量等。

（3）家庭收入核实有困难。现行最低生活保障制度的家庭收入核查主要依靠社区（居委会）工作人员的调查走访，不可避免地导致以下结果：第一，申请者想方设法隐瞒自己的实际收入，因为隐瞒多少意味着可以从政府那里拿多少；第二，申请者通过非正规就业或其他方式增加收入的很难准确统计；第三，家计调查中人情、主观因素影响了对贫困者家庭实际收入的测算，在客观上制造不公平。

（二）我国最低社会保障制度的未来发展

（1）规范以家庭最低经济状况调查为核心的收入核查制度。我国低保制度实施以来，在国家没有形成统一的收入核查实施细则的前提下，各地都结合实际情况对低保对象的收入核查标准进行了积极探索，包括对消费对象的控制，如有的地方禁止低保户使用空调、禁止养宠物等。有时虽然刻板僵化，但对低保对象的有效甄别和监督还是起到了一定积极作用。

目前，低保制度中的收入核查难既有我国金融信用体系不完善的问题，也有制度本身设计的问题。具体来说，这些困难和问题表现在：缺乏完备的金融信用体制。迄今为止，我国尚未建立起与市场经济体制相适应的金融信用体制和居民个人收入申报制度，个人收入和金融资产不公开透明，个人所得税制度也不完善，缺乏有效的收入监控手段和相关的调查统计手段，缺乏低保对象

甄别的社会信用基础,因而导致收入核查的具体工作都要靠手工方式进行。二是家庭财产和隐形收入难以核查。对于低保户的私有住房、有价债券或者遗产继承等财产情况难以核实,同时就业形式多样化、收入来源多样化,都给收入核查增加了不少难题。三是没有建立科学测定贫困的系统指标。贫困的测定实际上是包含收入和支出两个部分,在实际操作中往往侧重对收入状况的核查,忽略支出部分。对低保对象的家庭财产和收入水平在目前缺少信用体制支撑的情况下,收入核查包含了更多的主管判定和非理性因素,调查缺乏客观性和准确性,最终导致家庭收入核查结果的可信度和有效性大大降低。一个可行的思路是,是否可以优先考虑从支出入手,确定其消费形态和生活方式,对低保对象的住房、耐用消费品等支出项目进行指标设计。结合收入状况进行综合评判。

我们认为,规范以家庭经济状况调查为核心的审核制度,一是借助现有的信息网络平台,包括利用银行、税务、劳动保障、工商行政管理等部门的信息系统,依法强制性获取申请者和受助者的家庭财产和收入状况,结合个人申报,明确有关机构和个人在低保资格评估中的职责和义务,加强行政立法,如劳动保障部门对有工作但实际收入在最低工资以下进行仲裁或给予证明,并优先对有劳动能力的无业低保人员进行技能培训和职业介绍;工商部门和市场管理部门要对早夜市和正规市场的个体商户的收入进行证明;税务部门应根据其缴税情况,提供其收入证明;在必要时,金融、证券部门应积极配合民政部门进行存款、证券交易等情况的调查等。二是出台家庭经济状况调查的实施细则。从收入核查和消费支出两个方面,结合个人收入、家庭财产、消费支出来界定低保对象。要完善收入申报和监控体系,确保家庭收入核算规范化。同时,对于各地采用的其他变通标准如家庭财产、高消费倾向等也应逐一统一规范。

(2)建立与促进就业相关联的动态调整机制。我国现行的最低生活保障制度有一个重要的原则是动态管理原则,即当家庭收入低于当地最低生活保障标准的时候,将其纳入低保群体,提供相应的低保待遇;当家庭收入变化时,相应地调整收入补贴额;当家庭收入高于最低生活保障标准时,让其退出低保群体。从实际情况来看,前者尚能保证,但收入增加后,不符合低保标准的对象退出低保制度却很难实现。特别是对隐形就业者来说,由于现在的就业形势极为灵活,上班时间也很有弹性,民政部门无法获取有力的证据证明其隐性收入,甚至当低保工作人员到低保对象的单位查证时,用人单位还帮助其应付低保工作人员,否认低保对象的就业事实;有的低保对象在家里炒股或者进行其他投资行为,也无法认定。另外对于达到退休年龄后开始领取退休金的人,由于目前低保户、劳动保障部门、民政部门之间的信息不对称,只要低保户不如实上报家庭收入的变化情况,低保部门就很难掌握对方的收入情况。当低保工作无法有效实现动态调整的时候,整个制度的公平与效率也会大大降低。

有关调查发现大多数低保对象都是愿意积极就业的,但是由于身体愿意或者年龄愿意使得就业机会十分渺茫,这一方面与我国整体就业难的状况有关,另一方面也揭示了我国困难群体非正规就业歧视的严重性。政府应该努力促进低保户的再就业,尤其是那些身体健康的人员,这不仅可以减少国家低保金支出,还可以促进社会财富的增长。政府应当限制企业在招收员工时的就业歧视,尤其是年龄方面。同时还要努力提供更多的公益岗位,把低保制度和社会福利安排结合起来,如低保户可以到福利院做护理员等。同时,再就业方面,制度上我们也应该有一些激励措施,如一旦家庭人均收入超过标准继续保留几个月的待遇,超过低保标准但是在一定标准以下可以保留低保相关的配套福利措施等。

(3) 强化以惩戒为基础的法律规范。我国低保制度的立法层次较低,《城市居民最低生活保障条例》还存在着某些法律上的漏洞。所以,应尽快出台专门的《社会救助法》,并制定相应的行政法规、实施细则以及部门规章。对于从法律上规范低保制度,应当完善惩罚机制。目前,条例中的监督条款形同虚设、低保工作人员弄虚作假、低保对象瞒报收入、骗保后受不到应有的惩戒,不仅低保对象的合法权益,也造成了国家和社会资源的浪费。法律法规中惩则要明确化、可操作化,对于各种手段欺骗、违规操作、造成低保金损失的居民、低保管理人员及相关单位的有关人员,其处罚手段都要做出详尽而明确的规定,从法律上杜绝此类行为的发生。另外,银行、税务、工商、劳动保障机构等部门间应有明确的配合调查责任,对不履行责任的行为应当追究法律责任。

(4) 构建以社会救助体系为目标的配套制度。现在的问题是,低保制度正在演变成为一种综合性的救助制度,承载了过多的救助功能。我们认为,要在低保制度之外健全配套制度,如住房救助、教育救助、医疗救助、就业促进等,都要向低收入群体延伸,不能仅仅关注低保对象。最低生活保障制度的基本目的是解除贫困家庭的生活困境,不可能指望所有的社会救助问题都靠一个低保制度一揽子解决,其他的问题都要靠整个社会救助制度安排,或其他的经济政策、社会政策来解决。社会救助制度要形成真正的"安全网络",靠单一的制度设计不仅不能实现,还会带来一些负面作用,例如,形成贫困陷阱,固化社会阶层,妨碍个体自由和社会流动等等。因此,构建完善的、有中国特色的社会救助体系,是低保制度、各个专项救助制度各尽职责,共同保障好困难群体的基本生活,这是包括低保在内的社会救助制度今后的发展方向。

第三节 我国的城乡低保实务

一、低保对象的认定与调整

(一)认定社会救助对象

1. 共同生活的家庭成员的界定

共同生活的家庭成员是指具有法定赡养、抚养、扶养关系并且长期共同生活(含长期或者阶段性在外务工)的成员。具体包括:夫妻;父母与子女(养子女、继子女、非婚生子女);祖父母、外祖父母与父母双亡的未成年孙子女、外孙子女;孙子女、外孙子女与子女死亡的祖父母、外祖父母;兄、姐与父母双亡或者父母无能力抚养的未成年弟、妹;其他经县级以上人民政府民政部门认定的共同生活的成员。

存在法定赡养、抚养、扶养关系并且长期共同生活的分户籍家庭,视为共同生活的家庭成员。

户籍已迁出但仍由其家庭供养的全日制在校就读学生,视为共同生活的家庭成员。

2. 家庭收入的界定

家庭收入是指共同生活的家庭成员在规定期限内的全部可支配收入或者纯收入,包括扣除缴纳的个人所得税及个人按规定缴纳的社会保障性支出后的工资性收入、经营性净收入、财产性收入和转移性收入等现金和实物收入。

家庭人均收入是指家庭收入除以共同生活的家庭成员人数所得到的平均数。

3. 最低生活保障对象的排除情形

有下列情形之一的,不得享受最低生活保障:

(1) 实际生活水平明显高于当地最低生活保障标准的家庭

    a. 拥有汽车和大型农机具的家庭

    b. 雇佣他人从事各种经营性活动的家庭

    c. 自费安排子女择校就读或者出国留学的家庭

    d. 具有有价证券买卖或者其他投资行为的家庭

    e. 非因拆迁原因,拥有两套以上产权住房并且住房总面积超过当地住房

保障标准面积两倍的家庭

非因拆迁原因,申请最低生活保障之前一年内或者享受最低生活保障期间,购买商品房或者超过标准面积的经济适用房的家庭

申请最低生活保障之前一年内或者享受最低生活保障期间,兴建或者购买非居住用房的家庭

申请最低生活保障之前一年内或者享受最低生活保障期间,装修住房并且装修水平明显高于当地最低生活保障标准的家庭

f. 家庭人均金融资产超过当地月最低生活保障标准12倍的家庭

g. 其他实际生活水平明显高于当地最低生活保障标准的家庭

(2) 拒绝配合最低生活保障工作部门对申请者家庭状况进行调查,致使无法核实收入的家庭

(3) 故意隐瞒家庭真实收入和家庭人口变动情况,或者提供虚假申请材料或虚假证明的家庭

(4) 通过离婚、赠予、转让等方式放弃自己应得财产或份额,或者放弃法定应得赡养费、抚养费、扶养费和其他合法资产及收入的家庭

(5) 法定赡养、抚养、扶养人有赡养、抚养、扶养能力,但未依法履行义务,致使申请人未获得赡养、抚养、扶养权益的家庭

(6) 人为闲置承包土地的家庭

(7) 在法定劳动年龄段内并且有劳动能力,无正当理由拒绝就业或者从事生产劳动的家庭

(8) 参与赌博、嫖娼、吸毒、偷窃、卖淫、诈骗、非法组织等违法活动的人员

(9) 各类服刑、劳动教养期内人员(经司法行政部门认定的社区矫正人员除外)

(10) 农村五保供养对象、城市"三无"老人、孤儿

(11) 当地政府规定不得享受最低生活保障的其他情形

二、家庭收入核定的方法

低保家庭的各类收入,采取下列办法进行核定:

(1) 入户调查。由两名以上工作人员到申请对象家中进行调查,核实家庭收入和吃、穿、住、用等实际生活状况;

(2) 邻里访问。走访社区居民和街坊邻居,了解申请对象家庭收入和实际生活状况;

(3) 信函索证。通过信函至申请对象从业单位或者有关部门(机构)索取

有关证明材料;

(4) 行业评估。以县(市、区)为单位,由民政部门会同相关部门对城乡人力资源市场和收入情况进行调查,经过合理评估,制定当地行业收入基本标准,并且按年进行调整;

(5) 支出推算。根据家庭消费支出,推算其家庭收入情况和实际生活水平;

(6) 民主评议。召开社区居民代表会议,对申请对象家庭收入和实际生活状况进行民主评议;

(7) 信息核对。通过房产管理、车船管理、住房公积金管理、社会保险、税务、金融等部门和机构的信息管理系统,查证、核对申请人家庭的收入情况以及存款、有价证券、房产、机动车船等财产信息。

在工作中,要根据实际情况,有针对性地选择核对方法。

三、家庭收入的计算范围

以下项目应当计入家庭收入:

(1) 各类计时工资、计件工资、奖金、津贴和补贴、加班工资、特殊情况下支付的工资及其他劳务所得;

(2) 从事各类经营、服务活动和农副业生产所得(包括可以折合现金的实物收入);

(3) 离退休金、退职退养生活费、失业保险金、养老保险金、征地保养金、商业保险金等;

(4) 遗属生活补助费、20 世纪 60 年代初精减退职职工生活补助费;

(5) 赡养费、抚养费、扶养费;

(6) 一次性安置费、一次性经济赔偿(补助、补偿)金、定期给付的各种生活补助(补偿)费;

(7) 集体经济组织分配所得、农村土地承包经营权流转所得、规划拆迁补偿所得;

(8) 财产租赁、转让或者变卖所得;

(9) 接受赠予、继承所得;

(10) 存款、利息及其他财产性收入;

(11) 博彩及其他偶然所得;

(12) 当地政府规定的其他应当计入家庭收入的项目。

以下项目不计入家庭收入:

（1）优抚对象按照规定享受的抚恤金、补助金、立功荣誉金、护理费；新中国成立前老党员生活补贴；

（2）义务兵家庭按照规定享受的优待金、奖励金；退役士兵一次性自谋职业补助金；

（3）对国家、社会和人民做出特殊贡献，政府给予的奖励金和特殊津贴；劳动模范荣誉津贴；见义勇为奖励金；

（4）政府发放的尊老金；城镇居民社会养老保险基础养老金和新型农村社会养老保险基础养老金（"十二五"期间暂不计入家庭收入）；

（5）计划生育家庭按政策享有的独生子女费；

（6）政府、社会、学校给予在校学生的帮困助学金、奖学金；

（7）政府、社会给予的医疗救助款物；

（8）政府发放的廉租住房补贴；

（9）因公（工）负伤人员的医疗费、护理费、残疾辅助器具费，因公（工）死亡人员的丧葬费；

（10）按照规定由用人单位统一扣缴和个人自缴的社会保险费、住房公积金；

（11）因拆迁获得的拆迁补偿款中，按照规定用于购置安居性质的自住房屋和必要的搬迁、装修、购置普通家具家电等实际支出的部分；

（12）最低生活保障对象参加社区组织的公益性劳动所得；

（13）政府发放的物价补贴、节日补助、一次性生活补贴金；

（14）残联发放的残疾人护理补贴、教育补贴、机动轮椅车燃油补贴、低保内重残补贴等残疾人专项补贴经费；民政部门发放的低保外特殊困难残疾人生活救助金；

（15）归侨生活补助费；

（16）当地政府规定的其他不应当计入家庭收入的项目。

四、家庭收入的计算方法

家庭各类收入，应当按照下列规定进行计算：

（1）家庭月收入按照其提出最低生活保障申请前至少6个月收入的平均值计算；

（2）与用人单位形成劳动关系的劳动者，按照用人单位或者人力资源社会保障部门出具的相关证明计算收入；

（3）对在职人员或者自谋职业人员进行收入核算时，可以酌情扣除必要

的就业成本;

(4) 在职职工、离岗职工,因所在单位长期亏损、停产、半停产、破产等原因,已经连续6个月以上未领取或者未足额领取工资或生活补助费,并且今后不可能再予以补发的,经该单位上级主管部门或者所在地人力资源社会保障部门认定并出具证明后,按照实际收入计算;

(5) 享受医疗期或病假的职工、离岗休养的职工、学徒工、无用工单位的劳务派遣工的工资,按照实际收入计算;

(6) 离退休金、失业保险金和遗属生活补助费按照当地政府有关部门公布的标准计算;高于标准的,按照实际收入计算;

(7) 打零工、做小生意、摆摊修理、人力搬运、家政服务等非固定从业收入,参照当地行业收入评估基本标准计算;实际收入高于评估标准的,按照实际收入计算;

(8) 种植业、养殖业、捕捞业收入,按照实际收成和当地价格,扣除必要成本后计算收入;不能准确核定的,可以参照当地行业收入评估基本标准计算收入;因家庭主要劳动力丧失劳动能力或者因自然灾害等因素达不到评估标准的,可以酌情降低标准计算收入;

(9) 与用人单位解除劳动关系领取一次性安置费、经济赔偿(补助、补偿)金、生活补助(补偿)金的人员,应当凭基本社会保险缴费凭证,在领取的一次性收入中扣除该职工自解除劳动关系之日起到法定退休年龄之前个人应当缴纳的基本社会保险费,剩余部分按照家庭人口数和当地最低生活保障标准逐月分摊计入家庭收入。在可分摊月数内,该家庭不予享受最低生活保障。如果剩余部分为零或者负数的,则不再计入家庭收入;

(10) 因征地领取一次性征地补偿安置费的家庭,其领取的一次性收入应当按照家庭人口数和当地最低生活保障标准逐月分摊计入家庭收入。在可分摊月数内,该家庭不予享受最低生活保障。如果剩余部分为零或者负数的,则不再计入家庭收入;

(11) 因房屋拆迁领取拆迁补偿费的家庭,应当凭有效凭证,在领取的拆迁补偿费中扣除购置安居性质自住房屋实际支出费用和必要的搬迁、装修、购置普通家具家电等实际支出费用后,剩余部分按照家庭人口数和当地最低生活保障标准逐月分摊计入家庭收入。在可分摊月数内,该家庭不予享受最低生活保障。如果剩余部分为零或者负数的,则不再计入家庭收入;

(12) 具有赡养、抚养、扶养关系的家庭成员非共同生活的,义务人应当给付的赡养费、抚养费、扶养费标准,按照具有法律效力的协议书、调解书、判决

书等法律文书所规定的数额计算;

没有法律文书的,如果义务人家庭人均收入低于当地最低生活保障标准2倍(含2倍)的,视为无赡养、抚养、扶养能力,可以不计算赡养费、抚养费、扶养费;如果义务人家庭人均收入高于当地最低生活保障标准2倍的,一般将其收入高出部分的50%,平均到其应当赡养、抚养、扶养的每个对象计算;

(13)财产租赁、转让所得,按照租赁、转让协议(合同)计算。个人不能提供租赁、转让协议(合同)的或者租赁、转让协议(合同)价格明显偏低的,按照当地同类、同期市场租赁、转让价格计算。

五、最低生活保障标准确定方法

最低生活保障标准的确定方法,实践中常用消费支出比例法。城乡居民最低生活保障标准按照当地统计部门公布的上年度城乡居民人均生活消费支出30%~35%比例确定。

计算公式为:城乡居民最低生活保障标准=上年度城乡居民人均生活消费支出×(30%~35%)±调整数

(1)上年度城乡居民人均生活消费支出,主要以当地统计局发布的城乡居民年人均生活消费支出为基础数;

(2)30%~35%的比例,是根据国际通行的贫困线标准计算法得出,即:一个国家的人均可支配收入的三分之一即为这个国家的贫困线;

(3)调整数,主要依据上年度城市居民人均可支配收入(农民人均纯收入)、职工最低工资标准、居民消费价格指数(CPI)、地方财政收入等社会经济发展指标综合平衡后得出。

▶ 本章小结 ◀

最低生活保障,是指以政府为责任主体,对收入低于贫困线或最低生活保障线的城乡居民依照法定标准提供援助,以维持其最低生活为目标的一种社会保障制度。最低生活保障的根本目标,就是运用国家财力帮助那些低于当地最低生活保障线的贫困人口摆脱社会困境,使其达到基本的社会水平。城乡低保的保障对象是人均家庭收入低于社会保障线的人口。城市最低生活保障的标准原则上是当地上一年度居民人均可支配收入的20%,农村最低生活保障的标准原则上是当地上一年度农民人均纯收入的20%。

我国农村五保供养,是依照国家法律规定,在吃、穿、住、医、葬方面给予村民生活照顾和物质帮助的制度。对保障老年、残疾或者未满16周岁的村民,无劳动能力、无生活来源又无法定赡养、抚养、扶养义务人,或者其法定赡养、抚养、扶养义务人无赡养、抚养、扶养能力的农村居民的基本生活起到积极作用。农村五保供养对象的疾病治疗与当地农村合作医疗和农村医疗制度相衔接。农村五保供养标准不得低于当地村民的平均生活水平,并随着当地村民平均生活水平的提高适时调整。

第六章 专项社会救助

▶学习目标◀

通过本章学习,学生应该能够理解并掌握以下核心内容:
1. 住房救助的概念和主要内容
2. 医疗救助的概念和主要内容
3. 教育救助的概念和主要内容
4. 就业救助的概念和主要内容

第一节 专项社会救助的概念

一、概念

专项社会救助是针对最低生活保障对象的住房、医疗、教育和就业等方面的需求而提供的社会救助项目。

二、主要领域

专项社会救助的领域主要包括住房救助、医疗救助、教育救助和就业援助。

住房救助主要解决受助群体的基本居住需求。安居才能乐业,贫困群体的居住需求是基本需求。

医疗救助主要解决受助群体的基本医疗需求。目前国内有关医疗救助的概念主要有以下几种提法:钟仁耀认为,医疗救助是指由政府从财政、政策和技术上为贫困人口中的疾病患者提供某些或全部医疗健康服务,以改善贫困人口健康状况的一种社会救助项目。时正新认为,医疗救助是指政府和社会对贫困人口中因病而无经济能力进行医疗的人实施的专项帮助和支持行为。王宝真认为,医疗救助是政府通过提供资金支持与技术支持或社会通过各种慈善行为,对患有疾病而无经济能力治疗的贫困人群,实施专项帮助和经济支持的一种医疗保障制度。孟庆跃、姚岚认为,医疗救助是指政府和社会通过提供资金、支持和技术上的支持使贫困人口获得医疗卫生服务,以改善他们的医疗健康状况的一种运行机制。综合来说,医疗救助是指政府和社会通过提供各种资源的支持(如资金、技术等)来对因为健康陷入困境的贫困人口进行专项救助的一种社会救助项目。

教育救助主要解决最低生活保障对象中学龄儿童的基础教育需求。教育是人类文明的产物,教育水平是国家兴衰的标志。由于教育是以一定的经济条件为基础的,因而贫困家庭的子女往往会因为贫困而难以完成学业甚至失去受教育的权利。这对他们来说无疑是不公平的。而教育社会救助就是针对这种现象而产生并发展的社会救助内容之一。

就业援助解决受助群体的就业需求。就业是民生之本,是社会稳定和谐的基础。

第二节 专项社会救助的制度设计

专项社会救助的制度设计主要体现在《社会救助暂行办法》里。暂行办法对住房救助等专项社会救助制度进行了细化规定。

(一) 住房救助

1. 住房救助对象

国家对符合规定标准的住房困难的最低生活保障家庭、分散供养的特困人员,给予住房救助。

2. 住房救助形式

住房救助通过配租公共租赁住房、发放住房租赁补贴、农村危房改造等方式实施。

3. 住房救助标准

住房困难标准和救助标准,由县级以上地方人民政府根据本行政区域经济社会发展水平、住房价格水平等因素确定、公布。

4. 住房救助程序

城镇家庭申请住房救助的,应当经由乡镇人民政府、街道办事处或者直接向县级人民政府住房保障部门提出,经县级人民政府民政部门审核家庭收入、财产状况和县级人民政府住房保障部门审核家庭住房状况并公示后,对符合申请条件的申请人,由县级人民政府住房保障部门优先给予保障。农村家庭申请住房救助的,按照县级以上人民政府有关规定执行。

5. 住房救助的政策保障

各级人民政府按照国家规定通过财政投入、用地供应等措施为实施住房救助提供保障。

(二) 医疗救助

1. 医疗救助对象

下列人员可以申请相关医疗救助:

(1) 最低生活保障家庭成员;

(2) 特困供养人员;

(3) 县级以上人民政府规定的其他特殊困难人员。

2. 医疗救助方式

医疗救助采取下列方式:

(1) 对救助对象参加城镇居民基本医疗保险或者新型农村合作医疗的个人缴费部分,给予补贴;

(2) 对救助对象经基本医疗保险、大病保险和其他补充医疗保险支付后,个人及其家庭难以承担的符合规定的基本医疗自负费用,给予补助。

3. 医疗救助标准

医疗救助标准,由县级以上人民政府按照经济社会发展水平和医疗救助资金情况确定、公布。

4. 医疗救助的程序

申请医疗救助的,应当向乡镇人民政府、街道办事处提出,经审核、公示后,由县级人民政府民政部门审批。最低生活保障家庭成员和特困供养人员的医疗救助,由县级人民政府民政部门直接办理。县级以上人民政府应当建立健全医疗救助与基本医疗保险、大病保险相衔接的医疗费用结算机制,为医疗救助对象提供便捷服务。

5. 疾病应急救助制度

国家建立疾病应急救助制度,对需要急救但身份不明或者无力支付急救费用的急重危伤病患者给予救助。符合规定的急救费用由疾病应急救助基金支付。疾病应急救助制度应当与其他医疗保障制度相衔接。

(三) 教育救助

1. 教育救助对象

国家对在义务教育阶段就学的最低生活保障家庭成员、特困供养人员,给予教育救助。对在高中教育(含中等职业教育)、普通高等教育阶段就学的最低生活保障家庭成员、特困供养人员,以及不能入学接受义务教育的残疾儿童,根据实际情况给予适当教育救助。

2. 教育救助方式

教育救助根据不同教育阶段需求,采取减免相关费用、发放助学金、给予生活补助、安排勤工助学等方式实施,保障教育救助对象基本学习、生活需求。

3. 教育救助标准

教育救助标准,由省、自治区、直辖市人民政府根据经济社会发展水平和教育救助对象的基本学习、生活需求确定、公布。

4. 教育救助程序

申请教育救助,应当按照国家有关规定向就读学校提出,按规定程序审核、确认后,由学校按照国家有关规定实施。

(四)就业救助

1. 就业救助对象

国家对最低生活保障家庭中有劳动能力并处于失业状态的成员,给予就业救助。最低生活保障家庭有劳动能力的成员均处于失业状态的,县级以上地方人民政府应当采取有针对性的措施,确保该家庭至少有一人就业。

2. 就业救助方式

就业救助通过贷款贴息、社会保险补贴、岗位补贴、培训补贴、费用减免、公益性岗位安置等办法实施。吸纳就业救助对象的用人单位,按照国家有关规定享受社会保险补贴、税收优惠、小额担保贷款等就业扶持政策。

3. 就业救助程序

申请就业救助的,应当向住所地街道、社区公共就业服务机构提出,公共就业服务机构核实后予以登记,并免费提供就业岗位信息、职业介绍、职业指导等就业服务。最低生活保障家庭中有劳动能力但未就业的成员,应当接受人力资源社会保障等有关部门介绍的工作;无正当理由,连续3次拒绝接受介绍与其健康状况、劳动能力等相适应的工作的,县级人民政府民政部门应当决定减发或者停发其本人的最低生活保障金。

第三节 专项社会救助实务

专项社会救助涉及部门较多,协调难度大。社会救助对象在申请专项社会救助过程中面临许多现实困难。为了实现专项社会救助便民、高效,各地在实践中总结出了一些实务经验,主要包括专项社会救助的制度运行和流程再造等方面。

一、专项社会救助的制度运行

一是制度"集成化"。（1）条线整合：根据国务院《社会救助暂行办法》精神，统合低保和特困人员供养、灾害救助、临时救助、医疗救助、住房救助、教育救助、就业救助、法律援助和司法救助等8个条线救助政策，增强各救助门类的衔接，形成综合救助效应。（2）标准整合：改变以往城乡低保标准"多、散、乱"状况，统筹城乡社会救助，城乡困难居民首次享受同等保障待遇。（3）急难整合：对因灾、因贫、因独、因病、因学、因乞等原因突遇不测，陷入生存困境，且现有社会保障和社会救助制度难以保障的家庭或人员，给予应急性救助。

二是资源"一体化"。加强"救助资源、信息资源、社会互助资源和监督资源"的统筹利用，将原本分散在人社、教育、住建、卫生等10多个部门的"碎片化"救助资源重新整合，实现向"多元化"综合救助转型，形成"大综合"社会救助体系。加强救助资金增长与经济社会发展融合同步，城乡低保标准按上年度人均可支配收入的增长相应调整，并制定物价上涨补贴等保障办法，切实保障困难群众同享城市发展成果。建立跨部门社会救助管理信息系统，共享受助对象信息，实现救助资源合理配置，强化上下互动、左右联通的社会救助网络功能。

三是比对"实时化"。集约化运作，建成公安、住建、人社、住房公积金、税务、交通运输、工商、残联等部门参与的家庭收入信息核对系统，由过去"信函索证"发展到目前的"信息比对"，并全面实现部门前置系统"实时化"数据交换。凡困难对象的养老保险、公积金、车辆、住房、税务等项目都能够进行"检索式"对比，并实现不同部门业务数据的"条目式"整合，确保社会救助运行公开、公平、公正。

二、专项社会救助的流程再造精细服务

一是"一门受理"提档升级。社会救助通过场所集中、流程简化、服务创新，让求助群众进一个门、办所有事。"全科式"救助服务，社会救助服务中心窗口办理所有的救助项目，办理时限缩短、办理流程简化。建立"一门式"受理的"首问负责制"。"四个零"服务标准，即，服务需求"零障碍"；服务为民"零距离"；服务质量"零缺陷"；服务办理"零积压"。

二是"窗口功能"规范提升。救助窗口要具有申请、受理、审核、查询、分办、转接、动态管理、数据统计等八个功能模块，通过中心二次运作按照社会救

助对象进行部门整合,将救助信息及时告知救助申请人。社会救助服务中心实行"系统化"分类整合、双线运作,实现救助申请人与相关救助部门的无缝对接。

三是"部门协调"联动运作。建立社会救助联席会议制度,有效增强联席会议协调资源、研究政策、信息共享和督查落实的能力。

▶ 本章小结 ◀

医疗救助是指政府和社会通过提供各种资源的支持(如资金、技术等)来对医疗陷入困境的贫困人口进行专项救助的一种社会救助项目。医疗救助方式有以下几种形式:一是对医疗社会救助对象的医疗费用进行一定比例的减免或完全减免专项资金;二是一些国家和地区的财政部门设定一定的资金,专款专用;三是行会、工会等生活组织对会员进行互济互助,经费来自于组织的储备金或者从单位福利费、工会经费、个人缴费提取一定比例;四是社会或慈善组织为贫病人员组织开展义诊、义捐和无偿医治活动。

住房救助,是指政府向低收入家庭和其他需要保障的特殊家庭提供现金补贴或直接提供住房的一种社会救助项目。住房救助的形式有:向居民提供福利保障性的廉租房;以低于市场价的价格出售经济适用房;发放住房现金补贴。

教育社会救助是指国家和社会团体为了保障适龄人口能获得接受教育的机会,从物质上对贫困地区和贫困学生在不同阶段说提供援助的一种社会救助项目。目前教育社会救助的救助形式主要包括学费减免,发放助学金,实行助学贷款等。

就业援助即对"4050"就业困难人员、"零就业家庭"、特困失业人员、低保家庭以及有就业能力和就业愿望的刑释解教人员等实施就业援助,对自愿申请登记的援助对象分类登记,建立工作台账,实施"一对一"就业服务帮扶。

第七章 临时社会救助与特困人员供养

▷学习目标◁

通过本章学习,学生应该能够理解并掌握以下核心内容:
1. 临时社会救助的概念和对象范围,及其救助实务
2. 特困人员供养的概念和相关内容

第一节 临时社会救助

随着我国社会救助体系的基本建立,绝大多数困难群众得到了及时、有效的救助。但同时,社会救助体系仍存在"短板",解决一些遭遇突发性、紧迫性、临时性生活困难的群众救助问题仍缺乏相应的制度安排。因此,迫切需要全面建立临时救助制度,发挥救急难功能,使城乡困难群众基本生活都能得到有效保障,兜住底线。

建立临时救助制度是填补社会救助体系空白,提升社会救助综合效益,确保社会救助安全网网底不破的必然要求。临时救助制度以解决城乡群众突发性、紧迫性、临时性基本生活困难问题为目标,通过完善政策措施,健全工作机制,强化责任落实,鼓励社会参与,增强救助时效,补"短板"、扫"盲区",编实织密困难群众基本生活安全网,切实保障困难群众基本生活权益。

一、临时社会救助的概念

(一)临时社会救助的概念

临时社会救助是指国家对因火灾、交通事故等意外事件,家庭成员突发重大疾病等原因,导致基本生活暂时出现严重困难的家庭,或者因生活必需支出突然增加超出家庭承受能力,导致基本生活暂时出现严重困难的最低生活保障家庭,以及遭遇其他特殊困难的家庭,给予临时救助。

临时社会救助主要包括两种类型:支出型临时社会救助,应急型临时社会

救助。

根据民政部的统计,我国2014年临时救助650.7万户次。其中,按户籍性质分类城市家庭333.5万户次,农村家庭317.2万户次;按属地分类当地常驻户口631.5万户次,非当地常驻户口19.2万户次;按救助类型分类支出型临时救助533.9万户次,应急型临时救助116.8万户次。全年支出临时救助资金57.6亿元。

(二)临时社会救助的对象范围

临时社会救助对象主要包括家庭对象和个人对象。

(1)家庭对象。因火灾、交通事故等意外事件,家庭成员突发重大疾病等原因,导致基本生活暂时出现严重困难的家庭;因生活必需支出突然增加超出家庭承受能力,导致基本生活暂时出现严重困难的最低生活保障家庭;遭遇其他特殊困难的家庭。

(2)个人对象。因遭遇火灾、交通事故、突发重大疾病或其他特殊困难,暂时无法得到家庭支持,导致基本生活陷入困境的个人。其中,符合生活无着的流浪、乞讨人员救助条件的,由县级人民政府按有关规定提供临时食宿、急病救治、协助返回等救助。

县级以上地方人民政府应当根据当地实际,制定具体的临时救助对象认定办法,规定意外事件、突发重大疾病、生活必需支出突然增加以及其他特殊困难的类型和范围。

二、临时社会救助实务

(一)申请受理

(1)依法申请受理。凡认为符合救助条件的城乡居民家庭或个人均可以向所在地乡镇人民政府(街道办事处)提出临时救助申请;受申请人委托,村(居)民委员会或其他单位、个人可以代为提出临时救助申请。对于具有本地户籍、持有当地居住证的,由当地乡镇人民政府(街道办事处)受理;对于上述情形以外的,当地乡镇人民政府(街道办事处)应当协助其向县级人民政府设立的救助管理机构(即救助管理站、未成年人救助保护中心等)申请救助;当地县级人民政府没有设立救助管理机构的,乡镇人民政府(街道办事处)应当协助其向县级人民政府民政部门申请救助。申请临时救助,应按规定提交相关证明材料,无正当理由,乡镇人民政府(街道办事处)不得拒绝受理;因情况紧急无法在申请时提供相关证明材料的,乡镇人民政府(街道办事处)可先行受理。

(2) 主动发现受理。乡镇人民政府(街道办事处)、村(居)民委员会要及时核实辖区居民遭遇突发事件、意外事故、罹患重病等特殊情况,帮助有困难的家庭或个人提出救助申请。公安、城管等部门在执法中发现身处困境的未成年人、精神病人等无民事行为能力人或限制民事行为能力人,以及失去主动求助能力的危重病人等,应主动采取必要措施,帮助其脱离困境。乡镇人民政府(街道办事处)或县级人民政府民政部门、救助管理机构在发现或接到有关部门、社会组织、公民个人报告救助线索后,应主动核查情况,对于其中符合临时救助条件的,应协助其申请救助并受理。

(二) 审核审批

(1) 一般程序。乡镇人民政府(街道办事处)应当在村(居)民委员会协助下,对临时救助申请人的家庭经济状况、人口状况、遭遇困难类型等逐一调查,视情况组织民主评议,提出审核意见,并在申请人所居住的村(居)民委员会张榜公示后,报县级人民政府民政部门审批。对申请临时救助的非本地户籍居民,户籍所在地县级人民政府民政部门应配合做好有关审核工作。县级人民政府民政部门根据乡镇人民政府(街道办事处)提交的审核意见做出审批决定。救助金额较小的,县级人民政府民政部门可以委托乡镇人民政府(街道办事处)审批,但应报县级人民政府民政部门备案。对符合条件的,应及时予以批准;不符合条件不予批准,并书面向申请人说明理由。申请人以同一事由重复申请临时救助,无正当理由的,不予救助。对于不持有当地居住证的非本地户籍人员,县级人民政府民政部门、救助管理机构可以按生活无着人员救助管理有关规定审核审批,提供救助。

(2) 紧急程序。对于情况紧急、需立即采取措施以防止造成无法挽回的损失或无法改变的严重后果的,乡镇人民政府(街道办事处)、县级人民政府民政部门应先行救助。紧急情况解除之后,应按规定补齐审核审批手续。

(三) 救助方式

对符合条件的救助对象,可采取以下救助方式:

(1) 发放临时救助金。各地要全面推行临时救助金社会化发放,按照财政国库管理制度将临时救助金直接支付到救助对象个人账户,确保救助金足额、及时发放到位。必要时,可直接发放现金。

(2) 发放实物。根据临时救助标准和救助对象基本生活需要,可采取发放衣物、食品、饮用水,提供临时住所等方式予以救助。对于采取实物发放形式的,除紧急情况外,要严格按照政府采购制度的有关规定执行。

(3) 提供转介服务。对给予临时救助金、实物救助后,仍不能解决临时救助对象困难的,可分情况提供转介服务。对符合最低生活保障或医疗、教育、住房、就业等专项救助条件的,要协助其申请;对需要公益慈善组织、社会工作服务机构等通过慈善项目、发动社会募捐、提供专业服务、志愿服务等形式给予帮扶的,要及时转介。

(4) 对生活无着的流浪、乞讨人员的临时社会救助。国家对生活无着的流浪、乞讨人员提供临时食宿、急病救治、协助返回等救助。公安机关和其他有关行政机关的工作人员在执行公务时发现流浪、乞讨人员的,应当告知其向救助管理机构求助。对其中的残疾人、未成年人、老年人和行动不便的其他人员,应当引导、护送到救助管理机构;对突发急病人员,应当立即通知急救机构进行救治。

(四) 救助标准

临时救助标准要与当地经济社会发展水平相适应。县级以上地方人民政府要根据救助对象困难类型、困难程度,统筹考虑其他社会救助制度保障水平,合理确定临时救助标准,并适时调整。临时救助标准应向社会公布。省级人民政府要加强对本行政区域内临时救助标准制定的统筹,推动形成相对统一的区域临时救助标准。

第二节 特困人员供养

特困人员供养制度最早起源于"农村五保制度"。随着我国社会救助制度的完善,对于城市的特困人员也进行供养,形成了统筹城乡的特困人员供养制度。我国农村五保供养,简称"五保"制度,是依照国家法律规定,在吃、穿、住、医、葬方面给予特困村民生活照顾和物质帮助的制度。该制度建立于20世纪50年代,对保障老年、残疾或者未满16周岁的村民,无劳动能力、无生活来源又无法定赡养、抚养、扶养义务人,或者其法定赡养、抚养、扶养义务人无赡养、抚养、扶养能力的农村居民的基本生活起到积极作用。1994年国务院颁布《农村五保供养工作条例》,使农村"五保"制度规范化。该条例2006年进行了修改,新的《农村五保工作条例》自2006年3月1日起施行。

一、特困人员供养的概念

(一) 特困供养人员的概念

特困人员供养是指国家对无劳动能力、无生活来源且无法定赡养、抚养、扶养义务人,或者其法定赡养、抚养、扶养义务人无赡养、抚养、扶养能力的老年人、残疾人以及未满 16 周岁的未成年人,给予物质供养和照顾。

根据民政部的统计,截至 2014 年底,全国有农村五保供养对象 529.1 万人,比上年下降 1.5%。全年各级财政共支出农村五保供养资金 189.8 亿元,比上年增长 10.2%。其中:农村五保集中供养 174.3 万人,集中供养年平均标准为 5 371 元/人,比上年增长 14.6%;农村五保分散供养 354.8 万人,分散供养年平均标准为 4 006 元/人,比上年增长 14.5%。2014 年救济城市"三无"7.6 万人。

(二)特困供养的内容

特困人员供养的主要内容包括:

(1) 提供基本生活条件(具体包括:符合基本居住条件的住房,供给粮油、副食品、生活用燃料、服装、被褥等生活用品和零用钱等。);

(2) 对生活不能自理的给予照料;

(3) 提供疾病治疗;

(4) 办理丧葬事宜。

另外,特困供养对象未满 16 周岁或者已满 16 周岁仍在接受义务教育的,应当保障他们依法接受义务教育所需费用。特困供养对象的疾病治疗,应当与当地医疗救助制度相衔接。

二、特困人员供养实务

(一)特困人员供养管理

乡镇人民政府、街道办事处应当及时了解掌握居民的生活情况,发现符合特困供养条件的人员,应当主动为其依法办理供养。特困供养人员不再符合供养条件的,村民委员会、居民委员会或者供养服务机构应当告知乡镇人民政府、街道办事处,由乡镇人民政府、街道办事处审核并报县级人民政府民政部门核准后,终止供养并予以公示。

(二)特困人员供养申请

申请特困人员供养,由本人向户籍所在地的乡镇人民政府、街道办事处提出书面申请;本人申请有困难的,可以委托村民委员会、居民委员会代为提出申请。

享受特困供养待遇,由本人向居民(村民)委员会提出申请;因年幼或者智力残疾无法表达意愿的,由居委会(村委会)代为提出申请。经居委会(村民委员会)民主评议后在本村范围内公告。无重大异议的,由居委会(村民委员会)将评议意见和有关材料报送城市街道(乡、民族乡、镇)政府审核。

城市街道(乡、民族乡、镇)政府应当自收到评议意见之日起20日内提出审核意见,并将审核意见和有关材料报送区(县)级人民政府民政部门审批。区(县)级人民政府民政部门应当自收到审核意见和有关材料之日起20日内做出审批决定。对批准给予农村五保供养待遇的,发给《供养证书》;对不符合条件不予批准的,应当书面说明理由。

(三)特困人员供养标准

城乡特困人员供养标准不得低于当地城乡居民平均生活水平,并应根据当地城乡居民平均生活水平的提高适时调整。具体特困人员供养标准,由省、自治区、直辖市或者设区的市级人民政府确定、公布。

(四)特困人员供养方式

特困供养人员可以在当地的供养服务机构集中供养,也可以在家分散供养。特困供养人员可以自行选择供养形式。

▶本章小结◀

临时社会救助是指国家对因火灾、交通事故等意外事件,家庭成员突发重大疾病等原因,导致基本生活暂时出现严重困难的家庭,或者因生活必需支出突然增加超出家庭承受能力,导致基本生活暂时出现严重困难的最低生活保障家庭,以及遭遇其他特殊困难的家庭,给予临时救助。主要包括两种类型:支出型临时社会救助、应急型临时社会救助。救助对象主要包括家庭对象和个人对象。临时救助标准要与当地经济社会发展水平相适应。

特困人员供养是指国家对无劳动能力、无生活来源且无法定赡养、抚养、扶养义务人,或者其法定赡养、抚养、扶养义务人无赡养、抚养、扶养能力的老年人、残疾人以及未满16周岁的未成年人,给予物质供养和照顾。城乡特困人员供养标准不低于当地城乡居民平均生活水平。

第八章 灾害社会救助

▶学习目标◀

通过本章学习,学生应该能够理解并掌握以下核心内容:
1. 灾害社会救助的概念和特征
2. 灾害应急管理制度
3. 灾害社会救助的内容和主要步骤
4. 我国的灾害社会救助

第一节 灾害及其应对

一、灾害的概念

灾害一词最早见于《左传·成公十六年》一文,"是以神降之福,时无灾害",意思是天灾人祸造成的损害。灾害是指能够给人类或者人类赖以生存的环境造成破坏性影响的事件总称。纵观人类历史可以看出,灾害的诱因主要有二个:一是自然变异,二是人为影响。因此,通常把以自然变异为主因的灾害称之为自然灾害,如地震、风暴、海啸等;把以人为影响为主因的灾害称之为人为灾害,如人为引起的火灾、交通事故和酸雨等。

自然灾害是指由于自然异常变化造成的人员伤亡、财产损失、社会失稳、资源破坏等现象或一系列事件,包括干旱、洪涝、台风、冰雹、暴雪、沙尘暴等气象灾害,火山、地震、山体崩塌、滑坡、泥石流等地质灾害,风暴潮、海啸等海洋灾害,森林草原火灾和重大生物灾害等。自然灾害从发生过程来看,既有地震、火山爆发、泥石流、海啸、台风、龙卷风、洪水等突发性灾害;也有地面沉降、土地沙漠化、干旱、海岸线变化等在较长时间中才能逐渐显现的渐变性灾害。

自然灾害的形成必须具备两个条件:一是要有自然异变作为诱因,二是要有受到损害的人、财产、资源作为承受灾害的客体。

二、我国自然灾害的基本状况

我国是自然灾害多发的国家。自然灾害发生频率高、种类多、影响范围大、损害严重。防灾减灾压力大,灾害社会救助任务重。

(一)我国主要的自然灾害

1. 气象灾害

(1)洪涝。洪涝是因降雨过多或强度过大而引起的江河决堤、山洪暴发、内涝积水不退、淹没田地、毁坏建筑、人员伤亡的水灾。我国每年的4~9月是各主要河流的防汛时期,长江中下游、黄淮海、辽河下游、华南地区和松花江流域是主要受灾区。(2)干旱。干旱是久晴、高温、持续少雨或不雨的气象灾害。我国春旱发生频率高,致灾重,持续时间长,对华北和西北地区威胁大;伏旱对华南和长江中下游威胁较大。(3)热带气旋。是一种源于热带洋面的低气压大气旋涡,按其中心风力大小可分为热带低压、热带风暴、强热带风暴和台风4级。每年平均有7个台风在我国沿海登陆,带来狂风、暴雨、巨浪和潮灾,严重威胁人民生命财产安全。(4)低温冷害。是在农作物生长发育过程中,由于强寒潮引起的急剧降温,包括东北地区的冷夏、南方冬季的冻雨和寒露前后的低温冷害。

2. 地质灾害

(1)地震。我国地处环太平洋构造带与地中海—喜马拉雅构造带交汇部位,现代地壳活动强烈,是世界上地震发生最频繁、损失最大的国家之一。全国除浙江、贵州外,各省区都发生过6级以上强震。(2)滑坡。滑坡是斜坡上大量岩土体在重力作用下,沿一定滑动面整体下滑,造成坡上、坡下的农田、建筑物破坏、掩埋及人员伤亡。我国多山又多地震,暴雨和地震引起的滑坡频繁发生,它在我国西部山区是一种常发性灾害。(3)泥石流。常在雨季暴发,灾害波及我国23个省、市、自治区,影响山区的城镇、工矿、交通运输、农田、村寨,以及水利和各种设施,我国有3 000多千米山区铁路受泥石流威胁。

3. 森林火灾

特大森林火灾多因干旱、高温、大风或雷击等特殊气象条件引发,有时有人为因素的诱因。森林火灾不仅造成经济损失和人员伤亡,更重要的是给生态和自然景观带来严重的,甚至是毁灭性的破坏。

4. 农林病虫草鼠害

它是指农作物和森林的病害、虫害、恶性杂草以及鼠害。就农作物而言,病、虫、草、鼠会从全国每个人的口中,每年夺走50千克的粮食和其他食物。

如果病虫大量发生并成灾的话,将对我国的基础产业——农业产生重大影响。

除上述突发性自然灾害之外,我国的环境灾害也十分严重。水土流失、荒漠化、盐渍化、地面沉降、海水入侵、酸雨、淡水资源短缺、生物物种灭绝和日益加剧的环境污染等人为灾害在我国也相当突出,威胁极大,必须引起高度警惕。

(二)我国自然灾害的基本特征

我国灾害之重、灾史之长、灾域之广、灾种之多是世界少有的。现在,自然灾害已经愈来愈成为制约我国经济发展的限制性因素。从总体上看,我国自然灾害有以下特点:

(1)种类多,几乎囊括了世界上各种类型的自然灾害。我国幅员辽阔,地质、地理条件复杂,气候异常多变,环境基础脆弱,经常遭受多种自然灾害的侵袭。各类灾害中,尤以洪涝、干旱和地震的危害最大。

(2)灾害发生的频率高,强度大,损失严重。据史料统计,我国水旱灾害几乎年年都有,死亡万人以上的灾害10~20年出现一次,并且洪涝、干旱灾害的发生频率呈加快趋势。最近40多年来,平均每年出现旱灾7.5次,洪涝灾害5.8次,台风6.9次,冷冻灾害2.5次,远远超出世界的平均额度。我国一直是世界上地震灾害最严重的国家之一。

(3)时空分布广,灾害的地域组合明显。我国自然灾害的空间分布及其地域组合,与自然和社会经济环境的区域差异具有很强的相关性。主要表现为:我国自然灾害横贯东西,纵布南北。或点状、带状集中突发,或面状、流域迅速蔓延,空间分布具有集聚性和不平衡性,威胁着国土大部分范围。

多方面的研究资料还表明,近半个世纪以来,灾害呈不断加剧的趋势。

三、灾害应对

自然灾害一般都会对人们的生命财产造成重大损失,对生产生活造成重大影响,对社会秩序造成巨大破坏。因此,在灾害应对方面,不仅要做好灾害的抢险救灾,也要重视防灾减灾,防灾重于救灾。预防或防御灾害,基本途径是:防止或减少灾害发生;防御灾害破坏,减轻灾害损失。

(一)防灾

从总体上看,完全防止灾害或避免灾害损失是不可能的,但采取防灾措施,可以在一定程度上减少灾害活动,减轻灾害损失。因此,防灾是减灾的重要环节。不同灾害的防御措施不一,但基本途径一致。主要包括:

一是改善环境。影响或改造孕灾环境,减少灾害活动,特别是避免或减少人为灾害以及人为自然灾害活动。

二是发现规律。认识灾害分布情况和活动规律,在制定规划、工程选址和重要经济活动计划时,尽可能使城镇、工程设施避开灾害高危险区,使重要经济活动避开灾害活动期。

三是监测预测。加强灾害监测工作,提高灾害预测、预报水平,制定减灾预案,在灾害发生前,有计划地撤离疏散人员和重要财产,避免或减少人员伤亡和财产损失。

四是工程建设。建设防灾工程,防止或减轻灾害活动,保护受灾对象,避免或减轻灾害破坏损失。

五是宣传教育。加强防灾宣传教育,增强防灾意识,普及防灾知识,提高民众和社会防灾能力。

(二)减灾

减灾是指减少灾害和减轻灾害破坏损失。减灾的根本目的是保护人民生命财产安全,保证人民正常生活和各项产业活动的正常进行,保护资源环境,促进社会稳定与经济可持续发展。

减灾的指导思想和基本原则是:预防为主,加强灾害预测预报,制定减灾规划和应急预案,实施各种防治工程等;综合减灾、防灾、抗灾、救灾相结合,工程减灾与非工程减灾相结合,行政手段与法律手段、经济手段相结合,减灾与环境治理相结合,减灾与社会经济发展相结合;社会化减灾,政府、企业、社会团体、民众共同参与减灾,形成广泛的社会减灾体系。

减灾的基本途径是:减少灾害活动的频次、减轻灾害活动强度或活动规模,特别是避免或减少各种人为灾害以及人为自然灾害活动;采取各种措施,保护受灾体或增强受灾体的抗灾能力,避免或减少受灾机会,减轻灾害破坏损失程度;实行有效的抗灾、救灾和灾后恢复重建措施,减少灾害的直接经济损失、间接经济损失以及灾害的社会危害。

(三)救灾

救灾是指自然灾害发生时,国家动用一切力量抢救保护人民生命和财产安全,组织人力物力去解救、转移或者疏散受困人员、抢救转运重要物资、保护重要目标安全、开展灾后重建等工作。

第二节 灾害社会救助理论

一、灾害社会救助的概念

（一）灾害救助的基本内涵

灾害社会救助是一个内涵和外延都比较广泛的范畴,它是指国家和社会依法向因遭受自然灾害袭击而造成生活贫困的社会成员提供一定的物质帮助,以保证其维持最低生活水平,帮助灾民确立自行生存能力的一项社会救助项目。要分析灾害救助必须要明确区分灾害救援、灾害救济和灾害救助三个概念之间的差异。

具体来说,灾害救援主要指在灾害刚刚发生或刚刚发生后,紧急救助、转移和安置灾民,妥善解决灾民临时的吃、住、穿、医等问题。灾害救援也是灾害社会救助的一个内容,它所涉及的是灾中及时救助的问题。

以前经常使用的灾害救济概念,主要指政府及其所属职能部门对灾民的实物或现金赈济,强调这种行为的施舍性、被动性和随意性,而且通常是灾后提供帮助的概念。而灾害社会救助,比较全面地包括了受灾中和受灾后的及时且持续的帮助。同时还强调了在切实解决灾民基本生活的前提下,还要帮助灾民们生产重建、自力更生、脱贫致富、提高抵御灾害的能力。

（二）灾害救助的基本特征

与其他社会保障项目相比,灾害救助因其面对的风险是各种突发性的灾难,因而在实践过程中也表现出一些不同的特征。它主要体现在以下几个方面:

1. 灾害救助的急切性

由于各种灾害发生大都具有突发性(除旱灾外)和严重性,遭遇灾害的社会成员可能迅即陷入生活困境之中,甚至会造成人身伤亡。大面积的灾害事件或重大灾难还可能引发一系列连锁反应,致使受灾面扩大并影响非灾区的生产和生活。因此,灾害的救助非常讲究救助活动的及时性,在救灾的黄金时间内开展救助活动,以防止事态恶化。

2. 灾害救助内容与方式的多样性

由于各种灾害造成的后果是多方面的,包括人身伤亡、财产损失、基础设施损毁以及疫病流行等,灾害救助的内容与手段也必须是多样性的。在救助内容方面,既包括对人的救护,也包括对物资财产的转移和保护;既包括提供衣食等基本生活用品的救助，又包括提供医疗服务方面的救助。在救助方式方面，既采用现金救灾、实物救灾、服务救灾等救助方式，又可在特殊情况下采取以工代赈的方式。因此，在整个社会保障体系中，灾害救助的内容与方式是最多样化的。

3. 灾害救助的非经常性

尽管灾害救助是需要常备不懈的，但灾害的发生具有偶然性与不平衡性，即灾害的发生在时间和地区分布上不平衡，灾害作用持续时间和社会成员受灾时间也通常是较短的。因此，与其他社会保障制度相比，灾害救助虽然在总体上也是一项经常性制度安排，但具体实施时却是非经常性的，仅在灾害发生时才需要救助。

4. 灾害救助的不确定性

由于灾害无法实现事先预测和确定，灾害救助也就不同于其他社会保障制度安排，可以事先计划并按照确定的方案开展。灾害救助的不确定性，主要表现在：一是灾害发生的不确定性，即灾害发生的时间和地点是不确定的；二是灾害的损害后果和影响程度是无法事先预定的，即救助经费预算无法事先确定；三是救助的形式具有不确定性，不同的灾害种类、灾害破坏程度和灾民受灾程度，需要选择相应的救助形式。因此，灾害救助形式上属于预防性的制度安排，在实际操作中需要因灾应变，并非投入多多益善。

（三）灾害救助的功能和地位

作为社会救助的重要组成部分，灾害社会救助是当公民因灾而造成生活困难时由国家和社会依法给予的帮助。灾害社会救助的社会本质在于坚持以人为本，通过在特殊的社会状态下（灾害发生和影响的情景下）维护和保障灾民的基本生活需要，以解决灾害社会问题，努力减少人员伤亡，最大限度地减轻国家和人民群众财产损失，尽快恢复基础设施，保障灾民基本生活，促进社会公平，维持社会稳定，推动社会发展。其社会功能或者说是社会目标首先是使灾区和灾民脱灾，然后最根本的是要通过行使各种救助手段能够使灾民们恢复生产，脱贫致富。

1. 使灾民脱灾

灾害社会救助的脱灾作用是指能够帮助灾民恢复和重建被灾害破坏了的人的生存与发展所必需的物质与精神的生存条件。灾害尤其是突发性重大自然灾害的特点是破坏甚至摧残人类生存条件。灾害特别是重大灾害过后，灾民赖以生存的环境被破坏甚至是毁灭性的毁损，此时灾民的生存问题，比如，受伤的灾民要就医、饿坏的灾民要吃饭、无家可归的灾民希望有落脚之处等尤为突出,但是恶劣的生活环境根本无法保证这些人的基本生活需要,所以给予他们基本而可靠的生活保障成了灾后首要解决的问题。

灾害发生中或灾害发生后,灾害社会救助的作用首先在于对人的救护包括抢救、安置灾民,发放救灾物品,医治伤病员等。它的意义在于使幸存者可以不因伤、病、饥、寒而死去,即为灾民提供最低层次的社会保障。

2. 帮助灾民由脱灾向脱贫转变

通过灾害社会救助使灾民脱灾,人们可以活下来,但活下来的人们还是很脆弱,因为没有获得恢复生产的发展条件,他们不能够独立地生存,而且再也受不了任何灾害的侵袭。因此脆弱和易损灾区的长期存在对整个国家的经济和社会的发展带来很大的影响甚至威胁。在这种情况下,如果能使整个社会为灾区提供稍微高一层的保障即重建灾区恢复与重建生存条件的能力,就能使灾民真正达到"脱灾"的根本目标。这一目标的实现不仅可以提高灾区恢复重建生存条件的能力,让灾区"脱灾",还有助于国家社会、经济的稳定与发展。

灾害社会救助的主要内容不仅是简单地恢复与重建灾区与灾民的生存条件,使灾民暂时"脱灾",它的根本社会目标在于使灾区与灾民在"脱灾"的基础上"脱贫"。如果仅仅是"脱灾"而没有"脱贫",由于灾与贫之间的密切联系,将出现严重的后果:灾区与非灾区的发展水平的差距会越拉越大,因灾区不能发展而使整个国家的社会经济受损,这种地区之间的发展不平衡必然会成为全国经济发展的障碍。

在脱灾脱贫的社会目标的指导下,在进行灾害社会救助的时候,要把救灾与扶贫结合起来,救灾款在保障灾民基本生活的前提下,可用于灾民生产自救,扶持贫困户发展生产。救灾款有偿回收的部分用于建立扶贫救济基金,有灾救灾,无灾扶贫。从而尽快提高灾区与灾民的发展能力与发展速度。

二、灾害社会救助的实施步骤和主要内容

(一)灾害社会救助的实施步骤

(1)紧急抢救,即在灾害发生后的危急关头,动员和组织一切力量抢救、转移受灾人民生命财产和国家财产,抢救受灾的农作物,抢救被灾害破坏的交通、供电、供水、通讯等生命线工程以及学校校舍等设施,对房屋进行抢险排险,尽快恢复灾区的社会经济生活秩序。

(2)安排灾民生活,即做好灾区群众的基本生活保障工作,把抢救出来的灾民安置在安全地点,保证救灾物资的及时到达,使他们有吃、有穿有住、有医;另外要安排好下一季农作物收获前居民的生活,修复因灾倒塌的住房,使灾民安定生活。

(3)恢复工农业生产和公益设施,重建因灾损毁的工商企事业单位、道路、电路、医院、学校及农田水利工程等。

(4)扶持灾民进行恢复和发展生产,使灾民生产活动尽快地重新恢复到灾前水平,甚至有所提高。

(二)灾害社会救助的内容

灾害社会救助内容由对灾区灾民的救助和对灾区社会的救助两部分组成。

1. 对灾民的救助

第一、救助灾民生命、减少财产损失,这是灾中救援的基本内容。由于灾害社会救助尤其是突发性的重大自然灾害常常是会造成人员死伤以及财产的损失,所以如何尽最大可能减少灾害对灾民造成的各种伤亡和损失,就成了灾害社会救助最直接目的和主要内容。

第二、对灾民提供基本保障生活。灾害社会救助尤其是突发性的重大自然灾害的发生往往给灾民带来致命性的打击,使灾民的衣、食、住、医等生存条件丧失殆尽。所以在救助灾民生命的同时,还要及时到位地解决灾民基本生存问题,为灾民提供基本的生活资料,包括发放救灾物品,帮助灾民恢复生产,搭建灾民临时住所等内容。

第三、安抚灾民情绪,实施精神救灾。灾害的发生不仅摧毁灾民的生存条件,对其物质生存条件进行严峻考验,同时还考验着灾民的精神和心理,如果没有帮助他们渡过心理的难关,很可能灾民会产生不利于恢复的消极情绪和心态。实施精神救灾,安抚灾民情绪,重构被灾害破坏了的精神世界,也是灾害社会救助的重要内容。因此,灾害发生后,需要展开心理援助行动,帮助灾民走出心理阴影、解除心理恐惧,以积极、健康的心态重新投入学习、生活。

第四、帮助灾民确立自力更生的能力。灾民自力更生的能力指灾民在大规模救灾活动停止后,依靠自己的力量,进行正常的物质和精神生活的能力。恢复或帮助灾民确立自力更生的能力既是灾害救助的重要内容,也是灾害社会救助的根本目的。从脱灾到脱贫是实现这一目的的根本途径。

2. 对灾区社会的救助

仅仅是对灾民救助的不够的,对灾区社会的救助是对灾民救助顺利进行的保障和前提。要全面实施灾害社会救助的目标就必须对灾区社会也实行救助。对灾区社会的救助就是借助一切可利用的手段,整合社会组织、恢复社会功能、实现社会生活的全面正常化。对灾区社会救助的主要内容是社会功能恢复、社会组织的重构、社会机制的整合、公共设施的恢复、社会控制力量的加强、社会生活的有序化等。没有对社会的这种救助活动,社会得不到整合,社会关系得不到恢复,人们生存的社会环境不能恢复正常,对灾民的救助将要受到限制。因此,灾害社会救助任务的全面完成,必须将对灾区灾民的救助与对灾区社会的救助正确地结合起来。

第三节 我国的灾害社会救助

一、我国灾害社会救助的管理

我国的灾害社会救助主要是由民政部门负责实施,民政部门实施的灾害社会救助工作包括八个方面:

第一,掌握灾情,即及时、准确、全面地掌握灾害发生、发展变化情况,各种灾害损失的情况,因灾带来的生产、生活困难问题及解决的措施和效果,为展开救灾工作提供依据和参考。

第二,组织紧急抢救、转移和安置灾民。

第三,受理、发放和使用救灾救款物,即利用国家安排的灾害救济预算,帮助灾民解决吃、穿、住、医方面的基本生活困难。

第四,检查、督促国家生产自救、互助互济、救济扶持、灾后恢复重建等方面方针政策的贯彻执行情况。

第五,发动、组织和指导有关救灾的社会互助互济活动,接收、分配、使用、管理国外援助和国内捐赠的救助款物。

第六,解决好遗属遗孤和残疾人员的抚恤安置问题。

第七,组织指导救灾扶贫工作,扶持灾民生产自救。

第八,总结交流救灾工作经验。

二、应对突发性自然灾害机制

为确保自然灾害发生后的紧急救援工作高效、有序地进行,最大限度地减少人民群众的生命和财产损失,保障受灾群众基本生活,维护灾区社会稳定,根据国务院2004年审定的《自然灾害社会救助应急预案》,按照灾害损失情况,将民政部应对自然灾害工作设定为四个响应等级,按照等级实施启动程序、响应措施、灾情评估、综合协调、终止响应。2007年,国家减灾委员会、民政部共同启动国家自然灾害应急响应49次,其中二级响应1次,三级响应6次,四级响应42次。具体规定分别如下：

(一) 备灾

我国目前已经初步建立了与灾民紧急救援工作体系相适应的灾区快速报告制度、重大自然灾害预测会商制度和灾情专家评估制度,灾害信息报送能力明显提高。组织协调国务院有关部门以及专家召开重大自然灾害趋势会商会,对全年的自然灾害的发生趋势作了初步的判断和预测,为做好备灾工作提供了重要的依据。

备灾处的具体工作有：(1) 与灾区民政部门沟通确认；(2) 与气象地震水利等部门沟通确认；(3) 确认灾情后送救灾处；(4) 会同救灾处综合救灾情况,经领导审核后商议；(5) 办公厅向国办报灾。

(二) 救灾

对突发性重大自然灾害灾情报告的时间、内容做出明确的规定。要求各地在重大自然灾害发生后的第一时间上报灾情,在灾情稳定前执行零报告制度。灾情发生后,民政部与受灾地区保持密切联系,及时掌握情况并及时向国务院报告情况的变化。会同财政等部门对灾区生活困难情况进行专家评估,为灾区恢复重建和灾民生活救助提供决策依据。各级救灾预案体系初步建立,救灾工作有章可循,规范有序。目前全国已有10个省建立了省级救灾应急预案,70%的地、县救灾应急预案已经出台,全国各级救灾应急预案体系初步建立。

救灾处的具体工作有：(1) 对灾情进行评估、分级；(2) 提出响应建议；(3) 制订救助方案；(4) 报告分管副司长。

分管副司长的工作：(1) 审核灾难程度；(2) 明确响应建议；(3) 向救灾救济司司长建议。

司长的工作：(1) 决定进入四级响应状态；(2) 向分管副部长报告。

三、响应措施

(一) 人员值班保障

响应等级确定后,向分管副部长、部长报告,救灾处、备灾处24小时值班。

(二) 慰问电的发布

当因灾死亡人数超过30人时,视情况以民政部名义向灾区发慰问电(救灾处负责联系协调并报救灾救济司领导批准)。

(三) 灾情信息管理

由备灾处处长负责,具体工作是：

(1) 从灾害发生开始,每日15时前要求灾区省级民政部门上报灾情动态信息,必要时可越级与受灾地级或县级民政救灾部门联系,直到灾害稳定。

(2) 接到灾害信息后,迅速编发《重要灾情》,报送民政部部长、副部长、党组成员,向发展和改革委员会、财政部、农业部、教育部、卫生部、地震局、水利部和气象局等部门通报;会同办公厅,编发《民政信息专报》上报中办、国办。

(3) 当因灾死亡人数超过20人时,灾情发生后48小时内编发《中国灾情信息》,报救灾救济司领导签发,分送民政部新闻办、民政部外事司和联合国开发计划署驻京办事处以及外国驻华使领馆等机构,并在民政部网站发布。

(四) 开展紧急救助

由救灾处处长负责,具体工作是:

(1) 灾情发生后24小时内,派出由民政部司(局)级领导带队的全国抗灾救灾综合协调办公室现场救灾工作组赶赴灾区慰问灾民,检查灾情,了解救灾工作情况,了解救灾工作情况,了解灾区政府的救助能力和灾区需求,指导地方开展救灾工作。

(2) 根据灾区省级政府或民政和财政部门申请,在灾情发生后48小时内制定中央救灾应急资金补助方案并商财政部,按照拨款程序及时下拨到灾区。

(3) 灾情发生后48小时内协调备灾处制定并完成向灾区紧急调拨中央救灾储备物资工作,协调落实有关救灾物资的调配和临时购置工作。

(4) 监督基层救灾应急措施的落实和救灾款物的规范使用。

(5) 灾情稳定后,根据受灾省份报告,结合灾区评估报告,制定中央恢复重建资金补助方案并商财政部,按照拨款程序及时下拨到灾区。

(五) 灾情评估

由救灾处处长负责,具体工作是:

(1) 会同备灾处及时组织有关专家和工作人员赴灾区进行现场灾区和需求评估,必要时向国务院报告情况。

(2) 灾情稳定后,会同备灾处组织召开灾情评估会,通报相关部门。

(六) 综合协调

由救灾处处长负责,具体工作是:

(1) 及时与救灾相关部门联系,沟通灾害信息。

(2) 以全国抗灾救灾综合协调办公室的名义向灾区派出工作组,指导地方开展救灾工作。

(3) 根据国务院指示或受灾省份请求,通过召开抗灾救灾综合协调会或发函形式,与有关部门会商落实对灾区的抗灾救灾支持。

(4) 及时协调有关部门解决支援灾区的抗灾救灾工作事宜。

(七) 实时工作报告

由救灾处处长负责,会同备灾处完成。

四、救灾物资的筹集与管理

救灾物资的来源,一方面是国家和地方的财政拨款,另一方面就是来自于社会各界的捐助,包括红十字会等公益组织、企业、个人以及来自于世界其他国家的捐赠。

(一) 救灾款的使用

为进一步提高救灾款的管理水平,加强救灾款使用管理工作,切实保障灾民的基本生活和维护灾区社会稳定,经民政部、财政部研究,1999年下发了《民政部、财政部关于进一步加强救灾款使用管理工作的通知》。该通知作了以下规定:

(1) 进一步理顺救灾款管理机制。根据分级管理、分级负担的财政体制和依靠群众、依靠集体、生产自救、互助互济,辅之以国家必要的救济和扶持的救灾工作方针,中央和地方各级政府负有救灾责任,解决灾难带来的困难应主要依靠地方各级政府和灾区广大干部群众通过自力更生、生产自救、互助互济等方式加以解决。各地财政部门在年初编制预算时,要根据上年灾情和救灾资金需求编制相应的自然灾害救济事业费预算,执行中要根据灾情程度进行调整,不得虚度或列而不出。各地民政部门要认真核实灾情,实事求是地提出自然灾害救济事业费支出计划,为财政部门安排救灾款预算提供翔实可靠的依据。

当地方遭受特大自然灾害,地方政府通过自身努力确实难以解决时,中央可予以适当补助。当地向中央申请救灾款的报告中必须如实说明灾害损失程度、地方政府已投入和准备投入的救灾资金数额,不得虚报。

(2) 严格掌握救灾款使用原则和使用范围。救灾款必须严格遵循专款专用、重点使用的原则。其使用范围是:第一,解决灾民无力克服的衣、食、住、医等生活困难;第二,紧急抢救、转移和安置灾民;第三,灾民倒塌房屋的恢复重建;第四,加工及储运救灾物资。救灾款发放使用的重点是重灾区和重灾户,特别是保障自救能力较差灾民的基本生活。不得平均分配,不得截留、挪用,不得实行有偿使用,不得提取周转金,不得用于扶贫支出,不得擅自扩大使用范围。

救灾款的发放要坚持公开的原则。基层发放救灾款时,不论是发放现金还是发放实物,都要将数额公开。在发放过程中必须坚持民主评议、登记造册、张榜公布、公布发放的程序,自觉接受社会监督。各级民政、财政部门要切实加强对救灾款使用管理工作的督促和检查,进一步建立健全规章制度,对救灾款分配要以保障困难灾民的基本生活为依据,严格把关;对救灾款的使用、拨付和管理等要加强监督,跟踪反馈,保证专款专用、专账管理。各地要严格按照《国务院关于进一步加强救灾捐赠管理工作的通知》(国电发明电［1998］14 号)要求,进一步加强救灾捐赠款物的管理工作,救灾捐赠款物要与各级政府的救灾资金统筹安排,切实发挥救灾款物的使用效能。对救灾款监督、检查中发现的问题,要立即纠正,及时解决。对违反上述救灾款的使用规定的,要依法追究有关单位和当事人的责任,情节严重的,要移交司法部门解决。

(3) 认真做好清理整顿救灾扶贫周转金的工作。各地一律不得从救灾款中提取救灾扶贫周转金,不许直接或间接用救灾款设置和发放周转金。对以前年度提取和建立的周转金要认真清理整顿。清理回收的资金和原来设置的周转金,一律纳入同级财政专户管理,原则上专项用于各级民政部门建立救灾物资储备及仓储设施,具体管理办法由民政部和财政部另行制定。

(4) 建立健全救灾款使用情况报告制度。各地要严格执行救灾款的使用报告制度。省级民政和财政部门下拨中央和地方救济款,必须及时抄报上级民政、财政部门,并注明款项来源。在收到民政部、财政部拨款通知后的一个月仍不上报分配使用情况,将视为资金没有安排使用,如在发生特大自然灾害要求中央补助时,中央将不予补助或在考虑应补助数额时扣除已下拨未安排的部分。

省级民政、财政部门要分别于每年的 4 月、9 月和次年 1 月填报《省级救灾款支出情况统计表》,报民政部、财政部。

(5) 积极筹措资金,提高灾害应急反应和紧急救助能力。为进一步推动救灾工作的改革与发展,提高我国灾害管理水平,必须采取切实可行的措施,加大投入,尽快建立中央和省级救灾物资储备体系,增加救灾工作科技含量,提高救灾部门的装备水平。

我国采取的是中央级救灾储备物资制度。根据我国灾害特点和救灾需要,民政部、财政部调整,增加了中央级救灾储备物资代储点。目前在天津、沈阳、哈尔滨、郑州、合肥、武汉、长沙、南宁、成都、西安等 19 个城市设立代储点,较原来增加了 2 个,中央代储点布局趋于合理。有中央级救灾物资储备任务的省级民政部门要在原有基础上加快仓储设施的建设进度,配备得力的管理人员,完善各项规章制度,保证储备、调运任务的完成。没有中央救灾物资储备任务的地方,也要根据本地救灾工作的需要,逐步建立本地救灾物资储备,以形成覆盖全国的救灾物资储备网络,满足救灾工作和社会捐助工作经常化的需要。各地财政部门要积极筹措仓储设施建设和管理资金,以支持和促进这项工作的开展。

同时与铁道等部门合作建立了救灾物资铁路运输协调机构,完善了救灾物资铁路运输快速装运机制,使救灾物资的运输时间大大缩短,提高了救灾效率。

(二)关于捐赠的规定

对于捐赠的救灾物资,为了规范救灾捐赠活动,加强救灾捐款款物的管理,保护捐赠人,救灾捐赠受赠人和灾区受益人的合法权益,2000年5月民政部颁布了《灾害捐赠管理暂时办法》,2008年4月28日公布实施了《救灾捐赠管理办法》。

该办法对救灾捐赠受赠人、救灾捐赠的性质、救灾捐赠款物的使用范围、救灾捐赠工作的负责人以及接受捐赠的机构必须符合的条件等作了详细的规定。对来自境外的捐赠物资的接收部门、物资进入境内途径以及这些物资不能被挪用等作了规定。最后是对救灾捐赠款物的管理和使用做出了一定的规定,如:"救灾捐赠受赠人应当对救灾捐赠款指定账户,专项管理";"对救灾捐赠物资建立分类登记表册";"经认定具有救灾宗旨的公益型社会团体接受救灾捐赠款物的情况应当报民政部门,由民政部门负责统计汇总、制定分配方案";"对捐赠人指定救灾捐赠款物用途或者受援地区的,应当按照捐赠人意愿使用";"在捐赠款物过于集中同一地方的情况下,经捐赠人同意,省级以上人民政府民政部门可以调剂分配";"发放救灾捐赠款物时,应当坚持民主评议、登记造册、张榜公布、公开发放等程序,做到账目清楚,手续完备,制度健全,并向社会公布"等等。

五、我国灾害社会救助存在的问题

我国灾害社会救助工作取得了巨大成就,但是也存在许多问题,主要有以下几个方面:

(一)法律制度不健全

灾害救助是依法进行的社会保障活动,是灾民应得的权利。美国和日本都有专门的《灾害救助(济)法》,用于规范灾害救助行为,但是我国目前尚没有一部专门的"灾害救助"方面的法规。规范灾害救助行为,明确灾害救助的权利主体和责任主体,调整灾害救助过程中各种关系,迫切需要制定适合我国国情的灾害救助法。

众所周知,灾前防范,灾中应急和灾后救助,三者应紧密相连,不能脱节。关于救灾工作,现行的指导规范,仅是以部长令形式出现的部门行政规章。这些法规重灾后救济,轻灾前预防和应急机制建立;重物轻人,救灾中只见分物分钱,没有以人为本;现代救灾需部门协调整合资源,而民政部规章难以协调诸多部门职能、责任和权限。

我国灾害防救工作中的另一个缺陷是仅仅从单一灾种角度去认识灾害,以部门为界来划分救助灾情。20世纪90年代后期,我国相继颁布实施了减灾法律法规,如《防震减灾法》、《气象法》和《防洪法》等。在减轻地震、气象和洪水等灾害中发挥了重要的作用。其他方面:生产安全事故由负责安全生产监督管理的部门依照《安全生产法》实施综合监督管理;火灾由公安部门依照《消防法》实施监督管理;核事故由国家核事故应急协调委员会依照《核电厂核事故应急管理条例》组织协调应急准备和救援工作;铁路事故由铁路部门依照《铁路行车事故救援规则》进行处理等等。

不同的部门分管不同的灾害固然有其优点,在于可发挥部门的专业优势,有针对性地进行救援活动,但当灾害来临的时候,一般不是像人为那样分类对人类进行袭击,往往是同时伴随着几种灾害,或者是会产生次生灾害问题,这时候仅仅依靠某一部门来进行处置则显得极为不足,尤其是在各类灾害社会救助的统一指挥调度方面,目前我国尚缺少法律授权支持。

(二)没有一个统一的国家救灾管理体系

灾害救助是一项复杂的系统工程,其良好地运转和有序的指挥,离不开专门的救灾综合管理机构。灾害社会救助不光要有统一的法律来统筹,更需要有专门的机构来执行。任何灾害仅靠一个部门是无法达到灾害救助目的的,这需要多科学、多部门、多领域的合作。过去各行其是、分散管理的局面已不适应日益严峻的灾害形势。

我国应进一步加强国家减灾委的综合协调职能,建立健全省、市、县三级综合减灾协调机制。认真落实责任制,各地区、各部门各司其职、各负其责,分解目标、目标明确、细化责任,建立减灾工作绩效评估制度、责任追究制度,确保行政领导责任制落到实处。要加强减灾工作的协调联动,建立国家减灾委与成员单位、地方政府及相关部门和单位的协调机制,建立健全动员社会力量参与减灾的制度和机制,形成政府统一领导、各部门协同配合、社会参与、功能齐全、科学高效、覆盖城乡的国家综合减灾体系;全面提高国家和全社会的抗风险能力,保障人民生命财产安全,促进经济社会发展,促进和谐社会建设。

(三) 没有完善的灾害社会救助志愿者制度

在我国多年的防灾救灾事件中,中国人民解放军和武警战士一直都是抢险救灾的主力军。的确,部队具有整体性、机动性强等优势,在各类灾害的救助工作也发挥了巨大的工作。但是,灾害救助如过度、过频依赖军队,一方面会打乱军方正常的战备训练计划;另一方面也不利于形成全民参与的灾害社会救助观念。

设立灾害救援志愿者制度,可动员全社会的力量参与救灾,弥补行政力量的不足。动员各类志愿者参与灾害社会救助是世界各国的成功经验,"5·12"汶川大地震发生后,各级团组织、志愿者组织迅速行动起来,动员和组织广大青年以及社会公众以志愿服务形式投身抗震救灾工作,在当地开展义务献血、捐款捐物等活动。但是有些志愿者缺乏专业训练,没有经验只凭热情自发前往灾区,由于盲目性,在自带的食物和饮水耗尽后自身反而成了救援对象。对救灾志愿者进行防灾救灾培训,使之成为灾害救助的辅助力量,也是全民安全教育的好途径,更有利于形成互助互爱的良好社会风尚。

第四节 灾害社会救助实务

一、灾害救助的领导与主体

自然灾害救助工作遵循以人为本、政府主导、分级管理、社会互助、灾民自救的原则。

自然灾害救助工作实行各级人民政府行政领导负责制。国家减灾委员会负责组织、领导全国的自然灾害救助工作,协调开展重大自然灾害救助活动。国务院民政部门负责全国的自然灾害救助工作,承担国家减灾委员会的具体工作。国务院有关部门按照各自职责做好全国的自然灾害救助相关工作。县级以上地方人民政府或者人民政府的自然灾害救助应急综合协调机构,组织、协调本行政区域的自然灾害救助工作。县级以上地方人民政府民政部门负责本行政区域的自然灾害救助工作。县级以上地方人民政府有关部门按照各自职责做好本行政区域的自然灾害救助相关工作。

县级以上人民政府应当将自然灾害救助工作纳入国民经济和社会发展规划,建立健全与自然灾害救助需求相适应的资金、物资保障机制,将人民政府安排的自然灾害救助资金和自然灾害救助工作经费纳入财政预算。村民委员会、居民委员会以及红十字会、慈善会和公募基金会等社会组织,依法协助人民政府开展自然灾害救助工作。国家鼓励和引导单位和个人参与自然灾害救助捐赠、志愿服务等活动。

二、救助准备

救助准备工作主要包括编制自然灾害救助应急预案、储备自然灾害救助物资、统筹规划设立应急避难场所、培训自然灾害救助人员。

（一）编制自然灾害救助应急预案

县级以上地方人民政府及其有关部门应当根据有关法律、法规、规章，上级人民政府及其有关部门的应急预案以及本行政区域的自然灾害风险调查情况，制定相应的自然灾害救助应急预案。

自然灾害救助应急预案应当包括下列内容：1.自然灾害救助应急组织指挥体系及其职责；2.自然灾害救助应急队伍；3.自然灾害救助应急资金、物资、设备；4.自然灾害的预警预报和灾情信息的报告、处理；5.自然灾害救助应急响应的等级和相应措施；6.灾后应急救助和居民住房恢复重建措施。

县级以上人民政府应当建立健全自然灾害救助应急指挥技术支撑系统，并为自然灾害救助工作提供必要的交通、通信等装备。

（二）储备自然灾害救助物资

设区的市级以上人民政府和自然灾害多发、易发地区的县级人民政府应当根据自然灾害特点、居民人口数量和分布等情况，按照布局合理、规模适度的原则，设立自然灾害救助物资储备库。

（三）统筹规划设立应急避难场所

县级以上地方人民政府应当根据当地居民人口数量和分布等情况，利用公园、广场、体育场馆等公共设施，统筹规划设立应急避难场所，并设置明显标志。

启动自然灾害预警响应或者应急响应，需要告知居民前往应急避难场所的，县级以上地方人民政府或者人民政府的自然灾害救助应急综合协调机构应当通过广播、电视、手机短信、电子显示屏、互联网等方式，及时公告应急避难场所的具体地址和到达路径。

（四）培训自然灾害救助人员

县级以上地方人民政府应当加强自然灾害救助人员的队伍建设和业务培训，村民委员会、居民委员会和企业事业单位应当设立专职或者兼职的自然灾害信息员。

三、应急救助

应急救助的内容主要包括:应急预警、应急响应、应急征用和灾情报告等。

(一)应急预警

县级以上人民政府或者人民政府的自然灾害救助应急综合协调机构应当根据自然灾害预警预报启动预警响应,采取下列一项或者多项措施:

(1)向社会发布规避自然灾害风险的警告,宣传避险常识和技能,提示公众做好自救互救准备;

(2)开放应急避难场所,疏散、转移易受自然灾害危害的人员和财产,情况紧急时,实行有组织的避险转移;

(3)加强对易受自然灾害危害的乡村、社区以及公共场所的安全保障;

(4)责成民政等部门做好基本生活救助的准备。

(二)应急响应

自然灾害发生并达到自然灾害救助应急预案启动条件的,县级以上人民政府或者人民政府的自然灾害救助应急综合协调机构应当及时启动自然灾害救助应急响应,采取下列一项或者多项措施:

(1)立即向社会发布政府应对措施和公众防范措施;

(2)紧急转移安置受灾人员;

(3)紧急调拨、运输自然灾害救助应急资金和物资,及时向受灾人员提供食品、饮用水、衣被、取暖、临时住所、医疗防疫等应急救助,保障受灾人员基本生活;

(4)抚慰受灾人员,处理遇难人员善后事宜;

(5)组织受灾人员开展自救互救;

(6)分析评估灾情趋势和灾区需求,采取相应的自然灾害救助措施;

(7)组织自然灾害救助捐赠活动。

对应急救助物资,各交通运输主管部门应当组织优先运输。

(三)应急征用

在自然灾害救助应急期间,县级以上地方人民政府或者人民政府的自然灾害救助应急综合协调机构可以在本行政区域内紧急征用物资、设备、交通运输工具和场地,自然灾害救助应急工作结束后应当及时归还,并按照国家有关规定给予补偿。

(四)灾情报告

自然灾害造成人员伤亡或者较大财产损失的,受灾地区县级人民政府民政部门应当立即向本级人民政府和上一级人民政府民政部门报告。自然灾害造成特别重大或者重大人员伤亡、财产损失的,受灾地区县级人民政府民政部门应当按照有关法律、行政法规和国务院应急预案规定的程序及时报告,必要时可以直接报告国务院。

灾情稳定前,受灾地区人民政府民政部门应当每日逐级上报自然灾害造成的人员伤亡、财产损失和自然灾害救助工作动态等情况,并及时向社会发布。

灾情稳定后,受灾地区县级以上人民政府或者人民政府的自然灾害救助应急综合协调机构应当评估、核定并发布自然灾害损失情况。

四、灾后救助

灾后救助主要包括:灾民安置、恢复重建和灾民生活救助。

（一）灾民安置

受灾地区人民政府应当在确保安全的前提下,采取就地安置与异地安置、政府安置与自行安置相结合的方式,对受灾人员进行过渡性安置。就地安置应当选择在交通便利、便于恢复生产和生活的地点,并避开可能发生次生自然灾害的区域,尽量不占用或者少占用耕地。

（二）恢复重建

受灾地区人民政府应当鼓励并组织受灾群众自救互救,恢复重建。自然灾害危险消除后,受灾地区人民政府应当统筹研究制订居民住房恢复重建规划和优惠政策,组织重建或者修缮因灾损毁的居民住房,对恢复重建确有困难的家庭予以重点帮扶。居民住房恢复重建应当因地制宜、经济实用,确保房屋建设质量符合防灾减灾要求。受灾地区人民政府民政等部门应当向经审核确认的居民住房恢复重建补助对象发放补助资金和物资,住房城乡建设等部门应当为受灾人员重建或者修缮因灾损毁的居民住房提供必要的技术支持。居民住房恢复重建补助对象由受灾人员本人申请或者由村民小组、居民小组提名。经村民委员会、居民委员会民主评议,符合救助条件的,在自然村、社区范围内公示;无异议或者经村民委员会、居民委员会民主评议异议不成立的,由村民委员会、居民委员会将评议意见和有关材料提交乡镇人民政府、街道办事处审核,报县级人民政府民政等部门审批。

（三）灾害生活救助

自然灾害发生后的当年冬季、次年春季,受灾地区人民政府应当为生活困难的受灾人员提供基本生活救助。受灾地区县级人民政府民政部门应当在每年10月底前统计、评估本行政区域受灾人员当年冬季、次年春季的基本生活困难和需求,核实救助对象,编制工作台账,制定救助工作方案,经本级人民政府批准后组织实施,并报上一级人民政府民政部门备案。

五、救助款物管理

(一)管理主体

县级以上人民政府财政部门、民政部门负责自然灾害救助资金的分配、管理并监督使用情况。县级以上人民政府民政部门负责调拨、分配、管理自然灾害救助物资。

(二)管理原则

自然灾害救助款物专款(物)专用,无偿使用。定向捐赠的款物,应当按照捐赠人的意愿使用。

(三)救助款物使用范围

自然灾害救助款物应当用于受灾人员的紧急转移安置,基本生活救助,医疗救助,教育、医疗等公共服务设施和住房的恢复重建,自然灾害救助物资的采购、储存和运输,以及因灾遇难人员亲属的抚慰等项支出。

(四)救助款物使用情况公示

受灾地区人民政府民政、财政等部门和有关社会组织应当通过报刊、广播、电视、互联网,主动向社会公开所接受的自然灾害救助款物和捐赠款物的来源、数量及其使用情况。受灾地区村民委员会、居民委员会应当公布救助对象及其接受救助款物数额和使用情况。

(五)救助款物使用情况监督

各级人民政府应当建立健全自然灾害救助款物和捐赠款物的监督检查制度,并及时受理投诉和举报。县级以上人民政府监察机关、审计机关应当依法对自然灾害救助款物和捐赠款物的管理使用情况进行监督检查,民政、财政等部门和有关社会组织应当予以配合。

▶ **本章小结** ◀

灾害社会救助是一个内涵和外延都比较广泛的范畴,它是指国家和社会依法向因遭受自然灾害袭击而造成的生活贫困的社会成员提供一定的物质帮助,以保证其维持最低生活水平,帮助灾民确立自行生存能力的一项社会救助项目。灾害社会救助的特征主要有:灾害救助的急切性;灾害救助内容与方式的多样性;灾害救助的非经常性;灾害救助的不确定性。

由于灾害的突发性和灾难性,为了主动应对灾害,我国已经建立起了比较完善的灾害应急管理制度。应急预案可以使各级政府平时做好灾害救助的预备,在灾害发生第一时间及时响应,有力、有效和有序动员社会力量应对自然灾害,最大程度提高灾害救助效果,最大限度减少灾害损失。

灾害社会救助的内容主要包括对灾民的救助和对灾区的救助。灾害社会救助的实施步骤主要有:紧急抢救;安排灾民生活;恢复工农业生产和公益设施;扶持灾民进行恢复和发展生产,使灾民生产活动尽快地重新恢复到灾前水平,甚至有所提高。

社会福利篇

第九章 社会福利理论与制度

▶学习目标◀

通过本章学习,学生应该能够理解并掌握以下核心内容:
1. 社会福利的思想基础和当代中国的社会福利思想
2. 我国的社会福利制度
3. 适度普惠型社会福利制度的概念、特点
4. 构建适度普惠型社会福利制度的基本要素、基本要求和主要原则

第一节 社会福利的思想基础

一、西方的社会福利思想

(一)现代西方社会福利思想的主要流派

西方社会福利思想流派众多,思想繁杂,有许多值得我们借鉴的地方。现代西方社会福利思想主要包括:福利三角理论、福利多元主义理论、公民身份与社会权利理论、企业社会责任理论、社会需要理论、人类需要理论、新马克思主义的福利国家理论、福利国家适应性道路理论、第三条道路的社会福利理论、女性主义的社会福利理论、发展性社会福利理论、社会排斥和社会融入理论、资产建设理论、社会福利的制度主义理论、风险社会理论、社会质量理论、新贫穷理论、社会福利研究方法论与三角研究方法、福利国家的比较研究方法等等。

(二)现代西方社会福利理论的代表性思想

(1)福利体制理论。艾斯平-安德森提出了福利体制理论,他运用去商品化等概念工具把资本主义福利国家分为三种福利体制:自由主义的福利国家、保守主义福利国家、社会民主主义福利国家。他分析了三种福利体制下的社会阶层化现象和劳动力市场政策。

（2）第三条道路的社会福利理论。吉登斯提出了第三条道路的社会福利理论，他提出要超越传统的左与右，建设积极的社会福利。

（3）社会排斥和社会融入理论。社会排斥理论认为社会排斥影响社会成员的公民权利实现。社会排斥的概念有三种：社会分化和社会整合；社会参与和参与不足；社会中心与边缘。主张社会政策是反社会排斥达到社会融入的手段。

（4）社会质量理论。社会质量理论构建了一套对于社会质量进行分析的概念框架，并通过社会指标把这一理论框架运用到各国的比较中。社会质量理论，对于构建和谐社会具有启发意义。

二、马克思主义的社会福利思想

马克思的社会理想是实现"每个人自由而全面的发展"，而这只有在人类解放的条件下才能实现，所以马克思的社会福利思想主要是建立在对资本主义社会批判的基础上。

三、毛泽东的社会福利思想

毛泽东的社会福利思想一方面受到苏联计划经济模式的影响，另一方面也受到中国传统社会福利思想的影响，表现出比较大的平均主义的社会思想。在当时比较低的生产力水平条件下，建立起了城乡二元格局的以劳动人民为主体的社会福利制度。

四、中国特色社会主义理论体系的福利思想

改革开放以后，中国逐步形成了中国特色社会主义理论体系。在中国特色社会主义理论体系中蕴含着丰富的社会福利思想，这些还有待深入研究。例如，邓小平关于"鼓励一部分人先富起来的思想"。江泽民在确立社会主义市场经济过程中，强调建立社会保障制度的思想。胡锦涛在科学发展观中，强调"以人为本"的思想。习近平提出的五大发展理念中，关于"共享发展"的思想。这些思想对于构建中国特色社会主义福利制度具有重要意义。

第二节　当代中国的社会福利思想

一、当代中国的社会福利思想概述

改革开放以来，关于社会救助、社会福利的研究逐步成为热点。这些研究主要集中在社会福利的价值取向、中国社会福利的发展目标、中国社会福利的发展模式、中国社会福利体系的构建等方面,取得了许多有价值的观点和思想。

二、当代中国社会福利思想的代表性理论

（1）中国社会福利价值理念论。主要观点有:效率主义。平等主义。复合集体主义。底线公平理论。

（2）中国社会福利发展目标论。主要观点有:"中国福利社会"概念的提出。中国福利社会的基本含义。建设中国福利社会的必要性。建设中国福利社会的模式选择。

（3）中国社会福利发展模式论。主要观点有:统账结合模式论。多元协调模式论。混合型模式论。保险型模式论。现实—理性模式论。

（4）中国社会福利体系构建论。主要观点有:"三维社会保障体系"说。"基础整合的社会保障体系"说。"适度普惠型社会福利体系"说。"系统型社会福利体系"说。"公平、普惠、可持续的社会保障体系"说。"全民共享的发展型社会福利体系"说。"大一统社会保障体系"说等等。

第三节 构建中国特色的社会福利制度

一、适度普惠型社会福利的概念

在关于普惠型社会福利的讨论中,人们并没有忘记福利国家的教训给人们带来的警示。再加上我国的发展中国家的国情,所以,普惠型社会福利的提出必然会带有某些限制性特征,即谨防走福利国家普遍高福利的老路。于是,适度普惠型社会福利的概念被提出。正如对普惠型社会福利的理解有不同一样,对适度普惠型社会福利的理解也有不同。有的认为,适度普惠型社会福利指的是将原来针对"三无"老人和孤儿的社会福利扩大到所有失依老人和儿童。比如,将对"三无"老人的福利扩大到实际上无依无靠的其他老人,将对孤儿的福利扩大到实际上失去照顾的流浪儿童等。再进一步,则使社会福利服务扩展至全体老人、残疾人、困境中的儿童。

适度普惠型社会福利是由政府和社会基于本国（或当地）的经济和社会状况,向全体国民（居民）提供的、涵盖其基本生活主要方面的社会福利。这种社会福利具有如下一些基本特征:它是针对全体国民（或者某一较大地区的居

民)的,因而在某种程度上来说是普惠的。这一特征与我国社会政策的地区性特征有关,更深层地则与地区经济社会发展水平和地区财政状况有关;它是涵盖居民基本生活主要方面的,即这种福利涵盖了国民(或当地居民)基本生活的最主要方面,如失业保险、贫困救助、医疗保险、住房保障及老人、残障服务等;这些是适度满足他们的基本需要的,而不是主要满足他们的高级需要。

二、适度普惠型社会福利的特点

我国学者王思斌认为,适度普惠型社会福利是面向全体国民同时又涵盖社会生活基本领域的社会政策和制度。吴世民指出,适度普惠型社会福利是由政府和社会基于本国经济和社会状况,向全体国民提供的,涵盖其基本生活主要方面的社会福利,并具体指涵盖居民基本生活主要方面的社会福利,包括失业保险、贫困救助、医疗保险、住房保险及老人、残障服务等,与资本主义福利国家提出的大福利概念相似。

我们认为,适度普惠型社会福利是从传统的补缺型社会福利向全民普惠型社会福利转变的中间形态,它与特定的社会发展进程相联系。我国适度普惠型社会福利制度是指从步入小康社会到 21 世纪中叶达到中等发达国家水平这一阶段所要实现的一种福利化进程。其中,"普惠"是要建立一种全体国民均能享受的福利模式,"适度"是指我国社会福利的建设具有阶段性。在适度普惠型社会福利建设的初级阶段,人们所能享有的福利水平和获得的福利项目是低标准和不平衡的;随着经济的发展和社会民主的扩展,福利待遇和福利项目逐步走向全面和高水平,并最终达到全国一致。适度普惠型社会福利具有三个一致性,一是福利规模和经济发展水平相一致;二是福利进程与国民观念、社会民主发展相一致;三是福利实现程度与物质技术条件相一致。

三、构建适度普惠型社会福利制度的基本要素

1. 社会权利观的建构

与适度普惠型社会福利相适应的价值理念的建构是一个过程。一方面,作为社会福利提供者的政府要改变自己的施舍者的角色观,树立为民服务、社会福利资源的公平配置和有效管理者的角色观念。虽然我国传统的治国理念和现代政府的执政理念中并不缺乏相关的说法和信条,但是,由于长期以来浓重的"官本位"文化,所以在现实生活中这种民本主义的价值观并未得到很好体现,政府和官员常常以掌权者、为民谋利者自居。这样,由管理民众变为服务民众,由福利资源的集聚者和分配权的占有者变为福利资源这一公共财富

的公平分配者和经营者,就是一个重大的转变。

另一方面,民众的社会福利理念也需要发展。由于长期以来个人责任观的深刻影响,许多民众普遍缺乏社会福利的权利观,他们不敢向政府要求其福利权利,这也不利于政府的社会福利政策的有效实施。至于某些民众对社会福利的过分期待,以为政府所提供的社会福利应该是无限的,以及只讲福利权利不讲社会责任的想法也是需要改变的。

2. 适宜的社会政策的制定与实施

适度普惠型社会福利需要制度保障,其具体表现就是切合实际的社会政策的制定和实施。社会政策是政府为了解决基本民生问题、促进社会公平和社会团结而制定和实施的一系列规定。普惠型社会福利涉及的政策对象较广、福利范围较宽,情况也比较复杂,自然需要明确的规范。另一方面,政府和社会提供的福利水平的适度性也需要通过研究做出尽可能明确的说明,以使政策清晰,提高可执行性。

对于适度普惠型社会福利来说,最重要、最关键的是社会福利资源的提供,其中主要的是政府在多大程度上能向有需要的民众提供"适度"的福利。如前所述,适度普惠的社会福利与民众的福利需要、政府和社会的福利资源提供能力、适度社会福利提供的可持续性等一系列要素有关。显而易见,上述要素都具有某种程度的弹性,这会使得适度普惠型社会福利也具有一定弹性。但是,作为一项政策,其财政支持则不应有太大弹性,不应使其带有较大的随意性。应该尽量科学地评估上述影响因素,研究它们之间的相互作用及其效果,以使制度、政策安排相对明确,也使财政支持清楚可靠。

在社会政策制定和财政安排方面有两种基本的取向:财政约束取向和基本需要取向。财政约束取向的基本考虑是以财政支持程度确定服务对象的范围和支持力度,俗称"有多少钱办多少事",这是一种相对消极的、同时在政策实施上又是相对可靠的安排;基本需要取向则是根据要解决的问题去争取资源和财政支持,尽可能地去满足困难群体的需要,这是相对积极的,但要付出更大的努力。在建立覆盖城乡居民的社会保障体系、加快推进以改善民生为重点的社会建设的进程中,出于各种考虑,不同地方政府可能会对社会福利的财政支持有不同的选择。但从既务实、又具有发展性的角度来看,这种社会政策的财政支持应该确立于积极争取条件下的可靠预算之上。这样,适度普惠型社会福利就既是务实的,又是可发展即与经济社会发展方向相一致的。

3. 适度普惠型社会福利制度与企业、社会和家庭的责任

就当前我国的现实状况而言,要构建适度普惠型社会福利制度,政府就要

承担起主要责任,即政府的社会福利责任要到位。但是,这不意味着建立适度普惠型社会福利制度是政府的独家责任。实际上,像建立政府、企业、社会、家庭和个人多方参与的社会保障制度那样,适度普惠型社会福利制度的建立也需要各方参与和支持。在这方面,企业和其他社会力量、社区和家庭扮演着重要角色。

职业福利是由于人们在某种企业、工作单位中工作而获得的福利,它是企业社会责任的组成部分。企业、工作单位提供的福利对政府实施普惠型社会福利制度有直接影响。当企业、工作单位担当起其社会责任、对其成员的福利权利给予应有保障时,政府实施普惠型社会福利的压力就小;反之,可能会加大实施这一政策的压力。工作福利的理念和实践说明了这一点。实际上,即使在退出工作之后,如果人们享有失业保险和养老保险,也会减少对普惠型社会福利的压力。

在建立适度普惠型社会福利制度的过程中,积极发挥社会的作用是有益的。在社会力量中,社会服务机构则更居核心地位。社会服务机构是向有需要、处于困境中的人士提供专业服务的机构,它们不但可以良好、有效地执行和实施社会政策,而且可以通过科学的传送服务更好地实现助人效果,这种有效性是以社会服务机构的性质,以其工作人员的价值观和科学方法为基础的。同时,社会服务机构也通过筹集社会资源开展社会服务。在市场经济比较发达的社会,国家与社会的关系得到较好的界定,作为第三部门的社会服务机构也得到较好发展,并在社会福利领域发挥着重要作用。当前我国的社会服务机构还不甚发达,已有的社会服务机构的专业化、规范化也不够,影响了社会福利的发展。

我国崇尚家庭本位,家庭在人们的生活中有至高无上的地位,同时家庭甚至家族对于其成员也给予巨大的支持,其中包括福利方面的支持。经济丰裕、家庭和睦、成员平安、家业兴旺被人们视为是福分,也是人们追求的状态,是人们福利的重要组成部分。可以说,来自家庭的支持(家庭福利)是个人的社会福利的重要影响因素,一个人的家庭福利与其社会福利具有"正相关关系",良好的家庭福利对成员从社会获得的社会福利具有增益作用,低劣的家庭福利对其社会福利会产生"损益"影响。于是,在探索建立适度普惠型社会福利制度时,关注家庭福利是必要的,因为家庭在这方面负有某些责任。

四、构建适度普惠型社会福利制度的基本要求

建立普惠型社会福利制度是一个复杂的过程,这里需要对经济、政治、文化及社会因素进行综合的考量,需要对社会福利资源、福利需求进行综合考量。在具备了一定的物质基础和社会条件之后,这一制度的建构也有一定的逻辑,并表现为一些基本要求。

1. 政府责任优先

在建立适度普惠型社会福利制度的过程中,政府责任优先是最基本的要求。政府责任优先是相对于其他责任主体而言的,它包括如下方面:

第一,政府在建立适度普惠型社会福利制度的过程中承担着政策倡导和对相应福利观念的形成进行引导的责任。现代社会福利制度的建立是现代政府的责任,虽然适度普惠型社会福利制度有我国经济—社会从初步发展向中度发展的过渡特征,但是它毕竟是现代社会的产物。政府作为公共物品的最大提供者,也是向公民提供适度福利的主要责任人。如果政府不能承担起这种责任,不能在社会中形成相应的福利观念,不能引导居民认同这种福利制度,这种制度就不能建立。

第二,政府承担着科学设计福利制度的责任。政府是制度的主要建设者和相关政策的制定者。由于我国政府掌握着绝大部分社会福利资源,掌握经济、政治、社会等方面的主要信息。因此,政府有可能、有责任去制定适宜的社会政策,并建构起相应的社会福利制度。

第三,政府是社会福利资源提供的主要承担者。由于政府掌握着绝大部分社会福利资源(这是与我国的民间福利机构不发达、社区的物质性福利资源不足共存的)。所以,对于那些基本生活受到威胁的民众的社会福利援助,应该由政府承担主要责任。

第四,政府有动员各方力量促进这一制度持续发展的责任。当前在我国,建立适度普惠型社会福利制度的条件已初步具备,但这仍需要各方面共同努力。正如前面已经说过的,如果企业、社区、家庭、民间社会机构不能承担起相应责任,而由政府承担全部福利责任,这一制度就难以建立,即使建立起来也难以持续。因为我国毕竟还不是发达国家,承担广泛社会福利责任的能力还有限。因此,政府必须有意识地引导相关各方,形成合力,共同建构这一制度。

2. 需要导向的制度建构

适度普惠型社会福利制度是面向全体国民或某一行政区域所有居民的,它应该包括有关人民基本生活的诸多方面,即包括多项社会政策。这些社会政策对于所有居民、特别是对处于困境中的人群十分重要。但是,适度普惠型社会福利制度又不可能很快完全建立,它的各项社会政策和制度需要分轻重缓急逐步建立,需要某种优先次序。这些涉及人们基本生活的社会政策和制度的建立要考虑到诸多因素,但基本要遵循需要原则,即最迫切需要的制度要优先建设。

具体到适度普惠型社会福利制度,显然我们更关注的是贫困群体和其他困难群体,因此从他们的需要结构出发制定社会政策是必要的。对于这一群体来说,最迫切的需要当然是生存,于是最低生活保障制度的建立是第一位的。与生存相关的是身体状况,即疾病治疗,不至于因疾病而丧失劳动能力和生活能力,于是医疗保障制度的建立也是十分重要的。这两个社会福利制度可以缓解传统上所说的"贫病交加"的困境,是最迫切需要建立的制度。此外,针对特殊困难群体的福利也应该被重视,如针对老年群体的基本养老制度,针对残疾人的社会康复和社会参与制度,针对失依儿童的社会保护制度等,这些都与特殊群体的生存和基本人权相关。还有,劳动就业、居住条件也应该纳入社会政策的考虑。

对上述优先次序的分析在很大程度上是附和了一般困难群体现实的迫切需要,有可能会忽视社会交往、社会融入及发展方面的需要。但是实际上人的需要的层次性、迫切性并不总是那么容易清楚地划分的。基于"适度"的定位,那些看起来不是最优先的需要也应该在政策和制度安排上有所考虑,即在提供物质(经济)援助时,也要考虑到政策对象的精神和发展需要的满足。当然,这就对社会政策及社会福利制度的安排提出了较高的要求。

3. 企业社会责任的承担

企业的社会责任是经济全球化进程中的一个重要问题,也是我国加快向市场经济体制转轨过程中出现的重大问题。在世界上,企业的社会责任是一个很久的话题,它包含企业应该对社会负责任、对成员负责任、对社会公益负责任以及在解决社会问题方面负责任等内容。虽然在企业社会责任包含内容的广度上(主要是在社会公益与社会慈善、参与解决社会问题方面)不同学派有不同的理解,但是企业要承担成员的福利责任则是一致的看法。企业如果都能承担起自己应尽的对其成员的福利责任,使其享有职业福利,就能在一定程度上免除其陷入贫困之虞。如果企业能够在社会公益、社会慈善方面有更多作为,也会对普惠型社会福利给予有力支持。在政企分离的体制下,虽然政府无权命令企业要承担更多的社会责任,但可以监督其承担必需的社会责任,通过政策诱导其承担更多的社会责任。在我国,企业的社会责任运动刚刚开始,政府有必要花力气推动这一运动,对某些企业不负责任地对待员工的行为进行约束,并尽量扩大社会福利资源。

4. 家庭福利责任的保护与激活

我国经济社会发展的水平、社会福利资源的结构与丰富程度、文化与社会结构等诸多重要因素,决定了适度普惠型社会福利制度的建立必须考虑到家庭的福利责任问题。适度的(在某种意义上也是有限的、基本的)社会福利决定了不能指望政府提供的福利解决人们的所有问题,适度的社会福利需要家庭福利、社区(共同体)福利的补充和支持。或者可以说,适度普惠型社会福利是以家庭福利为基础的,而不是脱离家庭福利的。这不但符合我国的文化及基本社会结构之国情,而且也与社会政策的实施过程相适应(我国的社会福利制度是将个人置于家庭之中的)。另外,基于促进代际团结和社会团结的考虑,也应该注重家庭的福利责任。

保护和激活家庭的福利责任,增强家庭的福利能力是建立适度普惠型社会福利制度的战略考虑。个人对家庭的依恋和家庭对成员的包容与支持是人类最美好的东西,也是社会得以稳定的重要因素。我国文化传统推崇个人与家庭的强连带关系,强调家庭作为一个整体而发挥重要的社会功能。现代社会福利制度的建立,是国家对其公民负责任的表现,但不应该在任何意义上削弱个人与家庭之间的支持性联系。我国适度普惠型社会福利制度的建立应该有利于家庭福利的增强,有利于增进家庭的福利能力。适度普惠型社会福利制度既施惠于困难人士,也应考虑其"投资于家庭福利",使家庭福利得以成长。指出通过社会政策增强家庭福利并不是突发奇想。实际上,对于许多困难家庭来说,物质福利资源的短缺常常会使它的整体资源濒于"耗尽";对某些城市现代家庭而言,对老年父母的赡养也似乎正在被简单的经济支持所替代,而这对老年人来说是重要支持的丢失。所以,通过社会政策保护、激发和增强家庭的福利功能十分重要,因为这不但会增进政策对象的福利,而且会促进代际团结和社会稳定。

5. 社会福利机构的培育与发展

在走向现代福利的过程中,促进社会的福利功能是必要的,这表现为社会的慈善意识的增强和福利能力的提高。这一点之所以必要至少基于两点:第一,任何政府都不可能解决其公民的所有社会福利方面的问题。适度社会福利只是走出补缺型福利、水平仍不太高的福利,如果社会力量能对此给予支持,当然是求之不得的。第二,政府难以实施较细致的社会福利服务。社会福利也包括福利服务,这是具有人际沟通意味的、对服务对象的综合支持。在现代社会各种功能日益分化的背景下,非营利组织包括社会福利机构的建立是必需的和必然的。社会福利机构通过其"以人为本"的服务理念和专业化的方法,可以有效地为其对象提供高质量的服务,也会增进对象的福利效果,而不管其福利资源来自于政府(政府购买服务)还是来自于自我筹募。当前,我国对于发展非营利组织,包括社会福利机构还不是完全没有障碍。但是很明确,没有社会福利机构的培育与发展,完全依赖政府,适度普惠型社会福利制度就难以形成并持续有效地发挥作用。

五、我国发展适度普惠型社会福利制度的基础条件

长期以来,我国实行的是补缺型社会福利,这种福利制度是与当时的经济发展水平以及社会民主化进程联系在一起的,为我国消除贫困,改善人民生活发挥了重要作用。但是随着我国经济的发展和社会政治制度的完善,建立一种更高层次的社会福利体系已显得十分必要。

首先,我国社会经济已经发生重大变化,正步入中等发达国家水平,具备了建立更高水平、更广覆盖的社会福利的基础。经过改革开放30多年的发展,我国经济实力和综合国力大幅提升。1978—2010年我国国内生产总值年均增长10%以上,经济效益明显提高。2008年,我国人均GDP超过3 000美元,达到绝大部分发达国家1970年的人均GDP水平。2010年,我国GDP达到40.12万亿元,超过日本成为世界第二大经济体;外汇储备达到28 473亿美元,比2005年增长2.5倍,年均增长28.3%,其规模连续五年稳居世界第一位。我国已经具备构筑更高层次社会福利体系所需的物质条件。

其次,在我国民主进程和社会文化制度建设中日益重视改善民生,发展人民福利。中共十六大报告明确提出全面建设小康社会的宏伟目标,指出"我们要在21世纪头二十年,集中力量,全面建设惠及十几亿人口的更高水平的小康社会,使经济更加发展、民主更加健全、科教更加进步、文化更加繁荣、社会更加和谐、人民生活更加殷实";中共十七大报告指出:"必须在经济发展的基础上,更加注重社会建设,着力保障和改善民生,努力使全体人民学有所教、劳有所得、病有所医、老有所养、住有所居,推动建设和谐社会","加快建立覆盖城乡居民的社会保障体系,保障人民基本生活。社会保障是社会安定的重要保证。要以社会保险、社会救助、社会福利为基础,以基本养老、基本医疗、最低生活保障制度为重点,以慈善事业、商业保险为补充,加快完善社会保障体系"。我国已经建立了"大民政"的新鲜理念,并以实践推进社会建设中的适度普惠型社会福利制度的创建、发展与完善。中共十七届五中全会提出,把保障和改善民生作为转变经济发展方式的根本出发点和落脚点。这些为适度普惠型社会福利制度的建设和发展奠定了政策基础。

再次,我国已经具备建立更高层次社会福利的理论和认识基础。随着我国社会保障制度的发展,人们对福利的看法已经发生重大变化。大民政思想

逐渐取代小民政观念,狭义的福利观逐渐被广义的福利观所取代,改变小福利思想、还原普遍福利思想已逐渐被社会接受,从补缺型社会福利向适度普惠型社会福利转型已经具备制度上和观念上的统一。2007年10月,民政部适时地提出构建适度普惠型社会福利,正是反映了我国进入中等发达经济水平和制度转型的时代要求。

六、构建与我国经济社会相适应的适度普惠型社会福利制度

(一)构建适度普惠型社会福利制度的主要原则

第一,政府主导、多方参与原则。我国社会福利制度的发展必须发挥政府主导作用。只有加强政府的领导,才能进行整体规划、协调运作;才能保证足够的资金投入,制定高层次的法律法规。然而,根据福利多元主义原则,在政府主导的前提下,必须发挥各方能力,共同促进社会福利制度的发展。这包括以下措施:培育较为完善的非营利性的社会福利机构提供社会福利服务,形成政府向非营利社会福利机构购买社会福利服务的机制;发挥各种社会团体和个人的力量,培育专业工作人员和志愿者,有效组织社会福利服务输送;吸引各种慈善组织和企业、个人捐赠,补充社会福利资金来源。

第二,协调发展、逐步实施原则。社会福利分为微观、中观和宏观三个层次,对应补缺型、适度普惠型和普惠型三种模式。这三种福利层次是与当时的经济、社会环境相适应的。2007年底,民政部根据我国的综合国力,提出将推进我国社会福利由补缺型向适度普惠型转变,加快社会福利事业发展,建立与当前中等经济水平相适应的社会福利体系,是与当前较为强大的综合国力相适应的。随着社会经济的发展,我国必将逐步建立起普惠型社会福利制度,为全国人民提供较高水平的社会福利。

第三,标准合理、满足需要原则。社会福利制度设立的根本目标是为被覆盖人群提供生活保障、心理帮助和服务帮助。因此,社会福利的提供必须以人们的需要为根本点,根据需要设计福利项目和福利服务。只有从人们的需要出发,才能提供有效的福利服务。

第四,保障全面、兼顾心理原则。目前我国的社会福利模式,主要是关注被覆盖对象的物质生活,忽视了他们的精神和心理需求,在给予社会福利服务的过程中或多或少带有一些不顾被覆盖对象的尊严而强加某些条件的现象。因此,在实施社会福利的时候,必须兼顾生活与尊严需求。在社会福利工作中,应创设针对精神和心理贫乏的精神和心理帮助。

第五,严格评估、跟踪监测原则。绩效评估和效果监测必然成为社会福利

体系的一部分。在初创阶段,有必要从起步抓起,建立绩效评估和效果监测机制,用群众的观点、发展的观点和全面的观点来看待和评估社会福利制度中的各项工作。

(二)我国适度普惠型社会福利制度建构的衔接时机选择

1. 衔接时机的确定

适度普惠型社会福利制度实施阶段从2010年开始,到2050年我国经济社会全面达到中等发达国家水平时为止,时间长达40余年。适度普惠型社会福利发展进程包括三个阶段:第一个阶段是适度普惠型社会福利制度初级阶段,从2010年到2020年,我国全面实现小康水平,社会福利覆盖面实现弱势群体全覆盖,福利水平随经济发展水平稳步增长;第二个阶段是适度普惠型社会福利制度中级阶段,从2020年到2030年,我国经济继续稳步增长,社会福利制度实现全体国民全覆盖,社会福利水平发展到较高层次;第三个阶段是适度普惠型社会福利制度的高级阶段,从2030年到2050年,我国经济达到中等发达国家水平,届时实现适度普惠型社会福利的完善和提升,并最终过渡为普惠型社会福利制度。

2. 衔接时机选择的依据

(1) 人口变化依据。第六次人口普查结果表明,我国65岁以上人口达118 831 709人,占总人口的8.87%。根据我国人口学领域著名学者陈卫的测算,2020年时,我国65岁以上人口将达到19 654万人,2030年时将达到23 921万人,分别占总人口的12%和16%。我国0—14岁少儿人口数预计到2018年达到峰值,约为26 415万人,2050年0—14岁人口数约为21 068万人。我国0—14岁少儿人口占总人口的比重呈不断下降趋势,将从2005年的20.6%下降到2030年的15.8%,此后20年将维持在15%左右。

可见,无论是总人口数量、65岁以上人口数量还是0—14岁人口数量及其所占比例,在2020年和2030年都将出现转折点。老龄化程度的加重呼唤更完善的养老保障体系,要求建立更全面的老年福利制度;而儿童数量的减少有利于用既有的财富提高儿童的福利水平。因此,我们可以把2020年和2030年作为我国适度普惠型社会福利制度的重要衔接点。

(2) 我国经济社会发展战略依据。1987年10月,中共十三大提出中国经济建设总体战略部署:第一步,1981年到1990年实现国民生产总值比1980年翻一番,解决人民的温饱问题;第二步,到20世纪末国民生产总值再增长一倍,人民生活达到小康水平;第三步,到21世纪中叶人民生活比较富裕,基本实现现代化,人均国民生产总值达到中等发达国家水平。中共十五大后,提出了"两个一百年"的战略目标:到建党一百年时,使国民经济更加发展,各项制度更加完善;到21世纪中叶建国一百年时,基本实现现代化,建成富裕民主文明的社会主义国家。2002年,中共十六大报告提出:"我们要在21世纪头二十年,集中力量,全面建设惠及十几亿人口的更高水平的小康社会,使经济更加发展、民主更加健全、科教更加进步、文化更加繁荣、社会更加和谐、人民生活更加殷实。"中共十七大报告指出,确保到2020年实现全面建成小康社会的奋斗目标。

社会福利制度是在宏观经济社会建设的大环境下不断发展的,要符合宏观战略部署的规划和要求。因此,我国有必要将2020年和2050年作为社会福利制度发展的战略阶段划分时点。

(3) 我国经济发展水平估算依据。改革开放以后,我国宏观经济经历了高速增长,国民总收入从1978年的3 645.22亿元增长到2009年的335 353亿元,人均国内生产总值从381.23元增长到25 125元,人均国民生产总值增长率平均每年为14.81%。经济的高速增长使得我国的经济实力不断增强,财富不断增多,为社会福利的实施提供了强大的资金保障,为我国的社会福利制度从补缺型向适度普惠型转变提供了经济上的支持。从我国与世界上其他国家的人均国内生产总值的绝对值来看,2008年我国人均国内生产总值达3 000美元以上,超过发达市场经济国家1970年的人均水平。发达国家的福利制度从20世纪70年代开始进入全面发展时代,走向普惠制。因此,我国从2010年开始具备发达国家初建普惠型社会福利制度的经济实力。结合我国的经济发展态势和发达国家的经济发展周期性与阶段性规律,我们可以假定我国的人均国内生产总值增长率缓慢下降,2011—2020年平均增长率为8%;2021—2030年为6%;2031—2040年为5%;2041—2050年为4%。按此测算,我国人均GDP 2020年将突破1万美元,2030年将达到2万美元,2050年末达到4万美元,接近当前美国等发达国家的人均GDP水平。从国外社会福利的发展历程来看,人均GDP达到1万美元的时候,国家有充足的财力用来建设社会福利制度,社会福利项目和水平将得到较大幅度的提升。到2050年末,我国社会福利制度可以逐步走向普惠型。

▶ **本章小结** ◀

社会福利是指国家依法为所有公民普遍提供旨在保证一定生活水平和尽可能提高生活质量的资金和服务的社会保障制度。现代西方社会福利理论的代表性思想主要包括:福利体制理论、第三条道路的社会福利理论、社会排斥和社会融入理论、社会质量理论。当代中国的社会福利思想代表性理论主要有：中国社会福利价值理念论、中国社会福利发展目标论、中国社会福利发展模式论、中国社会福利体系构建论。

适度普惠型社会福利是由政府和社会基于本国（或当地）的经济和社会状况，向全体国民（居民）提供的、涵盖其基本生活主要方面的社会福利。

构建适度普惠型社会福利制度的基本要素包括社会权利观的建构、适宜的社会政策的制定与实施以及适度普惠型社会福利制度与企业、社会、家庭的责任。

第十章 社会福利治理

▶学习目标◀

通过本章学习,学生应该能够理解并掌握以下核心内容:
1. 我国社会福利制度的成就及存在的问题
2. 我国社会福利制度的治理改革
3. 社会福利制度的发展趋势
4. 社会福利的运行机制
5. 社会福利水平的内涵、特征以及衡量标准

第一节 社会福利治理理论

一、我国社会福利制度的成就

我国社会福利制度从无到有,从不完善到比较完善,经历了60多年的历程,取得了一定的成就,概括起来主要有以下几个方面:第一,法制建设取得重要进展,制度安排逐步走向规范。虽然我国目前还没有专门的社会福利法,但是已经制定了多部与社会福利有关联的法律,如《中华人民共和国老年人权益保障法》《中华人民共和国残疾人保障法》《中华人民共和国未成年人保护法》《中华人民共和国妇女权益保障法》等。我国社会福利体系框架已经基本形成,包括老年人福利、妇女福利、儿童福利、残疾人福利、住房福利、教育福利等,并打破了原来单位割据、条块分割、混乱失范的状况,逐步走向规范化。第二,社会福利事业的社会化程度不断提高,体现在社会福利资源社会化、设施社会化、管理与经办社会化。第三,经费来源多渠道化,福利彩票成为重要且稳定的来源。第四,社区服务日渐受到重视,成为整个社会福利事业发展的重要平台。

二、我国社会福利制度存在的问题

（一）存在"重保险、轻福利"的倾向

我国社会保障改革与建设主要以社会保险为主体，具体讲就是以养老保险、医疗保险、失业保险和工伤保险等为主体，而社会福利事业被人为地降低其在社会保障体系中的重要性和地位，通常被认为是不需要急切处理的事情。因此，人们能够接受公共财政对社会救助和社会保险的投入，但是很少人主张要加大对社会福利事业的财政收入，人们习惯了社会福利是单位内部的事情，导致政府财政补贴无法满足社会福利事业发展的需要。

（二）缺乏统筹考虑，分割与脱节现象较为严重

主要表现在：一是社会福利事业管理部门之间的脱节，缺少协调与联动；二是制度之间也缺少衔接与联动，如养老保险与老年人福利之间缺少统一规划；三是举办社会福利事业的主体之间存在分割与脱节现象，如官办福利机构与民办福利机构之间是彼此独立的系统，在福利资源配置、管理政策等方面都不完全相同。

（三）社会福利法制建设仍然落后

虽然我国相继出台或者修订了一系列的法律规章，但是这些法规实质上只是一种促进法，缺乏刚性约束。另外，现行的有关法规在社会福利事务上实施、管理和监督方面存在着模糊性，更有甚者在实践中并没有得到真正的贯彻。

（四）社会福利事业总量供给不足

社会福利事业无法完全满足国民社会福利需求，也无法与经济社会发展相适应。总量供给不足主要体现在社会福利机构数量不足，社会福利服务设施短缺与利用率不高并存。例如，2007年全国收养性单位的床位有251.3万张，而收养的老人仅200万人，这并非是老年人没有需求，而是未能充分有效的配置有限的社会福利资源。

（五）对民办福利事业缺乏实质支持

我国在政策层面上并未体现出对民办福利事业的歧视与排斥，但是在社会福利政策执行过程中对民办社会福利机构的制约因素太多，如要求民办福利机构必须有挂靠单位；民办福利机构与官办福利机构责任相同但权利不同，如民办福利机构无法与官办福利机构享有同样的公共福利资源。

三、我国社会福利制度的治理改革

（一）改造政府福利

一方面，对政府举办的现有福利项目进行改造，使之与新型福利项目接轨。如保留残疾人福利，以原有的社会收养和相关福利待遇为基础，分别转化为老年人福利、儿童福利和妇女福利项目；将财政性价格补贴转化为社会津贴项目；将教育福利纳入统一的社会福利体系，以促使整个社会福利体系转型。另一方面，打破封闭，将政府举办的各项福利设施向全社会开放，使之真正成为社会性的福利，以满足国民的福利需求。

（二）实现社会福利与劳动就业相分离

遵循市场经济的一般规律，将就业者与用人单位的关系简化为较为单纯的劳动工资与职业福利关系，将国有单位原有的实质上承担着社会福利的福利设施或相关的福利项目改由社会公益事业团体或社会机构承办，使之成为社会化的福利设施和福利项目。这样，职工在付出劳动的同时，只从用人单位获取相应的工资报酬并享受相应的职业福利，对其福利服务方面的需求主要通过社会化的福利设施或项目获得满足。

（三）采取多种措施扩大社会福利资金来源

主要可以通过四个途径来扩大社会福利资金的来源：增加政府投入、扩大彩票发行规模、鼓励民间捐款与投资、实行低收费补贴。

（四）重视社会福利的法制建设

首先要对现存的法规、政策进行改造，通过法规制度来明确国民的福利权益和国家、社会的责任，明确各社会福利项目的实施、管理和监督等，以便为社会福利事业发展提供基本的法律依据。其次，要根据社会福利事业发展的需要定制新的法规，保证社会福利事业依法规范运行。

（五）努力推进社会福利事业社会化

社会福利事业社会化是社会福利制度持续发展的必由之路，社会福利资源社会化和福利设施社会化，不仅能够扩充社会福利的物质基础，也能够促使福利设施的快速发展，可以促使福利设施的功能得到更为全面的发挥。另外，还要把社会福利服务队伍职业化和专业化，志愿者队伍制度化和规范化。

四、社会福利制度的发展趋势

社会福利制度的发展趋势是福利社会（Welfare Society）。福利社会亦称福利多元化（Welfare Pluralism）、混合经济（Mixed Economy of Welfare）、福

利组合(Welfare Mix),是指国家不应该作为福利供给的唯一主体,而应该有多个主体,如支援部门、私营部门和非正式部门等,以弱化政府在社会福利中的作用。福利社会是福利国家之后的一个必然趋势,主张国家在社会福利中仍然是主要责任主体、发挥主导作用和占主体地位,但是国家不能对社会福利进行垄断,而应该由多个部门来参与。甚至,有的国家在实行"大社会、小政府"的改革思路。有学者认为,福利社会,即福利多元化的大趋势是地方化和私营化。私营化是指通过市场机制将原来由政府承担的福利转移给私营部门,通常的做法是政府通过与私营机构或者志愿部门签订协议,直接从那里购买福利服务。这样,政府的角色就由福利提供者转变为协议签订者。地方化是中央政府把社会福利管理权利下放给地方政府,由地方政府因地制宜地制定政策进行自我管理。中央政府依据一定的福利标准对地方政府实行财政包干,中央政府只提供一般性的指导意见,具体社会福利的实施、管理由地方政府自主掌握。

第二节 社会福利的运行机制

一、社会福利需求

社会福利制度的功能就是满足国民的福利需求,只有弄清楚什么是福利需求以及福利需求有哪些,才清楚社会福利应该提供什么以及应该如何提供,才能更加有效的满足国民的福利需求。

1. 社会福利需求的内涵

需求是基于人的本质属性基础之上形成的,不仅与满足需要的现实客观条件有关,而且与人类的主观因素也有关。福利和需求这两个概念都涉及多个学科,不同的学科有不同的界定,福利需求这个概念也是如此。"一般认为,福利需求是指人们在所处的环境中,经过客观比较和主观感受,觉察在某些方面有所匮乏并产生危机感,但又缺乏通过经济解决的能力,因而需要政府或组织进行特定的行动干预,提供他们必需的物质或服务,以解决困难、摆脱困难、恢复或增进福利。"

2. 社会福利需求的特征

(1) 社会福利需求的客观性和主观性。社会福利需求的客观性是指社会福利需求的存在和规范独立于个人偏好的特征。正是由于社会福利需求具有客观性,因此我们对需求的满足能够做出道德上必要的评判,也为国家供给社会福利提供了客观依据。社会福利需求的主观性是指个体福利需求的主观心理特征。可见,社会福利也不完全是客观的概念,还有着主观方面的含义:第一,自我幸福感,即个体对社会福利状态的感受;第二,生活满意感,即个体对自己生活满意与否的评价;第三,对社会的行为性评价,即个体必然会对社会环境做出一定的行为,这既是个体认识自我、评价生活的前提,也是他对生活和自我评价持肯定还是否定态度的重要标志。

(2) 社会福利需求的普遍性和特殊性。社会福利需求的普遍性是指由于人类基本需要是相似的,同时又处于相似的环境中,面临着相似的风险,而获得抵御或者化解风险的方式和内容也是相似的,因此福利需求具有共同性或者相似性。具体来讲,社会福利需求的普遍性源于社会危机:一是经济富裕与匮乏的相对性。二是风险社会的形成。三是复杂社会中弱势性的增长。但是,由于个体弱势性的差异、需要的特殊性和需求的界定方式不同,导致社会福利需求具有特殊性。

(3) 社会福利需求的刚需和弹性。福利刚性是指国民对自己的福利待遇水平具有只能接受待遇提升而不能接受待遇下降的一种心理预期。福利刚性导致现实中出现社会福利改革只能增加福利项目、扩大福利规模,而不能减少福利项目或缩小福利规模的困境。但在基本福利需求得到满足之后,社会福利的需求和提供都有一定的调整空间,即有一定的弹性。

(4) 社会福利需求的系统性。人的社会福利需求是多样化的综合,是一个有机整体,因此体现出一定的系统性特征。社会福利需求的系统性主要有两种情况:一是各种福利需求之间相互影响,有一定的非线性加合特征;二是各种福利需求之间呈现出一定的层次性。

二、社会福利供给

有社会福利需求就应该有社会福利供给,社会福利供给是社会福利制度运行过程中一个关键环节,它是一个有机联系的系统,将主要解决由谁来供给、供给谁、供给什么和如何供给四个方面的问题。

(一) 社会福利供给主体

社会福利供给主体是指具体由谁来为社会福利对象提供相关的社会福利产品,是解决"由谁来供给"的问题。随着社会福利实践的深入,社会福利供给主体也呈现出多元化和社会化特征。如果按照社会福利供给主体数量和规模来划分,那么就可以把社会福利供给主体分为组织主体和个人主体两种,但是组织主体是最主要的。具体来讲,组织主体包括国家(政府)、用人单位、社会团体和家庭。

1. 国家

国家作为一个公权组织,掌控着大量的社会公共资源,有权也有义务为国家提供社会福利。从传统的社会福利向现代社会福利转变的过程中,国家在社会福利供给方面的责任经历了由小到大、由补缺到主导的过程。在福利国家中,国家是社会福利供给最主要的责任者,起最主要的作用。现代政府在社会福利供给中的责任主要有:选择社会福利制度、制定社会福利法规、制定社会福利政策、提供社会福利资金、兴办社会福利设施和整合其他福利主体。国家通过有关职能部门来实现社会福利的供给,如我国的民政部门、人力资源与社会保障部门等。国家对社会福利的供给状况决定了一个国家的社会福利水平,国家作为社会福利供给主体具有稳定、可靠的特征。

2. 家庭

家庭是依靠婚姻关系、血缘关系建立起来的一个特殊组织和载体,人的一生都在家庭这个组织中度过,因此家庭天然地承载保护家庭成员的职能。在传统社会福利中,国家还没有成为社会福利供给的主要角色时,家庭是最重要的社会福利供给主体。在现代社会福利中,它仍然是一个重要的、必不可少的供给主体。因为无论现代社会福利社会化程度多高,国家承担的责任多大,人们一旦面对风险、产生福利需求的时候,首先想到凭借家庭的力量来抵御和化解风险。家庭永远是人类最温馨的港湾,家庭所提供的福利具有伦理和情感色彩,这种福利是人们最乐意接受的。

3. 用人单位

用人单位是依靠业缘关系建立起来的一种公共组织。无论过去还是将来,用人单位都会始终承担着一定的福利责任,即提供单位福利。单位福利是用人单位为员工所提供的各种社会福利,包括各种物质福利和精神福利,如实物补贴、在职进修、带薪休假等。用人单位福利能够改善员工的生活质量,增强员工归属感,提高员工凝聚力,激发员工的工作热情。

4. 社会团体

根据民政部的有关规定,社会团体是由中国国民自愿组成的,为实现会员的共同愿望,按照其章程开展活动的非营利性民间组织。社团作为政府、企业以外的"第三部门",能够弥补政府和企业在社会福利供给方面的不足,在现实中发挥重大作用,如中华慈善总会、中国扶贫基金会、中国青少年发展基金会等。在社会福利社会化程度越来越高的趋势下,社会团体应该是一个仅次于国家(政府)的重要社会福利供给主体。

（二）社会福利供给客体

社会福利供给客体是指社会福利的需求者、享用者，回答了"供给谁"的问题。社会福利供给的客体是包括各种特殊群体在内的全体国民。国家要优先满足那些特殊群体的福利需求，如老年人、妇女儿童、残疾人、军属等的社会福利。除此以外，国家还要满足特殊群体以外的一般国民的社会福利。因此，社会福利供给客体是全体国民。

（三）社会福利供给内容

社会福利供给内容回答"供给什么"的问题。从社会福利发展史来看，社会福利供给内容具有动态性，与社会生产力水平、社会需求、文化传统、国家的政策等因素有关。就目前阶段而言，社会福利的供给内容主要有三大类：货币、实物和服务。货币补贴是最方便、最直接的福利内容，客体可以根据自己的实际情况来支配，但也有其局限性，即无法跟踪监督其使用方向，因此可能会导致货币没有用到最需要的地方。实物福利是最为常见的一种福利内容，如给灾民提供生活用品、给贫困学生提供教材等。但是实物福利有时不便于提供，尤其是交通不便的偏远山区，另外供给成本比较高，还常常出现传递系统内的"滴漏效应"。服务这种福利内容在现代社会福利体系中越来越受推崇，因为各种服务的针对性特别强，而且是现期享用的，如给需要康复的残疾人提供康复服务、给有心理困扰的老年人提供心理咨询服务等。

（四）社会福利供给方式

社会福利供给方式是指社会福利供给的途径和手段，回答"如何供给"的问题。社会福利供给方式主要有如下两种组合：官方供给与民间供给、定期供给与临时供给。官方供给是国家相关职能部门及其下属机构提供的社会福利，如民政部门以及国家全额财政拨款为事业经费的社会福利机构提供的社会福利。民间供给是指非官方组织或部门提供的社会福利。如各种慈善组织、家庭、社会团体提供的社会福利。定期供给就是已经形成制度化、固定的、持续的供给方式，如重大扶贫计划给贫困家庭提供的脱贫福利。临时供给就是不定期的、没有制度化、不可持续的供给方式，主要是针对灾害、事故，具有应急性特征。

三、社会福利资金筹集

社会福利资金的筹集是社会福利制度运行机制中的前提性和基础性条件。没有资金的筹集就不可能有社会福利的供给，资金筹集数量不足就无法满足社会福利需求。因此，社会福利资金筹集决定着社会福利的发展。

社会福利资金筹集要遵循的原则是公平性、多元性、适度性。社会福利资金的筹集属于国民收入再分配的一种方式,而且社会福利基金给付对象是全体国民,因此在资金筹集过程中始终要坚持公平性原则。筹资公平性是筹资顺利进行的前提,如果筹资缺失公平性,筹资就会陷入困境,甚至筹资中断。通过社会福利手段实现收入的再分配,可以划分为纵向再分配和横向再分配。如果套用公平的概念来表述,就是纵向公平和横向公平。通过筹集社会福利资金,使高收入者的生活资料和购买力向低收入者转移,从而实现了纵向公平。通过向同一收入层面上的群体分散社会风险,按照一定的比例筹集社会福利资金,可以形成横向公平。

社会福利资金筹集的多元性是指筹资是开放式的,包括多元的筹资对象、筹资方式与途径。随着国民福利需求越来越高,满足其需求所需的福利资金总量越来越多,唯有多元性的筹资才能更好满足总量的需求,才能提高筹资效率。

社会福利资金筹集的适度性原则主要是指筹资数量上的适度,主要体现为两个方面:一是要保证为社会福利制度运行提供足够的资金,衡量标准是"收支平衡,略有结余"。同时,要兼顾到国家的积累和消费之间的比例关系。因为资金的筹集相当于削弱当前的消费,筹集到的资金中有部分会积累起来,如果筹集额度过大,则影响到国民的消费,必然会影响到经济的发展;如果筹集额度过小,则无法完全发挥社会福利的功能。

社会福利资金筹集的渠道有:国家税收、慈善捐款、服务收费、福利彩票、基金运营收入和国际援助等。众所周知,税收是国家依法征税所得的收入,是国家的主要财政来源,而国家的财政拨款是社会福利资金的主要来源。国家税收具有统一性、稳定性和强制性等特征,因此是社会福利资金固定的、最主要的筹集渠道。

慈善捐款是社会上有爱心的组织或个人向有需要救助的组织和个人捐献的善款。慈善捐款是社会福利资金筹集的一个重要渠道,尤其在慈善事业发达的国家和地区。根据美国施普(Giving USA)基金会的统计,2005年美国慈善捐款资金总额达到2 602.8亿美元,约占其当年GDP的2.1%,其中民众捐款占捐款总额的85%左右。在美国,75%的美国人为慈善事业捐款,每年有30%的慈善捐款直接从工资中划出,平均每个家庭捐出年收入的3%~4%。

服务收费是部分社会福利服务实行有偿消费,根据市场行情向消费者收取一定的费用,以筹集社会福利资金,解决资金短缺问题。这种筹资渠道主要是那些民营福利机构为了维持或者壮大发展而采用的,不是社会福利资金筹集的主要渠道。

福利彩票对社会福利资金的筹集有直接和间接的作用。直接作用就是体现在它直接为社会福利筹集资金。一般规定,福利彩票筹资的福利资金不低于发行额的30%。福利彩票对福利资金筹集的间接作用体现在它对经济发展所做的贡献,如拉动消费、促进经济发展、增加国家税收。

基金运营收入是指社会福利基金在各项投资中所获得的赢利收入,这部分收入转化为社会福利资金。随着金融市场的不断完善,加上基金投资科学性不断提高,基金运营收入对社会福利资金的贡献会越来越大,是一个重要的筹资渠道。

国际援助不是一个重要的社会福利资金筹集渠道,但在发生重大灾难的条件下它也是必不可少的。因为按照国际惯例,只是当一个国家或者地区发生特别重大的灾难时才会有国际人道主义援助,是临时性的。

四、社会福利基金管理

通过各种渠道筹集到的社会福利资金形成社会福利基金,国家要对其进行严格、规范和有效的管理。社会福利基金管理要达到如下目标:一是确保基金完整和安全;二是防止基金的贬值,争取基金增值;三是满足给付的需要,避免支付危机;四是保持高效率。其中,维护基金安全是基金管理中最重要的目标,也是最基本的目标。社会福利基金管理要遵循如下原则:一是依法管理;二是规范管理,必须按照规范的程序与方式来管理;三是坚持收支两条线,征收系统和支出系统应当保持分离;四是实行预算管理;五是杜绝漏洞,严格基金的收支手续和责任制度。

社会福利基金管理就是对社会福利基金流动的所有环节进行管理,具体包括社会福利基金筹资管理、社会福利基金投资管理和社会福利基金支出管理三方面。

社会福利基金筹集管理就是对社会福利基金筹集的原则、资金来源、筹集额度和筹集方式等方面进行选择与管理。投资管理是对基金投资运行过程的若干环节进行管理,主要是确定社会福利基金投资运营的原则、选择投资取向和运营机构。社会福利基金投资运营要遵循如下原则:安全性、增值性、组合性和可变现性。安全性原则是社会福利基金投资运营的首要原则,追求增值的目标要以基金安全为前提。这是由社会福利基金的性质所决定的,社会福利基金是用来帮助国民抵御和化解各种风险的,而风险的发生具有不可预测性和不确定性,因此基金必须在任何时候都要安全、完整,以备用来及时抵御和化解风险。增值性原则是指社会福利基金投资运营的目标就是要增值。国家对社会福利基金负有确保保值和争取增值的义务,而且以增值为目标。要实现基金增值就必须让基金流动起来,也就是要进行投资。基金投资有多种选择,为了实现利益最大化,不能把基金全部投资在一种项目上,而要进行适当的组合,以分散基金投资的风险,这就是基金投资运营的组合性原则。基金投资运营的组合性原则要求基金投资时要兼顾投资风险和投资收益二者之间的关系。社会福利基金投资运营的可变性原则是指基金投资所形成的资产在保值的前提下根据需要可以随时变为现金。由于社会风险发生的不可预知性和不确定性,因此在基金投资组合上一定要考虑投资项目的可变现性因素,不能为了追求收益的最大化而把基金全部投资到可变现性差的项目。

根据上述社会福利基金投资运营原则,社会福利基金投资的项目主要由以下三种类型。第一类是把基金存入金融机构,或者购买国家和地方政府发行的债券。这类投资具有简便易行、安全可靠的优点。相比之下,购买政府债券比投资银行还具有优势。因为政府债券是以政府的信誉担保的,而且收益一般要高于银行利息,所以政府债券应该是基金投资的最可靠项目。这类投资是社会福利基金投资的必选项目。因此,这类投资被称为间接的、被动的、保守的,但又是必要的投资选择。第二类投资项目是直接从事商业证券投资和实业投资,如购买股票、开办企业、兴建公共设施等。这类投资具有风险高、收益高的特点,因此被称为直接的、激进的、风险型投资。第三类是委托投资,即把基金委托给经验丰富、信誉好的投资公司进行投资,如投资基金、这类投资与前两类相比处于中间,即收益要比第一类高,风险要比第二类低,因此被称为平稳型投资。当然,基金投资要坚持一条经验,即不要把所有鸡蛋放在一个篮子里,在充分权衡安全性、增值性、风险性、可变性等因素的情况下,对投资项目进行合理的组合。社会福利基金投资管理的主要内容之一就是要对基金投资项目进行合理选择。

社会福利基金支出管理就是对社会福利基金支出的各种资格条件进行审核和监督。例如,对社会福利基金给付对象的年龄条件、身份条件、给付标准、给付周期等进行审核。

第三节 社会福利水平

一、内涵和特征

社会福利水平是指一定时期内一个国家国民所享有的社会福利待遇的程

度,是质与量的统一体。社会福利水平具有历史性和动态性、刚性、主观性三个特征。

社会福利水平的历史性和动态性是指社会福利水平在不同历史时期会呈现出不同的水平。最主要原因是,社会福利水平主要是由社会生产力水平决定的。人类社会的生产力水平是不断发展变化的。同时,随着社会生产力水平的变化,社会的各个方面都会发生相应的变化,如人口结构、经济社会发展所处的阶段、各项社会制度的成熟完善程度等等,这些变化也会影响到社会福利水平。总体而言,经济发展水平越高,社会福利制度越完善,社会福利水平就越高。

社会福利水平刚性特征是指社会福利水平的总体趋势是不断向上增长。这与社会生产力不断发展、社会福利制度不断完善有关。另外,也与国民具有一种只能接受福利水平提高而不能接受福利水平下降的心理预期有关。因此,在社会福利改革中政府只能不断地扩大福利范围、提高福利水平。一旦福利改革缩小福利范围,降低福利水平,就会遭到国民的反对。

社会福利水平的高与低可以通过一系列标准来测量,这是它客观的一面。同时,它还有主观的一面,即受到国民主观感受与评价的影响,这与福利的主观性特征有关系。国民过去所享受的福利水平、对当前福利水平的期望以及生活品位、对幸福的理解等方面的因素都会影响到他们对社会福利水平的主观感受和评价。

二、衡量指标

衡量社会福利水平的通用指标是社会福利总支出占 GDP 的比例。社会福利总支出是指一定时间内(通常是一年)一国实际支出的各项福利费用的总和。但是,社会福利总支出占 GDP 的比例并不是衡量社会福利水平的唯一指标,也不是绝对性指标,因为仅用这一指标并不能完全客观地衡量出福利水平的高低。由于各个国家所处阶段和福利模式不完全相同,具体实施的福利项目、人口结构等方面不相同,因此仅靠社会福利总支出占 GDP 的比例来衡量并不科学,还要考虑到人均社会福利水平、社会福利覆盖面、社会福利自身的制度结构等因素。

三、社会福利水平的"度"

(1) 内涵。社会福利水平是质和量的统一体,有其质的规定和量的规定。社会福利水平量的规定性是一定时期内(通常是一年)社会福利总支出占 GDP

的比重；社会福利水平质的规定性是指社会福利水平要与国民经济发展相适应，既要保障国民的基本生活，又要激励国民积极劳动创造，推动社会经济的持续健康发展。度是保持事务性质的范围，超过一定的度，事物的性质就发生了根本变化，就会变成另外一种事物。所以，社会福利水平的"度"就是保持某一社会福利水平的质和量的限度和幅度，即社会福利支出水平在多大幅度内既能够保障公民的基本生活又能够激发国民的劳动积极性，保证经济的持续发展。

（2）测量社会福利水平的度的标准。第一，既要保证社会稳定，又促进经济发展。如果一个国家的社会福利制度在实施过程中能够做到既保障了国民的基本生活需求，又能改善国民的生活质量，被国民广泛接受，同时还能促进经济社会的发展，那么可以判断为这种社会福利水平是适度的。

第二，既有利于社会公平，又有利于提高效率。社会福利制度在运行过程中始终要面对效率与公平这对矛盾，对这对矛盾处理的结果就是评判社会福利水平是否适度的一个重要标准。社会福利是一种国民财富再分配的手段，能够有效缩小社会收入差距，促进社会公平。但是，如果为了提高社会水平而征缴过多的社会福利资金，那么就会影响到国民的有效需求，从而影响到经济效率。因此，适度的社会福利水平是能够很好地兼顾到效率与公平的关系。

第三，既能保证国民的基本生活，又能激发国民的劳动积极性。社会福利水平不适度的两种表现：社会福利水平过高和过低。社会福利水平过低就为无法保障国民的基本生活，更不用说提高和改善国民的生活质量了；社会福利水平过高，就容易出现"养懒人"的情况，国民对社会福利产生了依赖心理。因此，适度的社会福利水平能够兼顾到二者，既能保证国民的基本生活，又能激发国民的劳动积极性。

（3）社会福利水平不适度的后果。由社会福利水平过高或过低导致的社会福利水平不适度都会给经济社会带来消极的影响。社会福利水平过低对社会的影响首先是无法完全保障国民的基本生活需求，更不用说提高和改善其生活质量，进而影响到社会的稳定和国民的素质，最终影响到经济的发展。社会福利水平过高所带来的负面影响集中体现为"福利危机"，具体来讲：一是"养懒人"，过高的社会福利水平和过高的个人所得税边际税率使得部分国民宁愿自愿失业，靠社会福利过日子；二是社会福利支出占用GDP比重过大，对资本积累产生较强的"挤出效应"，从而造成社会投资资金不足，影响经济的健康持续发展；三是容易导致财政危机；四是过高的社会福利水平往往会提高社会保障税，从而会增加企业的生产成本，最终影响到企业的市场竞争力和企业主投资生产的积极性。

（4）制约社会福利水平的因素。制约社会福利水平的因素可以从供给和需求两个层面来分析。供给层面的因素主要是指一个国家在一定时期内能够供给社会福利资金的能力,社会福利水平直接取决于社会福利资金总量的大小,间接取决于一国经济发展水平。一般而言,经济发展水平越高,筹集到的社会福利资金就越多,社会福利水平就越高。需求层面的因素主要有一国的人口数量和结构、社会福利项目的数量和保障的程度。

▶ 本章小结 ◀

我国社会福利制度存在的问题主要有:存在"重保险、轻福利"的倾向;缺乏统筹考虑,分割与脱节现象较为严重;社会福利法制建设仍然落后;社会福利事业总量供给不足;对民办福利事业缺乏实质支持。

我国社会福利制度的治理改革的内容主要包括改造政府福利、实现社会福利与劳动就业相分离、采取多种措施扩大社会福利资金来源、重视社会福利的法制建设和努力推进社会福利事业社会化。

社会福利水平是质和量的统一体,有其质的规定和量的规定。社会福利水平量的规定性是一定时期内(通常是一年)社会福利总支出占 GDP 的比重;社会福利水平质的规定性是指社会福利水平要与国民经济发展相适应,既要保障国民的基本生活,又要激励国民积极劳动创造,推动社会经济的持续健康发展。

第十一章 老年人社会福利

▶学习目标◀

通过本章学习,学生应该能够理解并掌握以下核心内容:
1. 我国人口老龄化的现状和特点
2. 我国老年人权益保障的立法情况
3. 老年人社会福利的概念、内容
4. 我国老年人社会福利发展的现状、问题与对策
5. 我国老年服务产业的发展

第一节 人口老龄化与老年问题

一、人口老龄化

(一)人口老龄化的概念与现状

人口老龄化是指一个国家或者地区老年人口在总人口中所占比例持续提高的过程。这个概念有两层含义:一是指老年人口相对增多,在总人口中所占比例不断上升的过程;二是指社会人口结构呈现老年状态,进入老龄化社会。国际上通常看法是,当一个国家或地区60岁以上老年人口占人口总数的10%,或65岁以上老年人口占人口总数的7%,即意味着这个国家或地区的人口处于老龄化社会。根据国际助老会发布的《2015全球老龄事业观察指数》报告,2015年全球60岁及以上人口约9.01亿,占世界人口12.3%,到2030年这一比例将达到16.5%。

根据国家统计局2015年全国1%人口抽样调查结果,我国目前60岁及以上人口为22 182万人,占16.15%,其中65岁及以上人口为14 374万人,占10.47%。同2010年第六次全国人口普查相比,60岁及以上人口比重上升2.89个百分点,65岁及以上人口比重上升1.60个百分点。我国人口老龄化呈明显

上升趋势。

与其他国家相比,我国人口老龄化有以下几个显著特征:

(1) 老年人口基数大。目前我国老龄人口约为2.22亿,占全球老年人口的24.6%,是全球老年人口最多的国家。

(2) 老龄化速度快。从某种角度来看,人口老龄化是人类社会发展的自然规律和必然趋势。虽然西方发达国家都经历了人口老龄化的过程,但从全球比较,发达国家老龄化进程长达几十年至1个世纪。例如法国用了115年,瑞士用了85年,英国用了80年,美国用了60年,而我国只用了18年(1981—1999年)就进入了老龄化社会,速度惊人。

(3) 老龄化程度高。我国目前60岁及以上人口比例为16.15%,其中65岁及以上人口比例为10.47%,部分城市老龄化比例超过到20%(例如南京为20.57%),有的甚至将近30%(2015年底上海户籍老龄化人口比例为30.2%;江苏省如东县2015年老年人口比例为29.26%,是我国目前老龄化程度最高的县城。)我国老龄化程度高,老年人高龄化趋势明显。

(4) 未富先老。从发达国家的经济发展和人口结构变化来看,大部分国家都是在物质财富积累达到一定程度后,才开始进入到人口老龄化进程阶段。例如瑞典、日本、英国、德国、法国等发达国家在进入老龄化时,人均GNP已达1万至3万美元,在全球72个人口老龄化国家中,人均GNP达1万美元的占36%,3 000至10 000美元的占28%。而我国在2002年人均GNP只有980多美元时,就提前进入了老龄化社会。因此,这种未富先老便成为我国现代化进程中极大的隐患和挑战,也成为一个不容忽视的重大社会问题。

(二) 人口老龄化的原因

人口老龄化的原因是复杂的,概括起来主要有几个方面。一是工业化、城市化的发展,降低了生育率。二是经济社会发展水平的提高,提高了人们的健康状况,特别是预期寿命。三是社会保障制度降低了人们的生育意愿。

除此以外,我国人口老龄化有其特殊原因。我国人口老龄化的发展,既有人口发展规律的作用,也有我国特殊国情的影响。生育政策的变化,对我国人口老龄化具有重要影响。

二、老年问题

1982年维也纳老龄问题世界大会通过的《老龄问题国际行动计划》认为,老龄问题既包括"影响到老年个人的问题",也包括"人口老化有关的问题",并将老龄问题的内容概括为发展和人道主义两个方面。发展方面的内容涉及的是人口老龄化所造成的社会经济问题,主要是老年人受赡养比例日益增长,对生产、消费、储蓄、投资,以及对一般社会经济状况和政策所起的影响。人道主义方面的内容涉及的是老年人的特殊需要,包括保健与营养、住房与环境、家庭、社会福利、收入保障、就业和教育等。我国一般把老龄问题的内容通俗地概括为老有所养、老有所为、老有所学、老有所乐和老有所医等5个方面。

老龄问题产生的根本原因在于人类老龄化。随着人类社会的进步,医疗卫生的发展,人类老龄化已成为整个社会发展的必然趋势,老龄问题成为世界上普遍存在的社会性问题。在世界各国和地区,对老龄问题的研究已日益受到重视。20世纪70~80年代以来,联合国对此问题日益关注,先后于1973、1977、1978、1979和1980年通过有关决议,并于1982年7月在维也纳召开了老龄问题世界大会,从而标志着老龄问题已提上了世界事务日程。

在社会学领域,老龄问题亦称老年社会问题,曾经被当作有关老年人的社会问题来研究。老年社会问题特指老龄问题中直接涉及社会问题的部分。它是老年社会学的研究对象,主要内容包括:老年歧视问题,老年社会保障问题,老年越轨行为问题,老年犯罪与犯罪受害问题,老年婚姻与家庭问题,老年垂暮与死亡问题,老年就业与退休问题,老年闲暇时间利用问题,老年人代际冲突问题等。在这些问题当中,最受关注的是老年人福利问题。

第二节　老年福利理论

一、老年权益保护

由于老年人的相对弱势地位,我国政府制定了保护老年人的制度。在我国《宪法》及其他重要法律法规中,都对保护老年人合法权益做了相应的规定。此外,专门制定了针对老年人这一特殊群体的保护、保障的《老年人权益保障法》。

我国《宪法》第45条第1款规定:"中华人民共和国公民在年老、疾病或者丧失劳动能力的情况下,有从国家和社会获得物质帮助的权利。"第49条第3款规定:"父母有抚养教育未成年子女的义务,成年子女有赡养扶助父母的义务。"该条第4款规定:"禁止破坏婚姻自由,禁止虐待老人、妇女和儿童。"

《民法通则》第104条第1款规定:"婚姻、家庭、老人、母亲和儿童受法律保护。"

《婚姻法》第2条第2款规定:"保护妇女、儿童和老人的合法权益。"第21

条第1款规定:"父母对子女有抚养教育的义务,子女对父母有赡养扶助的义务。"该条第3款规定:"子女不履行赡养义务时,无劳动能力的或生活困难的父母,有要求子女给付赡养费的权利。"

《刑法》第260条第1款规定:"虐待家庭成员,情节恶劣的,处2年以下有期徒刑、拘役或者管制。"该条第2款规定:"犯前款罪,致使被害人重伤、死亡的,处2年以上7年以下有期徒刑。"第261条第1款规定:"对于年老、年幼、患病或者其他没有独立生活能力的人负有抚养义务而拒绝抚养,情节恶劣的,处5年以下有期徒刑、拘役或者管制。"

《劳动法》第70条规定:"国家发展社会保险事业,建立社会保险制度,设立社会保险基金,使劳动者在年老、患病、工伤、失业、生育等情况下获得帮助和补偿。"第73条规定:"劳动者在下列情形下,依法享受社会保险待遇:(1)退休;(2)患病、负伤;(3)因工伤残或者患职业病;(4)失业;(5)生育。"

这些法律为老年人社会福利提供了重要的法律依据,特别是在《老年人福利法》缺失的情况下,对于发展老年人社会福利具有重要意义。

二、老年福利的概念

(一)老年人的确认

社会福利所说的老年,一般是按国家或法律制度规定的年龄标准确定的。现代社会大多以享受社会福利或领取养老金开始年龄作为老年的标准。国际上发达国家老年人养老金领取开始年龄标准一般为65岁,发展中国家的标准为60岁,我国一般规定男60岁、女50岁(干部身份55岁)为退休年龄。为了与多数人的退休年龄相衔接。我国《老年人权益保障法》第2条规定老年人的年龄起点标准是60周岁。即凡年满60周岁的中华人民共和国公民都属于老年人。

(二)老年社会福利的含义

老年人社会福利作为与残疾人社会福利、妇女儿童社会福利相并列的一个社会福利子项目,主要有以下两层含义:

第一层含义是从政府功能的角度出发,认为老年人社会福利是根据老年人特殊需要和老年人自身的特点,安定老人的生活,维护老人健康,充实老人精神文化生活为目而采取的政策措施和提供的设施和服务。

第二层含义从老年人的特殊需求出发,认为老年人社会福利是根据老年人特殊需求和老年人自身的特点,由社会提供给老年人的物质帮助和社会帮助。

老年人社会福利的主要目的是满足老年人口特殊的生活需求，帮助老年人提高和改善生活水平。通俗地说，就是解决好一个社会的养老问题。老年人社会福利的实施主体是国家和社会，客体或者说享受对象是达到一定年龄的（通常有65岁和60周岁两个标准）老年人。因此，老年人社会福利是根据老年人的特殊需求和老年人自身特点，以改善老年人物质生活和精神生活为目的，由政府和其他各种社会组织所提供的福利项目、设施和服务的总称。

老年人社会福利是养老保险的延续和提升，在保障老年人物质生活需要、解决好"养"的基础上，进一步满足老年人精神和文化生活的需要。同时，相对于养老保险而言，老年人社会福利的覆盖面具有普遍性，其对象是全体老年人，而不仅仅是退休劳动者；服务项目具有广泛性，除养老的基本物质生活保障外，还包括老年人的医疗、护理、休闲娱乐、生活照顾等各个方面的内容；责任主体具有社会性，政府和志愿者队伍、民间组织等社会力量共同构成老年人社会福利的服务主体。

三、老年福利的内容

老年人社会福利所包括的内容与现代工业社会的程度密切相关。传统社会的老年人社会福利局限在物质帮助，现代社会则更加强调宽泛的社会服务及满足个人全面发展。发达国家老年人社会福利发展水平高、服务全面，发展中国家老年人社会福利则是剩余型或补缺型的。随着经济社会的发展，人们生活水平的不断提高及医疗卫生事业的不断进步，老年人社会福利的内容也将不断充实和扩展。从理论上来说，老年人社会福利一般包括以下内容：

1. 老年人收入福利

收入来源的大幅减少使得相当一部分老年人没有购买所需物品和服务的经济能力，特别是随着年龄的增长、身体功能的下降而导致的医疗开支的增加，使得老年人的生活极易陷入经济困境。因此，如何避免这个问题是老年人福利的一个重要目标，在这方面政府承担的主要责任就是向老年人提供必要的、以现金形式支付的、用于保障老年人基本生活支出的福利供给，这种福利通常被称为"老年人津贴"或"补充收入保障"。此外，"老年人生活补贴"、针对高龄老人发放的"人寿补贴"等也属于收入福利的范畴。

2. 老年人医疗保健福利

生理方面的变化往往导致老年人患上各种慢性疾病，如风湿症、中风后遗症、眼疾和耳疾等，严重影响老年人晚年生活的质量。因此，针对带有这些问题人口的保健不但要强调治愈，还要强调通过治疗和护理使患者能够调整自己以适应在某些症状长期存在的情况下生活。这就是人们通常谈到的"长期保健护理"。同时,老年人医疗保健福利还包括为老年人定期组织体检,举行健康保健、疾病康复咨询和讲座等。

3. 老年人社会福利服务

老年人除了收入保障、医疗服务方面的需求外,还有许多其他需求,如老年人的生活照顾、生活不能自理时的护理以及社会交往的需求。老年人社会福利服务主要是满足老年人这方面的需求,它主要可以分为两种类型的服务内容:一种是院舍服务,另一种是社区照顾。院舍服务是一种以入住方式提供给老年人的综合服务,通常分为三个层次:一是老年公寓,主要面对生活能自理的人,公寓主要提供一些辅助性服务,日常生活由老年人自行料理。二是老年福利院,只面对能够自理或半自理的老年人,福利院提供完整的照顾服务。三是老年人护理院,主要面对生活不能自理或半自理的老年人,护理院提供完全的生活照顾和护理。在实际工作中,这三个层次并不十分清晰,大多数福利院都是综合性的。

但是,院舍机构要么服务费用较高,要么服务质量较差、床位不足。更为重要的一点是,老人通常觉得被送去养老院是遭到遗弃,对于离开儿女很难接受。因此,院舍服务越来越不受欢迎。目前,老年人福利服务过程中的社区照顾受到了人们的普遍赞同,为许多国家大力推广。社区照顾是指在国家宏观指导和政策扶持下,以社区为依托,为满足日常生活自理有困难的城市老年人的日常生活照顾需求而提供的养老服务,包括建立和发展老年福利设施、开展社区居家照顾、社区日间托老服务、社区内机构照顾等一系列的照顾项目。它包含两层含义:(1) 不使老人脱离他所生活、所熟悉的社区,在本社区内进行服务,以满足老年人亲情慰藉的需要。(2) 动员社区力量,运用正规照顾资源与非正规照顾资源(包括政府部门、家人、亲戚、朋友、邻居、志愿者队伍和民间组织)即社区支持体系开展服务,终极目标是让受助者尽量维持在社区内,过最大限度的独立自主的生活。

4. 老年人发展性福利

帮助老年人提高知识水平、娱乐老年人身心、增强他们的社会参与能力也已经成为老年人福利所要考虑的一个重要问题。终身教育主张教育应该贯穿在人的一生中进行。老年大学的举办给老年人提供了一个学习培训、终身教育的机会。世界卫生组织指出:"人们在进入老年以后还可以通过收入性的和非收入性的活动为社会继续做出生产性的贡献。"现代社会为老年人发挥自己的余热提供了一个良好的宽松的环境,老年人可以参与政府部门、群团组织和公司的顾问咨询服务;可以到机关学校、企事业单位兼职,继续发挥专长;可以担任老年学会、书画研究会、老年体协等社团组织的领导职务或其他职务;可以参与唱歌、书画、下棋,以及文艺演出等文娱活动。这些文化娱乐活动极大地丰富了老人的晚年生活,满足了老年人继续社会化、自我实现的需求。

此外,老年人住房福利也经常被发达国家纳入老年人福利项目。它主要指国家为老年人买房提供各种优惠以及制定关于老年人住房的特定标准等内容。

最后,通过社会优待为老年人提供福利也是许多国家和地区通行的做法。如我国的《老年人权益保障法》中规定:"地方各级人民政府根据当地条件,可以在参观、游览、乘坐公共交通工具等方面对老年人提供优待和照顾等。"可见,老年人社会福利的服务内容是为满足老年人的特殊需求而设立的,涵盖了老年人基本的福利需求。比较直观地反映出了老年人社会福利的内容与老年人需求的对应关系。

第三节 老年福利实务

一、我国老年人生活福利

我国老年人的物质生活福利措施主要包括:举办老年人经济实体,为老年人增加再就业的机会,并对生活困难的老年人给予物质帮扶;开展向老年人送温暖活动,为老年人提供经济补贴和实物支助;建立福利院和敬老院,收养没有生活保障的老年人,并扩大对社会一般老人的收养安置;为老年人提供特殊的优惠服务措施,如为老年人发放乘坐公共汽车和进入公园的免费凭证。我国老年人的医疗保健福利主要体现在两个方面:一是医疗资源。从医疗机构和设施条件来看,国家和政府兴办的各类医院、医护人员和医疗设施的普及率在全国已达到相当高的水平,即使在比较偏僻的农村地区,如卫生院、村卫生所等机构也能基本满足人们就近看病的需求。作为公立医疗机构的补充,由社区、私营单位和个人兴办的医疗机构也呈现逐年增长的态势。除了这些一般性医疗机构之外,专门针对老年人的老年病医院及各医院开设的老年门诊也在不断增加,以满足老年人的特殊需求。虽然目前我国的医疗机构和设施条件还存在一定的城乡差异和地区差异,城市地区的条件普遍优越于农村地区,大城市的条件又要好于中小城市,但医疗网基本上覆盖全国,能满足老年人对医疗的基本需求。二是医疗费用来源。医疗费用的支出来源是老年人就医时更为关心的一个问题。由于老年人常患慢性病,医疗费用支出是老年人除生活费用支出以外最大的项目。医疗费用的来源主要有三种途径:一是以国家公费医疗形式为代表的国家支付,能够最大限度地保证老年人医疗费用的获得;二是以自费医疗的形式为代表的家庭支付,取决于老年人家庭的经济实力和子女的、亲友的资助程度;三是以统筹、保险等形式为代表的综合支付。

我国老年人医疗保健福利的实际措施主要包括以下几个方面:组织老年人定期身体检查;组织智力健全和部分健全的老人进行健康教育和自我保健、自我护理知识的学习,常见病、多发病的自我防治以及老年营养学的学习;专门为老年人设立便捷优惠的老年人病科;由国家组织和出资或由社区建立康复医疗机构、制定年度康复计划等。

二、我国老年人社会福利服务

自新中国成立以来,我国的老年人社会服务体系在很长一段时间内以院舍服务机构为主要场所,对"三无"老人的生活起居进行照顾。1984年后开始突破"三无"范围,面对其他老人开展自费收养。截止到2006年,我国城乡收养性社会福利机构为38 593所,床位1 467个,老年福利机构8 553所,床位378 997张,收养279 588人("三无"对象178 894人);农村收养性老年福利机构26 442所,床位775 466张,收养594 417人("三无"对象517 896人)。但随着院舍机构的弊端逐渐暴露,以社会化为导向、以社区服务为重点的老年人社会福利服务逐渐得到确立。虽然我国的社区养老服务仅有十几年的发展历史,但其内容和形式仍旧得到了长足的进步,并体现在以下几个方面:

第一,综合化与专业化相结合。一些社区依托强大的社会力量和民间组织,建立了集医疗保健、生活照顾和发展性福利于一体的综合化的老年服务。另外一些社区则瞄准专业化市场,建立起一些更加专业化的养老服务,例如生活照料型、精神娱乐型和权益维护型等专业化组织,以期更有效率的实现养老目标。

第二,公益性与低费性相结合。针对"三无"老人、特困老人、高龄无保障老人及生活不能自理的残疾、孤寡老人。我国部分城市的社区组织起互帮互助团体及志愿者队伍,为这些老人提供了做(买)饭、代购物品、洗涤衣被、打扫卫生、身体检查、谈心交友、应急援助呼叫等福利性公益性服务。

第三,居家与社区相结合。在我国目前的老年人社会福利服务中,政府公共部门、非营利性机构、志愿者队伍和慈善、互助组织等组织,一方面提供各种形式的上门的"菜单式"服务。或者建立"白天入托、晚上回家"的日托服务中心;另一方面又为老年人提供全方位的社区机构照顾,使老人不用离开熟悉的社区环境。

三、我国老年精神文化服务设施

我国为老年人提供的精神文化服务设施大致包括老年大学、老年活动中心、老年活动站、老年心理支持、老年再就业咨询介绍所等等。目前不仅城市有老年大学,农村也有老年学校。不仅政府办,企业、部队、大专院校、科研单位也兴办老年教育事业。有些地区已经形成省、市、县、乡、村五级教育网络。有些城市还建立了空中老年大学、网上老年大学。除此之外,由单位或社区建立的一些专门的老人休闲娱乐的活动场所,如老年活动站、老年中心,为老年人提供了丰富的文化、教育、娱乐、体育活动,从而极大地提高了老年人的生活质量。

四、我国老年人社会福利存在的问题

尽管我国老年人社会福利的发展取得了一定的成就,但仍然存在一系列问题。特别是在我国经济转轨、社会转型、人口老龄化迅速发展的情况下,我国现阶段的老年人福利事业无论从量的规模上还是从质的结构上,都不能适应经济和社会发展的需要。目前,我国的老年人社会福利事业覆盖面小、整体水平较低的特点已经越来越不适应形势发展的需要,面临着严峻的挑战。我国的老年人社会福利主要面临以下几个问题。

1. 发展严重不平衡,城乡差距、地区差距较大

经济发达与欠发达地区在社会福利机构的资金投入、人员素质和管理水平、服务质量等方面相差甚远。城乡二元分割现象明显,在农村生活着80%的老人,仍未有一所全面的社会福利机构。因为制度化的社会服务本来就不多,农村的民政工作大致只局限于救灾、扶贫,其形式仍脱离不了紧急救济,能够为老年人提供的福利也极为有限。

2. 覆盖面小,供需矛盾突出

随着经济发展和社会进步,特别是人口老龄化、家庭小型化、农村城市化进程的加快,使人民群众对老年人福利需求急剧增加。而目前我国的福利供给严重不足,属于典型的补缺型、残余型的福利制度。据测算,我国现有的社会福利服务只能满足5%的社会需求。目前我国老年人福利事业单位整体数量少,且设施、设备普遍比较陈旧落后,服务水平低。国家对福利保障和福利服务的资源投入增加少,比重低,福利服务的增加远赶不上社会需求的增长。

据调查,全国现有1 400万左右的老年人要求进入福利机构养老,占老年人总数的11%以上,而各类福利机构中能够提供的老年人床位只有1 042万张,不到全国老年人总数的8%。社区服务工作也存在类似的问题,这已严重影响了社会福利服务内容和项目的扩展和服务质量的提高。

3. 政府对老年人社会福利资金投入少

由于我国财政紧张,对于社会福利的投入较少,仅占国民生产总值的11%,不仅低于发达国家水平,而且也低于一般发展中国家水平,所以当前的社会福利机构,尤其是老年人社会福利机构的资金严重不足。近年来,许多社会福利机构为增加自身的发展能力,开展多种经营活动,走以副养院的道路,但由于缺乏相应的扶持保护政策,特别是经济包干政策和税收优惠政策在许多地方还未落实,因而影响了社会福利机构自我发展的能力。

第四节 老年服务业发展

一、"老龄服务业"概念界定[①]

党的十八大提出了"大力发展老龄服务事业和产业"。我们认为,在界定"老龄服务事业和产业"概念时应充分考虑以下两个视角:(1)生命历程视角,即服务提供主要是为了满足人们在增龄过程中由于功能衰退而产生的服务需求;(2)老龄社会视角,即要从老龄社会的新思维,立足老龄社会经济发展的角度来看待这一服务的发展。因此我们认为:"老龄服务"是一种为满足人们进入老年期后由于年龄增长、疾病等原因而导致身体机能衰退,从而在生理、心理以及其他方面产生的特殊需求而引致的一系列应对活动,主要包括生活照料、医疗卫生、康复护理和精神文化服务等;"老龄服务业"则是一个面向公民老年期、以提供生活性老龄服务产品为主的生产部门和企业的集合体,它是老龄社会条件下一种新的业态,是老龄产业的重要组成部分,也是未来中国第三产业快速发展的新的增长点。

二、老龄服务业的消费潜力分析

根据目前的调查情况,生活照料(特别是老年餐桌、家政服务)、医疗卫生、

[①] 本节编选自《老龄科学研究》2015第三卷第七期,作者系中国老龄科学研究中心王莉莉、杨晓奇。

康复护理和精神文化服务是老年人需求旺盛、市场发展空间较大的几个主要领域。

(一) 老年餐桌和家政服务需求强烈

在城市地区,老年人需要老年餐桌和家政服务的比例较大。中国老龄科学研究中心的调查数据显示,城市老年人需要家政服务和老年餐桌的比例分别高达58.0%和49.0%。特别是空巢老年人对家政服务和老年餐桌的需求比例更高,根据对北京市240名老年人的专项调查数据,空巢老年人需要上门送餐的比例达44.6%,需要家政服务的比例达56.1%。

(二) 医疗卫生服务需求普遍较高

一是医疗卫生服务需求普遍较高。根据中国老龄科学研究中心的调查数据,中国城乡老年人需要上门看病的比例达到了54.9%。农村地区由于医疗卫生资源有限、交通不便,老年人需要上门看病的比例更高,达到了72.6%。二是健康管理服务发展潜力巨大。根据中国发展研究基金会"北京市老龄产业发展状况"项目的调查数据,86.2%的受访者认为体检对健康有正面影响;60.3%的受访者在2011年进行过体检,平均体检次数为1.06次;在体检花费上,老年人计划花在一次体检上的费用平均为641.7元。

(三) 康复护理需求增长迅速

2013年,城乡部分失能和完全失能老年人口数量已经超过3 700万,随着中国人口老龄化和高龄化趋势的继续发展,失能老年人不断增多,康复护理市场的潜在需求不断增长。一是康复护理服务需求不断增长。中国老龄科学研究中心的调查数据显示,中国城乡老年人当中需要康复治疗的需求比例为36.5%,需要上门护理服务的比例为36.9%;其中农村老年人对上门护理和康复治疗的需求比例更高,分别为47.7%和45.9%。二是护理型养老服务机构需求不断增长。中国老龄科学研究中心的调查数据显示,中国完全失能老年人口占老年人口的比例为6.8%,其中愿意入住养老机构的比例为16.6%。

(四) 精神文化服务需求快速增长

随着老年人收入水平的提高,老年人对精神文化服务的需求水平也在不断提高,特别是对老年旅游服务的需求旺盛。

三、我国老龄服务业整体发展现状

(一) 老龄服务成为投资新热点

2012年之后,中国的老龄服务产业进入了一个新的发展阶段。党的十八届三中全会明确指出,要"使市场在资源配置中起决定性作用","加快建立社会养老服务体系和发展老年服务产业"。2013年,国务院连续出台《关于加快发展养老服务业的若干意见》《关于促进健康服务业的若干意见》等一系列政策文件。

（二）各路资本纷纷涌入

随着政策扶持力度的加大和市场需求的扩大,各路资金支持老龄服务市场发展的趋势也更加明显。央企、保险资本、外资等国内外各种资本纷纷投入老龄服务市场。此外,日本、英国等许多国家和地区的老龄服务机构、培训机构也纷纷进入中国市场。

（三）"医养护模式"赢得市场青睐

医疗、养老和护理是老年人最需要的服务,从近年来老龄服务业的市场发展情况来看,"医养护"结合型的老龄服务项目发展迅速,其主要的发展模式包括如下三种。(1)在老龄服务机构中内设医疗机构。(2)医院直接建立老龄服务机构。(3)一些专业的护理机构、老年病医院也是目前民间资本开始进入的领域。

（四）智能化、信息化项目方兴未艾

智能化、科技化养老服务项目成为新的发展热点。远程医疗、电子健康等都是目前中国老年健康服务业的一个主要发展内容。另外,基于智能化的网络服务平台或者利用科技、智能化的老龄服务产品,也是目前中国老龄服务业发展中的一个重要方向。一是借助智能化平台,整合老龄服务资源。二是通过直接建立"智慧社区""智能化养老基地"等来实现科技化的养老服务。

（五）教育培训市场应运而生

老龄服务业的发展需要有专业的服务管理人员和专业服务人员,随着中国老龄服务业的快速发展,催生出了一批直接为老龄服务机构提供运营、管理和培训的服务机构与组织。

四、我国老龄服务业的发展走势

（一）优先发展老龄服务业是一项战略选择

老龄服务业的发展将会伴随着人口老龄化的加剧而不断加快,市场需求空间非常大。同时,老龄服务业的发展也会带动老龄产业其他行业领域的发展,譬如老龄金融、老龄用品、老龄房地产等行业,都会随之而发展起来。

（二）养老服务和健康服务是重中之重

养老服务和健康服务是老年人的主要服务需求。目前,国家正在积极引导和支持社会资本进入养老服务业和老年健康服务业的发展。2013年,国务院连续下发了《关于加快发展养老服务业的若干意见》和《关于促进健康服务业发展的若干意见》,明确指出要大力引入社会资本发展养老服务业和健康服务业;强调政府要在切实保障满足人民群众基本医疗卫生服务需求的同时,加大改革力度,充分调动社会力量,加快发展内容丰富、层次多样的健康服务业。

(三)满足中端服务需求是行业发展大势

近年来,老龄服务业发展以高端市场为主,如老年养护业中养老机构、康复护理机构的发展,而占市场主体的中端服务市场还未形成。随着中国经济社会的发展、社会保障体系的完善、老年人观念的转变,以及国家对老龄服务业发展的大力推进,老龄服务业的发展将会逐渐走向买方市场,社会资本的投入将会进一步加大,市场竞争将会进一步增强。这将有利于从事老龄服务的企业挖掘更多的老年人养老服务需求,特别是挖掘大部分普通老年人的养老服务需求,老龄服务中的中低端需求会随之进一步释放,中端服务市场将成为未来老龄服务业发展的主体力量。

(四)品牌化将成为行业发展的战略引领

伴随着老龄服务业的快速发展,服务业内部的竞争将会加剧,集团化、品牌化、连锁化的发展将会更加明显。

(五)智能化、信息化服务成为方向

随着科技信息化水平的发展,现代通信技术、网络技术等科技化、智能化产品在老龄服务业中的作用将更加明显。特别是在远程医疗、健康管理、居家养老服务信息平台等方面,智能化、信息化的趋势将更加明显。

(六)职业经理人培养将是行业发展关键

中国的老龄服务业发展中最为紧缺的不仅有直接为老年人提供护理服务的专业技能人员,还包括老龄服务机构的运营和管理人才。目前,已经有一些国外的专业养老服务公司在国内开辟市场,为老龄服务机构提供一整套专业的咨询、规划、管理和服务人员队伍的建立和输送服务。未来,这将是中国老龄服务业市场发展的另一个新趋势。

▶本章小结◀

根据第六次全国人口普查数据,我国现有 60 岁及以上人口为 177 648 705 人,占 13.26%,其中 65 岁及以上人口为 118 831 709 人,占 8.87%。我国已经是一个严格意义上的老龄化国家。我国老龄化的特点主要有老得快、老得重、未富先老。老龄化会带来诸多社会问题,需要严肃对待。我国已经形成了以宪法为依据、以老年人权益保障法为核心的法律体系。

老年人社会福利正是针对老年人的经济需求、医疗保健需求、生活护理需求、心理需求和社会参与的需求而组织实施起来的社会援助体系。我国自古以来就有尊老孝老的优良传统,我国现代老年人社会福利取得了许多成就,仍然面临许多问题。

发展老年人社会福利,离不开老年服务产业的发展。

第十二章 妇女儿童社会福利

> 学习目标

通过本章学习,学生应该能够理解并掌握以下核心内容:
1. 在劳动过程中保护妇女的安全健康的特殊保护措施
2. 妇女儿童社会福利的概念和主要内容
3. 妇女儿童社会福利的需求供给分析
4. 儿童社会福利的功能
5. 妇女儿童社会福利实务

第一节 妇女儿童问题

一、妇女儿童社会问题

(一)妇女的概念

在辞典中,妇女的定义是成年女子的通称,不单纯指已婚妇女。一般认为,18周岁以上为成年女性,14—18周岁称为少女,7—14周岁称为幼女,7周岁以下称为女童。在现实生活中,妇女常指有孩子的女性。

(二)妇女问题的表现与实质

现代妇女问题主要表现有:一是性别歧视问题。尽管男女平等的观念早已深入人心,但是由于现实的因素,女性仍然面临许多歧视,特别是女性就业歧视问题。二是妇女贫困问题。由于社会经济变迁,农村出现大量留守妇女,容易受到贫困问题的影响。三是生活质量问题。

(三)促进妇女发展与女权运动

女权运动即反对歧视女性,使女性获得应有的社会地位和权利,实现两性权利完全平等的一项社会目标或社会运动。女权运动对于妇女发展具有一定的促进作用。

二、儿童社会问题

(一)儿童的概念

联合国《儿童权利公约》于 1992 年 4 月 1 日开始在我国正式生效,该公约定义的儿童是指 18 周岁以下的任何人。我国未成年人保护法规定:(本法)所称未成年人是指未满十八周岁的公民。

(二)儿童社会问题

儿童社会问题主要包括:儿童健康状况、儿童生存环境、儿童保护、儿童教育等。儿童健康状况主要有三个指标:一是 5 周岁以下儿童死亡率。二是计划免疫接种率。三是儿童营养状况。儿童生存环境主要包括:一是儿童设施。二是儿童成长的文化环境。儿童保护主要包括:反对儿童的家庭暴力,反拐卖伤害害儿童,防止儿童意外伤害。儿童教育主要包括:一是学前教育。二是义务教育。三是特殊教育。

三、我国妇女儿童的人口状况

根据 2015 年全国 1‰人口抽样调查主要数据报告,全国大陆 31 个省、自治区、直辖市和现役军人的人口为 137 349 万人。女性人口为 66 993 万人,占 48.78%,总人口性别比(以女性为 100,男性对女性的比例)由 2010 年第六次全国人口普查的 105.20 下降为 105.02。0—14 岁人口为 22 696 万人,占 16.52%。

第二节 妇女儿童社会福利理论

一、妇女社会福利

(一)妇女权益保护

根据我国的劳动法律、法规,在劳动过程中保护妇女的安全健康的特殊保护措施主要有以下几个方面:

(1) 凡适合妇女从事劳动的单位,不得拒绝招收女职工。保障妇女享有与男子平等的劳动权利。实行男女同工同酬。

(2) 禁止妇女从事井下采掘等笨重体力劳动和接触特别有害妇女生理机能的有毒有害物质的工作。

(3) 已经从事笨重劳动和有害健康工作的妇女,享受提前退休的照顾。

（4）实行"四期",即在月经,怀孕,生育,哺乳期间内,给予特殊保护。不得在女职工怀孕期降低其基本工资,或者单方面解除劳动合同。在月经期间,所在单位不得安排从事高空、低温、冷水和国家规定的第三级体力劳动强度的劳动。在怀孕期间,不得从事国家规定的第三级体力劳动强度的劳动和孕期禁忌从事的劳动,对已经从事笨重劳动和经常攀高、弯腰等工作的孕妇,应调换做适宜的工作。不得在正常劳动日以外延长劳动时间。怀孕7个月以上（含7个月）的女职工,一般不得安排其从事夜班,劳动期间应当安排一定的休息时间。怀孕的女职工,在劳动时间内进行产前检查,应当算劳动时间。

女职工产假为90天,其中产前休假15天。剖宫产增加产假15天。多胞胎生育的,每多生育一个,产假增加15天。女职工怀孕流产的,其所在单位应当根据医务部门的证明,给予一定时间的产假。

（二）妇女社会福利的概念

妇女社会福利是国家和社会为保障妇女生理和职业特殊需要、特殊利益而制定的各项福利政策和开展的社会福利事业。妇女在政治、经济、文化、社会和家庭生活等各方面,享有与男子平等的权利,这是男女平等所追求的目标。但是,由于妇女在生理、心理上有与男子相区别的特点,使得她们面临着许多特殊的困难。正是由于自身特殊的情况,妇女应该享有特殊的利益,社会应给予特殊的照顾和服务,由此产生了妇女社会福利事业。世界各国在宪法、婚姻法、劳动法、行政法、民法和刑法等许多法律文件中都设立专门条款,来保护妇女的合法权益,打击侵犯妇女权利的各种违法犯罪行为,切实保障广大妇女的特殊需要和特殊利益。

（三）妇女社会福利的理论分析

妇女社会福利不单是她们个人的事情,而是牵涉到儿童社会福利,家庭成员福利状况和社会质量的社会问题。换言之,妇女社会福利状况在相当程度上决定着儿童社会福利、家庭成员福利状况和社会整体的质量。妇女社会福利在社会生活中发挥的作用表现在以下几个方面：

1. 妇女社会福利是实现男女平等的重要条件

传统观念把妇女定位在家庭。养家糊口的丈夫和家庭主妇的妻子是标准的家庭结构,在政治经济领域妇女很少"抛头露面"。女性参与政治生活和经济生活受到很大阻力和压力。实现男女平等的关键是女性有平等参与社会活动的权利和平等的发展机会,国家在这方面立法,保障了妇女的劳动权利以及参与政治的权利。

2. 妇女社会独立有助于提高人口质量

国家的强盛依靠高素质的劳动资源,依赖优质的人口。通过对妇女提供特殊的照顾和服务,保证人口质量,是很多国家人口战略的重要组成部分。国家通过立法,禁止女性从事有碍于下一代健康的工作,在经济承受力可能的水平下对妇女孕育过程提供帮助和服务,保证优生,从基础上提高全民族人口质量,为国家参与全球竞争奠定了基础。

3. 妇女社会福利对维护家庭和睦幸福以及社会安定具有重要作用

妇女进入劳动力市场后,与男子一样参与社会劳动,他们在家庭生活和社会生活中处于母亲、妻子与挣工资者双重矛盾角色,以及家庭照顾责任与有竞争力生产者冲突责任之间的两难境地。在这种情况下,妇女容易出现身体和心理失衡,影响个人健康和家庭生活。社会通过对家庭责任给予支持,既能缓解妇女的工作生活压力,又有利于家庭和睦幸福以及下一代的健康成长,也有利于社会安定。

4. 妇女社会福利有利于妇女的潜能在社会活动中得到充分发挥

一项研究指出,如果需要妇女在家庭以外进行经济活动,社会就必须担负一半家务和母亲的责任。妇女社会福利的提供为职业妇女在家务劳动和养育子女方面减轻了负担,为妇女从家务中解脱出来投身于社会活动施展他们的才华提供了条件。

(四)妇女的福利需求分析

我国的妇女社会福利已取得了巨大的成就,但仍存在着一些不完善的方面:

1. 女职工劳动保护问题

女职工劳动保护水平不高、女职工劳动保护法律法规落实难等问题都愈加突出地显现出来,给女职工劳动保护工作带来了新的挑战。而现行的女职工劳动保护法规中的有些内容、措施和要求落后于时代,不适应形势发展的需要,难以保障女职工的合法权益和特殊利益。

2. 妇幼保健问题

妇女卫生保健条件和妇幼健康状况在地区之间、城乡之间和不同人群之间还存在较大的差距,妇幼卫生事业滞后于经济社会发展的问题比较严重,特别是在中西部农村,卫生保健事业不适应妇女儿童健康需求的问题相当严重。这要求加大政府投入,加强对农村和边远贫困地区妇幼卫生工作的支持力度,采取各种措施,加快这些地区妇幼卫生工作的开展。

3. 对策和建议

(1)营造男女平等和谐发展的良好社会环境,确保妇女社会福利制度的顺畅实施。

(2) 妇女社会福利制度应针对不同层次的女性采取重点不同的政策。从政治权利、就业保护、社会福利的享受层次上关爱不同的妇女群体。

(3) 完善法律法规,有效保障妇女社会福利制度的实现。保障妇女社会福利制度的有效实施,不仅需要在法律上设置合理的权利义务体系,而且更需要把法律规定、确认的权利和义务贯彻落实。在社会主义和谐社会的构建过程中,如何有效地保障法律规定的妇女权益的实现,主要把握以下三个方面:第一,健全有关妇女福利保障立法;第二,加强法律宣传,增强妇女的权利意识;第三,提高妇女自身素质是一个综合性的概念。

(五) 妇女福利的供给

1. 妇女生育津贴

在我国,生育津贴原称产假工资。为了与国际通用术语衔接,1994年改称生育津贴。其适用范围、享有津贴的资格条件以及津贴支付期限,均与改革后的产假制度相一致。生育津贴的计发基数已改革了两次。改革充分体现了社会公平原则。但近几年计发基数多元化的格局日益明显:

(1) 在实行生育保险社会统筹的地区,按本企业上年度职工月平均工资为基数计发生育津贴,期限不少于90天;而没有开展生育保险社会统筹的地区,生育津贴由本企业或单位支付,标准为女职工生育之前的基本工资和物价补贴,期限一般为90天,形成了"双轨"制。

(2) 由于生育津贴具体实施办法可结合本地区实际情况制定,生育津贴计发基数出现了"本企业上年度职工月平均工资"、"当地社会平均工资"、"本人养老保险缴费工资"、"本人上年度月平均工资"、"本人生育前12个月平均工资"等多种形态。

此外,由于计划生育晚育延长假是带薪休假,企业普遍加入社会统筹,使生育津贴的支付期少则延长1周,多则延长3个月。还有的地区对参加生育保险的企业中男职工的配偶,给予一次性津贴补助。

2008年根据《中华人民共和国个人所得税法》有关规定,经国务院批准,有关部门就生育津贴和生育医疗费有关个人所得税政策做出了明确规定。对于我国生育妇女按照县级以上人民政府根据国家有关规定制定的生育保险办法,取得的生育津贴、生育医疗费或其他属于生育保险性质的津贴、补贴,可以免征个人所得税。

二、儿童社会福利

(一) 儿童权益保护

儿童的健康成长历来受到国家的特别重视。国家对全体儿童实行免费接种和定期健康检查制度。20世纪50年代由北京、上海、天津等大城市开始,其他城市陆续建立妇幼保健机构,负责妇女儿童的保健工作。到80年代以后,儿童保健逐步扩展到农村地区。为减轻母亲负担、保证儿童健康成长,政府还积极推动托幼事业发展。1950年,教育部、卫生部、内务部发出《关于托儿所、幼儿园几个问题的联合通知》,要求根据需要和可能,积极发展托儿所、幼儿园,并对托儿所、幼儿园的经费来源、保教人员培训等做出了具体规定。1954年、1955年全国总工会女工部两次召开全国重点城市托儿所工作会议;1955年,教育部、卫生部、内务部联合通知就积极发展托儿所、幼儿园问题提出意见。在国家有关福利方针和政策的指导下,至1957年末,全国有托儿所168万多所。对于孤儿、弃婴、伤残儿童这些特殊儿童,民政部承担了他们的照顾工作。新中国成立后,各地民政部门接收改造了外国在我国开办的儿童慈善机构和国民党政府及旧社团办的儿童慈善机构,又兴办了多种类型的婴幼儿福利机构,收养孤儿弃婴。国家给儿童福利事业单位拨出专项经费,并配备了工作人员和生活、教育、医疗等设备,使孤儿弃婴受到保育教育,使伤残儿童得到照顾和医治。

(二)儿童福利的概念

儿童社会福利是社会福利在特殊群体中的体现。1959年联合国的《儿童权利宣言》指出:"凡是以促进儿童身心健康发展与正常生活为目的的各种努力、事业及制度等均称之为儿童福利。"美国的儿童福利联盟认为:"儿童社会福利是社会福利中为儿童提供在家庭中或其他社会机构所无法满足需求的一种服务。"同时,《美国社会工作年鉴》指出:"儿童福利旨在谋求儿童愉快生活健全发展,并有效地发掘其潜能,它包括了对儿童提供直接福利服务,以及促进儿童健全发展有关的家庭和社区的福利服务。"

儿童社会福利有广义和狭义之分。狭义的儿童社会福利是指由特定形态的机构向特殊的儿童群体提供的一种特定的服务。服务的对象主要指处于不幸境地的儿童,而服务功能则相应地倾向于救助、矫治、扶助等恢复性功能。可见,此类福利并不包括在家庭中已获得充分的需求满足的儿童,本身具有残补性取向,是一种消极性的儿童福利。广义的儿童社会福利的对象是所有的家庭和儿童,并不单纯局限于处于不利境地、需要帮助的儿童群体。这种观念实质上是基于这样一种假设,即认为在瞬息万变的现代社会生活中,单凭一个家庭无法面对所有的问题,根本不会存在完全自给自足的自然型家庭,而每一个家庭都需要外力的帮助,社会对每一个儿童都负有责任。显然,这一类型的儿童社会福利具有发展取向,是一种积极性的儿童福利。

在现今社会条件下,人们已开始更多地认同广义的儿童社会福利,这首先是基于社会经济的发展,社会已有能力去关注和负担更广泛的儿童群体的需要。其次,还得力于社会成员人道主义观念的发展,对于一个个体,包括儿童,人们的情感不再局限于同情,而是开始向尊重其本性靠拢。当然,家庭和儿童在社会中地位的变迁也是影响儿童社会福利概念发展的一个重要因素。

综合以上的说法,儿童社会福利,是指由国家或社会为立法范围内的所有儿童普遍提供的旨在保证正常生活和尽可能全面健康发展的资金与服务的社会政策和社会事业。

(三)儿童福利的功能

儿童社会福利在实现促进儿童健康全面发展的基本功能外,同时还具有重要的社会功能。

1. 促进儿童全面发展的功能

儿童社会福利在促进儿童全面发展方面大致有三项功能:恢复性功能、预防性功能和发展性功能。

其中恢复性功能主要指对处于困难境地的儿童进行解困和救难,也称治疗性功能,如对处于贫困、战乱、家庭残缺不全、疾病等状态下的儿童,儿童社会福利制度的建立,能够帮助他们脱离危险和困难境地,融入社会主流,顺利成长。

预防性功能是针对所有适龄儿童的。儿童作为未来社会的建设者,是成长中的人,发展中的人,他们尚缺乏独立自主的能力,但并不缺乏自我发展的潜能和愿望。他们与成人一样,具有独立的人格和相应的权利,需要给予基本的尊重。但是由于他们年龄小,自我保护能力差,特别需要成人的支持和扶助。儿童社会福利赋予了儿童生命权、娱乐权、教育权、发展权等诸多有权利的保障,从而增强了儿童适应社会的能力。发展是儿童的本质特征,儿童的问题是发展中的问题。儿童社会福利持发展的观念,能够调动、启发儿童发展的潜能,帮助儿童消除发展的障碍,矫治儿童在发展过程中出现的偏差,从而促进儿童的全面健康发展。

2. 促进社会安全的功能

儿童社会福利有利于维护社会的稳定。社会稳定是社会结构各组成部分之间关系的相对平衡状态。社会混乱和动荡的出现,是与社会上相当数量的社会成员的正当需求得不到满足相联系的。儿童也是社会的一分子,在他们身上也存在各种各样的需求,而这些需求一旦被成人社会置之不顾,就容易促成社会不安定因素的形成。由于儿童群体的特殊性,他们无力运用剧烈的暴动或类似的形式进行主动反击,但会通过各种层面对社会安全产生消极的影响。

首先,儿童是家庭的重要成员,是社会的重要组成部分,儿童的健康发展,会促进家庭的稳定,减小其分裂的可能,这无疑会使社会的稳定有了进一步的保证。反之,儿童出现问题,往往会造成整个家庭的危机,这会直接影响当时的社会安定,而且会影响未来社会的安全。

其次,由于儿童是发展的个体,他们终归会成为社会的主体力量。儿童社会福利直接的结果就是减轻儿童目前的痛苦和问题,促进儿童的幸福和发展;间接结果则是防止将来社会问题的产生,增强未来社会的安全,做到防患于未然。由儿童可能对社会造成的不安,我们自然可以看出儿童社会福利的功能恰恰是为了避免这些问题而表现出来的。

3. 儿童社会福利具有社会发展的功能

一个国家和社会儿童的状况如何,决定着未来这一国家和社会人力资源的状况。随着社会的发展,越来越多的国家和政府认识到了人力资源在国家发展中的决定性作用。儿童社会福利为儿童的发展、成才提供了福利保障及精神支持,使儿童能在制度化的前提下,获得应有的社会福利和辅导帮助。这不仅可以稳定当时的家庭乃至社会,更重要的是为未来社会提供了大批高素质的人才。

(四)儿童福利的供给

民政部1997年会同5部共同制定《关于进一步发展孤残儿童福利事业的通知》,民政部1999年发布《社会福利机构管理暂行办法》,2001年民政部发布《儿童社会福利机构基本规定》,明确了举办儿童社会福利机构的硬件标准、服务质量标准和从业人员的标准。儿童福利机构的服务宗旨是:以科学的知识和技能维护儿童基本权益,帮助儿童适应社会,促进儿童自身发展。

目前,我国儿童社会福利事业单位基本分为三类:第一类是收养性的儿童社会福利事业单位,儿童福利院、儿童村等,他们的主要职能是对孤儿进行收养,并使其享有受教育的权利,成为对社会有用的人才;第二类是康复型的儿童社会福利事业单位,如聋儿康复中心、弱智儿童康复中心等,他们的主要职能是对那些可以康复的残疾儿童实施治疗和康复,使其减轻残疾程度,回归社会;第三类是教育性的儿童社会福利事业单位,如残疾儿童寄托所、残疾儿童学日班、特殊教育学校等,他们的主要职能是使各类残疾儿童受到足够的教育,增强他们的生活和劳动能力,使之做出对社会有益的贡献。以上这些社会福利设施给孤儿、弃婴提供了良好的收养、医疗、康复和教育服务,直至他们长大成人,给他们安排工作,帮助他们成家立业。对痴呆和重残儿童则实行终身供养。

这里主要介绍儿童福利院、残疾儿童康复中心和SOS儿童村这三个儿童社会福利机构。

1. 儿童福利院

儿童福利院工作是我国儿童工作的特殊组成部分。儿童福利院监护养育的儿童主要是因为天灾和不可预测事故失去双亲的孤儿,同时也监护养育因身患难以完全康复的智残、肢残等重残或严重疾病而被父母遗弃的儿童。目前,这类在院监护养育的儿童共有2万名左右,约占我国未成年人总数的十万分之五左右。

(1) 经费。我国儿童福利院的经费,以国家和地方财政拨款为主,集体集资、发行福利彩票和社会捐助为辅。其中财政拨款列入当年财政预算,实行全额拨款。

(2) 管理制度。我国的儿童福利院已形成一套较完善的系统性管理制度。各个儿童福利院都制定了规章管理制度,各项工作规程有十分严格的要求,这些制度和规程涉及福利院内部管理及儿童生活的各个方面,如养育、护理医疗、康复、科研、培训、社区康复、后勤保障等。

(3) "养、治、教"相结合的方针。我国的儿童福利院实行"养、治、教"相结合的办院方针,重教,重养,重治。羸弱无力的孤儿和被遗弃的病残儿童在福利院得到精心照料和养育,他们中的许多人在这里长大成人后走上社会。在儿童福利院,智力健全的儿童,无论是否身体残疾,均与正常儿童一样全部接受义务教育。对于盲、聋、弱智的儿童,由福利院负责把他们送到特殊教育学校;此外,国家还办了30余所专门的孤儿学校,针对这些儿童的身心特点进行教育。有的实行九年义务教育和职业教育相结合的办校方针,使孤儿毕业后有一技之长。为方便重度残疾儿童接受教育,各儿童福利院均建立了特殊教育班,培养孩子们的生活自理能力。政府从1989年起设立了特殊教育专项资金,1995年这项资金为2 300万元人民币,其中用于儿童福利院特教班的经费为110万元。

2. 残疾儿童康复中心

康复中心的主要工作包括以下几个方面:

第一,开展残疾儿童普查。一般是选择本市的一个区,或一个县,或一个有20万人口的区域,对残疾儿童的人数、年龄、性别、残疾类别、致残原因等基本情况进行调查,为开展当地残疾儿童康复活动提供可靠依据。第二,开展康复专业医护人员培训。北京、南京、上海、湖北省残疾儿童康复中心,主要任务是筹办全国性的培训班,其他城市残疾儿童康复中心负责筹办地区性的培训班。各地康复中心培养的康复专业医护人员对残疾儿童康复专业队伍的形成起到积极的推动作用。第三,开展残疾儿童家长培训。家长参与,是残疾儿童康复训练持之以恒并取得成效的关键。第四,开展舆论宣传。各地残疾儿童康复中心普遍利用电台、电视台、报纸杂志等宣传工具,向社会宣传残疾儿童早期预防、早期发现、早期干预的基本知识,使残疾儿童得到早期康复。第五,开展残疾儿童康复训练。各地残疾儿童康复中不仅为儿童福利机构内的残疾儿童实施各种康复训练,而且还为有家的残疾儿童提供各种康复服务。第六,开展残疾儿童康复科研活动。有不少残疾儿童康复中心采用体疗为主,结合推拿、按摩等中西医结合疗法,积极探索残疾儿童康复事业的新路子,取得显著成效。

3. 中国 SOS 儿童村

SOS 儿童村是一个国际性的民间慈善组织,其办村宗旨是以家庭方式抚养、教育孤儿,并用 SOS 这个国际上通用的求救信号,呼吁全社会都来关心和帮助那些在灾难中幸存的孩子。中国 SOS 儿童村于 1984 年开始在天津、烟台两地创建,由当地政府出资征用建村用地,国际 SOS 儿童村提供筹建 SOS 儿童村的基建费用和 SOS 儿童村孩子的生活、学习费用。1985 年 9 月中国 SOS 儿童村协会正式成立,同年正式加入了国际 SOS 儿童村组织,成为该组织的成员。中国 SOS 儿童村协会在北京设有协调办事处,负责与国际 SOS 儿童村组织的联络工作,指导各 SOS 儿童村工作,接受国内外社会团体和人士对 SOS 儿童村的捐助。几十年来,中国 SOS 儿童村协会认真贯彻执行国际 SOS 儿童村组织的宗旨,积极参加国际 SOS 儿童村开展的各项活动,为强化 SOS 儿童村的管理做了大量工作。根据我国国情,制定了一系列的规章制度和管理办法,使我国 SOS 儿童村的管理工作走上规范化轨道。为使更多的社会孤儿重新获得母爱和家庭温暖,国际 SOS 儿童村组织继续热心帮助我国筹建 SOS 儿童村及其他社会福利设施。二十年来,相继在天津、山东烟台、黑龙江齐齐哈尔、江西南昌、四川成都、河南开封、福建莆田、新疆乌鲁木齐、西藏拉萨建立了 9 个 SOS 儿童村及其他 SOS 附属设施,紧急援助项目等,它们都在抚养和教育孤儿方面发挥着重要的作用。

我国 SOS 儿童村招收孤儿的条件是:第一,父母双亡。无法定抚养人或法定抚养人无力抚养;第二,年龄在 8 周岁以下;第三,身心健康,发育正常,无家族遗传病史。儿童村由村主任负责领导,管理人员有村主任助理、妈妈、妈妈助理、教师和后勤人员等。孤儿们就学于附近的学校。男孤儿进入青年时期，迁至 SOS 青年村或青年宿舍居住，直到他们完全独立。

第三节　妇女福利实务

妇女社会福利一般包括特殊津贴、就业福利和相应的社会服务等内容。

一、特殊津贴和照顾

妇女社会福利一般包括特殊津贴、就业福利和相应的社会服务等内容。特殊津贴和生育津贴是指对职业妇女因生育或流产而离开工作岗位中断收入时按照生育的法律、法规给予的一项生育待遇又称现金津贴。许多国家把生育津贴纳入社会福利的范畴但有的国家也建立专门的生育保险制度面向工薪劳动者中的妇女。

生育津贴已成为一种对职业妇女表示关注的重要国际性措施，其宗旨在于向生育的职业女性提供基本经济保障使她和她所产生的婴儿能够在产假期间按照适当的生活规律标准维持无所匮乏的健康生活。享有生育津贴是生育妇女的一项基本权利。

在一些发达国家，围绕着妇女的生育而提供综合性的特殊福利，即除了生育津贴外，还提供其他项目的福利津贴，如育儿假和育儿津贴，它只在少数国家实行。它规定婴儿的母亲或父亲可以在休满产假后增加一段休假照顾婴儿，允许的育儿假期各国从 6 个月到 3 年不等假期间发给适当津贴，有些国家称为"母亲工资"或"父亲工资"，其标准低于生育津贴。例如，意大利的"母亲工资"是原工资的 30%，匈牙利是低收入女工平均工资的 50% 左右。也有的国家不补偿育儿假期间的收入损失，只为休假职工保留职位、计算工龄。各国都在很大程度地为孕产妇女及新生儿设立福利，还包括生育现金补贴、未婚母亲特别津贴、免费的婴儿用品、免费的奶品凭证等。

二、妇女就业福利

女职工就业福利是保障妇女合法权益、照顾妇女身心特殊需要的重要方面，也是为了保护社会生产力、保护妇女及下一代身体健康所采取的必要措施。因此，各国的劳动法及相关法律，均有对妇女在就业及劳动过程中提供相应的保护措施的规定，并要求用人单位严格执行，具体包括：

（1）对妇女就业权益的保护。第一，保障妇女享有与男子平等的就业权利。单位在录用职工时,除不适合妇女的工种或者岗位外,不得以性别为由拒绝录用妇女或者提高对妇女的录用标准。第二,保障妇女享有与男子平等的就业服务的权利。政府的劳动主管部门及各类职业介绍机构在提供就业服务时,不得歧视妇女。第三,为了保障妇女的就业权益不因生育和抚养子女而受到歧视或侵害,任何单位不得以结婚、怀孕、产假、哺乳等为由辞退女职工或单方面解除劳动合同。

(2) 对妇女职业权益的保护。第一,实行男女同工同酬。任何工作岗位的男女职工,只要付出同等的劳动,就应当获取同等的报酬。不得因女职工怀孕、生育、哺乳而降低其基本工资。第二,在晋职、晋级、评定专业技术职务及职业培训等方面,坚持男女平等的原则,根据工作业绩给予男女职工平等的机会和待遇。不得歧视妇女,实行差别对待。第三,合理安排女职工的工种和工作。为了保护妇女的身体健康,根据妇女的身体和生理特点,女职工禁止从事有毒、有害、危险和强体力劳动。

(3) 对妇女特殊劳动权益的保护。在妇女经期、孕期、产期和哺乳期,不得安排其从事高空、低温、冷水、有毒、有害等劳动;在孕期、哺乳期不得延长女职工的工作时间和安排其夜班活动,并为其提供特殊保护设施;生育时享受一定天数的产假等。

三、福利设施和福利服务

生育津贴与劳动保护,均是针对劳动妇女甚至是受雇劳动妇女设置的,并且只适用于特定的阶段,如生育津贴保障的是育龄妇女,劳动保护保障的是就业期间的妇女。不仅未参与社会劳动或未受雇的妇女无法享受到这种福利,而且妇女超过生育期间也不能再享受这种保护。因此,真正具有普遍意义的妇女福利是国家和社会为全体女性提供的福利设施和服务。提供良好的卫生保健服务,尤其是在生产的关键时刻,有助于确保生产过程的安全。孕产妇死亡率的降低,不仅关系到卫生服务的效应,而且关系到社会的公正。社会有责任通过卫生和法律体制为生育妇女提供相关服务。我国《母婴保健法》正是基于此而制定的。而妇幼保健机构是实施《母婴保健法》、依法提供妇女保健服务和保证母亲健康的主渠道,如设立妇幼保健医院、妇产医院等。女职工较多的单位还建立女职工卫生室、孕妇休息室、哺乳室、托儿所、幼儿园等设施并妥善解决女职工在生理卫生、哺乳、照料婴儿方面的困难。另外,妇女活动中心、咨询服务中心、健美中心、妇女用品专门店等都是为女性提供福利服务的场所。在许多国家和地区,还设有专门的妇女庇护所,为受虐妇女或遭遇特殊困难的妇女提供特殊救助。

第四节 儿童福利实务

一、普通儿童社会福利

(一)家庭保护

国家通过一系列的立法,对儿童所应受到的家庭保护作了规定。保护儿童的生命健康权;父母或者其他监护人应当依法履行对未成年人的监护职责和抚养义务,不得虐待、遗弃未成年人;不得歧视女性未成年人或者有残疾的未成年人;禁止溺婴、弃婴。父母或者其他监护人应当以健康的思想、品行和适当的方法教育未成年人,引导未成年人进行有益身心健康的活动,预防和制止未成年人吸烟、酗酒、流浪以及聚赌、吸毒、卖淫。父母或者其他监护人应当尊重未成年人接受教育的权利,必须使适龄未成年人按照规定接受义务教育,不得使在校接受义务教育的未成年人辍学。父母或者其他监护人不得允许或者迫使未成年人结婚,不得为未成年人订立婚约。父母或者其他监护人不履行监护职责或者侵害被监护的未成年人的合法权益的,应当依法承担责任。父母或者其他监护人有前述违法行为的,经教育不改的,法院可以根据有关人员或者有关单位的申请,撤销其监护的资格,另行确定监护人。

(二)医疗卫生与保健福利

卫生部门对儿童实行预防接种制度,积极防止儿童常见病、多发病,加强对传染病防治工作的监督管理和对托儿所、幼儿园卫生保健的业务指导。学生在校学习期间,卫生部门和学校应当为儿童提供必要的卫生保健条件,做好预防疾病工作。国家还兴办专为儿童医疗保健服务的儿童医院,或者在全科医院中设立儿科;开展儿童保健工作,定期进行儿童健康检查、预防接种、防治常见病、多发病,使儿童健康成长。

(三)教育福利

儿童的受教育权和发展权是儿童权利的重要组成部分。20世纪中叶以来,随着儿童权利意识的不断提高,"教育机会均等"、"保证每个孩子都能享受到有效地促进其身心和谐发展的较好教育"成为一种社会需求。在学前教育方面,许多国家根据《儿童权利公约》的基本精神和本国的实际情况,纷纷采用立法的形式确立学前教育的地位。在一些发达国家,甚至出现了把学前教育纳入义务教育体系的倾向。例如,美国1985年9月规定,5周岁儿童的教育纳入学校公立教育中。这一规定,使得全国 90% 以上的 5 周岁儿童进入学校的幼儿班接受学前教育。法国政府规定,学前教育与初等教育处于同一系统,属于初等教育的基础性或准备性教育。自 20 世纪 80 年代初开始,法国的 5 周岁儿童的入园率已达到 100%。有的甚至明确规定 5 周岁以后的幼儿教育就是义务教育,国家对该阶段的教育不仅在师资、设施、财政上给予保证,而且也要求家庭尽其保证 5 周岁以后儿童接受教育的义务。

二、特殊儿童社会福利

特殊儿童是指残疾儿童、孤儿、弃婴和流浪儿童,他们除与普通儿童享受同等待遇外,还应该受到特殊的保护,这是儿童社会福利工作的重要组成部分。

(一)残疾儿童的预防和康复

一般实行预防为主的方针,由政府颁布一系列的法规,采取一系列的政策措施来预防儿童的先天致残。

(二)残疾儿童的教育

许多国家都制定了《教育法》《残疾人保障法》《义务教育法》《残疾人教育条例》等法律法规,对残疾儿童教育的职责、特点、发展方针、办学渠道、教育方式等做出全面、系统的规定。

(三)社会环境

各国政府动员社会采取多种方式关心和帮助残疾儿童的成长,大力弘扬残疾儿童自强不息的精神,倡导团结、友爱、互助的社会风尚。逐步实行方便残疾人的城市道路和建筑物设计规范,采取无障碍设施等措施,为残疾儿童的生存和发展创造良好的社会环境。

(四)特殊儿童的监护养育

各个国家都会有具体的部门负责孤儿和被遗弃的病残儿童的监护养育和安置工作。收养这些特殊儿童的社会福利设施有:儿童福利院、康复中心、孤儿学校、儿童村等,此外,城市的社会福利院、农村敬老院以及优抚社会福利设施,也会收养部分孤儿和病残儿童。

三、关注儿童教育

近年来,中国的儿童教育事业有了很大发展,许多指标优先于其他发展中国家,有的接近发达国家水平。儿童教育事业主要分为以下两个方面:一是注重儿童早期教育。二是义务教育。

▶本章小结◀

妇女儿童在社会中处于相对的弱势,面临许多社会问题。对于妇女来说,主要有受教育机会、就业歧视、劳动保护、妇女保健、生育、婚姻家庭保护等。对于儿童来说,主要有家庭监护、教育机会与应试教育、儿童保健、留守儿童关爱、社会成长环境等。

妇女社会福利是国家和社会为保障妇女生理和职业特殊需要、特殊利益而制定的各项福利政策和开展的社会福利事业。儿童社会福利,是指由国家或社会为立法范围内的所有儿童普遍提供的旨在保证正常生活和尽可能全面健康发展的资金与服务的社会政策和社会事业。

我国妇女儿童社会福利发展取得了巨大成就,也面临着许多问题。

第十三章 残疾人社会福利

▶ 学习目标 ◀

通过本章学习,学生应该能够理解并掌握以下核心内容:
1. 我国残疾人口的现状
2. 残疾人权益保障的立法情况
3. 残疾人社会福利的概念
4. 我国残疾人社会福利发展的现状、问题与对策
5. 残疾人社会福利实务

第一节 残疾人问题

一、残疾人的概念

关于"残疾人"一词的定义较多。国际劳工组织通过的《残疾人职业康复和就业公约》这样定义:残疾人指因经正式承认的身体或精神损伤在适当职业的获得、保持和提升方面的前景大受影响的个人。联合国大会通过的《残疾人权利宣言》中将残疾人定义为:残疾人是指任何由于先天性或非先天性的身心缺陷而不能保证自己可以取得正常的个人生活和社会生活上一切或部分必需品的人。《关于残疾人的世界行动纲领》中指出:残疾人并不是一个单一性质的群体,包括精神病者、智力迟钝者、听觉和言语方面受损者、行动能力受限者和"内科残疾者"等。

二、我国的残疾人口状况

根据第六次全国人口普查及第二次全国残疾人抽样调查,我国残疾人占全国总人口的比例和各类残疾人占残疾人总人数的比例,推算 2010 年末我国残疾人总人数 8 502 万人。

各类残疾人的人数分别为：视力残疾 1 263 万人；听力残疾 2 054 万人；言语残疾 130 万人；肢体残疾 2 472 万人；智力残疾 568 万人；精神残疾 629 万人；多重残疾 1 386 万人。各残疾等级人数分别为：重度残疾 2 518 万人；中度和轻度残疾人 5 984 万人。

三、我国残疾人社会问题

（一）政府立法滞后，执法乏力

如《中华人民共和国残疾人保障法》已颁布 10 周年，各级政府也先后制定了《实施细则》和相关条例，如残疾人按比例就业法令政策、残疾人优惠政策、残疾人无障碍设施规定等，然而有些地方执行起来却困难重重。

（二）保障举措不力，状况改善迟缓

对于残疾人的特殊困难，政府社会做了一定工作，残疾人状况明显改善，但与残疾人存在困难和问题比较起来，社会保障举措还是不够有力的。残疾人，尤其广大基层残疾人处于贫困状况、无助状况、疾病折磨状况还是相当严重的。中国残联组织已成立多年，为残疾人保障做了不少工作，但真正把残疾人社会保障问题列上议事日程，今年工作会议才提出，至于具体怎么做也还没有认真地系统地进行研究部署，措施办法缺乏力度。由于残疾人贫困面大，贫困程度大，加之有些地方政府口头上重视，行动上忽视，没有切实可行的扶贫措施办法，使得残疾人扶贫解困工作仍然面临许多困难，解决贫特困残疾人温饱，仍是一大难题；再者残疾人劳动就业，残疾人保障金征收问题，残疾人享受义务教育问题，残疾人接受中高等教育问题，残疾人康复治病问题都存在缺乏强有力的措施办法的保证，致使残疾人的基本状况改善不快，残疾人基本生活与健全人的差距有的地方不是在缩小，而是在扩大。

（三）社会环境状况欠佳，歧视现象仍然存在

马克思说过，千百年的习惯势力是最可怕的势力。中国虽然是一个文明古国，但 2 000 多年封建势力的影响根深蒂固。对残疾人偏见主要表现有：（1）个别领导不重视残疾人事业或则分而不管，或则表面应付，敷衍塞则；（2）对残疾人及残联工作面临困难问题不关心、不同情，缺乏事业心和人道主义精神；（3）个别单位和领导人对执行残疾人仅有的几项保障条例也不感兴趣，甚至刁难拒不执行，如某省有个县计委主任将上门收取保障金的残联干部当场辱骂驱逐出办公室。国务院明令通知残疾职工不下岗，可是一些企业领导却说，健全职工都下岗了，残疾人还能不下岗；（4）人道主义，扶残助残意识淡薄，多数残疾人仍然处于艰难无助的困苦之中。

（四）社保资金投入偏少，筹资渠道不畅

搞好社会保障，必须投入大量资金。目前残疾人社保资金筹集渠道不甚畅通，融资困难，适应不了残疾人社会保障对资金的需求。

（五）残疾人自身素质偏低，落后于社会需求

一是我国残疾人文化程度普遍偏低，二是缺乏一定的技术技能；三是自强自立精神不足。因此，在激烈市场竞争环境中生存发展受到严重制约。

第二节 残疾人社会福利理论

一、残疾人社会福利的概念

（一）残疾人社会福利的含义

残疾人社会福利是与老年人社会福利，妇女社会福利和儿童社会福利并列的，是社会福利体系中的一个子体系。它是国家或社会根据经济、文化发展水平，通过制定相关的法律和政策，给予残疾人相应的康复、教育、劳动就业、文化生活、社会环境等权益保障，以改善残疾人及其家庭的生活条件，不断提高他们的生活质量、维护社会稳定，实现残疾人"平等、参与、共享"的目标。

（二）残疾人社会福利的基本原则

残疾人由于智力、身体或心理方面的缺陷而不能与普通公民一样参与社会生活，但残疾人也有人的尊严和权利，有参与社会生活的愿望和能力。因此，国家和社会要创造良好的物质条件和精神条件，对这个特殊而有困难的群体给予特别扶助，通过发展残疾人事业使他们的权利得到更好的实现，使他们得以平等的地位和均等的机会，参与社会生活和国家建设，共享社会物质文化的成果。因此，残疾人社会福利应遵循以下原则。

1. 机会均等的原则

机会均等是指整个社会体系能为人人所利用，诸如物质和文化环境、住房和交通、社会服务和保健服务、教育和就业及包括体育运动和娱乐设施在内的文化和社会生活，要保证残疾人获得与其他公民平等的机会。机会均等原则体现在以下几个方面：

（1）立法上的平等。国家在制定法律、法规和各项政策的时候，要注意避免对残疾人行使公民的各项权利和自由产生不利影响，消除对残疾人的任何歧视，确保残疾人获得与其他公民平等的机会。保障残疾人权益的立法，从20世纪初开始，第二次世界大战后逐步发展。目前，已有132个国家和地区制定

了有关残疾人的法律。

（2）就业机会的平等。劳动是公民的基本权利，残疾人与健全人一样，享有法律赋予的平等就业的权利。残疾人同样是社会物质文明和精神文明的创造者，就业是残疾人改善生活状况、提高社会地位、参与社会生活的基础，是实现其人生价值的关键。搞好残疾人就业工作，使残疾人从单纯地依靠国家、社会和亲属救济、供养变为自食其力的劳动者，关系到残疾人劳动权利的实现，从而增强残疾人的自主能力。

（3）平等地享有环境。残疾人应该和其他公民一样享有社会环境。为残疾人提供通行安全和使用便利，是保障他们平等参与社会生活、共享经济社会发展成果的必要条件，是现代社会发展的必然要求和社会文明进步的重要标志，关乎一个国家尊重和保障人权的国际形象。构建一个民主法治、公平正义、诚信友爱、充满活力、安定有序、人与自然和谐相处的社会，必然要求人们要重视维护和保障残疾人等社会特殊群体的切身利益，重视调动和发挥他们的积极性和创造性。国家应当制定政策，确保残疾人能够进出和享用所有新建的公共建筑和设施、公共住房和公共交通工具，在实现物质环境无障碍的同时，还要实现信息和交流的无障碍。

（4）教育和培训机会的平等。残疾人与健全人一样，有着强烈的求知欲望和要求。读书求知不仅可以使残疾人掌握科学技术，为社会工作奠定基础，而且可以提高残疾人自身的素质，使他们从知识中得到充实、提高，使他们从知识中了解社会、人生，从而增强生活的勇气和信心。残疾人接受教育的权利是残疾人人权保障的重要组成部分，教育是残疾人充分参与社会生活并实现其人生价值的重要条件，是残疾人通往享有平等人权社会的必由之路。残疾人同样是国家的有用之材，在受教育的机遇上不应该有先后之分、在教育程度上不应该有厚薄之别，倒是这一"弱势群体"需要更多的关爱与政策倾斜。

（5）平等地履行义务。由于残疾人享有同等的权利，他们也应当承担同等的义务。

2. 特别扶助原则

《残疾人保障法》第4条规定："国家采取辅助方法和特别措施，对残疾人给予特别扶助，减轻残疾影响和外界障碍，保障残疾人权利的实现。"这是国家法律关于对残疾人实行特别扶助原则的规定。

为了改变残疾人在社会生活中的不利地位，相关法律在重申残疾人享有与其他公民平等权利的同时，普遍规定通过辅助方法、优惠政策和保护措施，给残疾人以特别扶助，以弥补其残疾带来的不利影响，保证其残疾人权利的实现。目前,我国对残疾人的特别扶助主要包括法律保障、政策扶持、社会扶助、无障碍环境以及特殊用品和辅助用具等。

在法律保障方面,颁布了《残疾人保障法》,出台了《残疾人教育条例》,各省、自治区、直辖市制定了残疾人保障法实施办法,数十部重要法律和不少法规、规章中都有保障残疾人权益的条款;在全社会广泛开展维护残疾人权益的法制宣传教育,各级人大组织残疾人保障法执法检查、监督,推动法律的实施;法律服务机构和法律援助机构积极为残疾人提供优先、优质、优惠的法律服务和法律援助。

在政策扶持方面,各级政府和有关部门出台了一系列保障残疾人权益、发展残疾人事业的政策、规定、规划、计划,对残疾人康复、教育、就业、扶贫、文化、福利等做出了一些优惠照顾、优先扶持等规定。特别是县(市)、乡(镇)、村普遍制定了对残疾人的优惠政策和扶助规定,对农村残疾人减免义务工、公益事业费和其他社会负担。

在社会扶助方面,全国城乡广泛开展各种形式的扶残助残活动,如"全国助残日"、"志愿者助残"、"手拉手红领巾助残"、"建残疾人之家"、"做残疾人之友"、"文化、教育、科技助残"、"法律助残"、"一助一送温暖"、"帮、包、带、扶"等。这些活动,不仅为残疾人解决了大量的具体问题,而且形成了扶残助残的良好社会风尚。

在无障碍环境方面积极推行城市道路和建筑物无障碍,发展信息和交流无障碍。在城市道路、公共建筑物、居住区设置、方便残疾人通行和使用的盲道、坡道、交通音响信号装置等无障碍设施;编写、出版发行盲文读物、盲人有声读物,在影视作品、电视节目中增加字幕、解说,开办电视手语节目,使盲人、聋人能够无障碍地获得信息,进行交流。

在残疾人特殊用品和辅助用具方面,普遍建立了残疾人用品用具供应服务站,研制、生产、供应了大量残疾人专用生活用具、专用学习用具、康复器具、特殊生产设备和专用交通工具等,如假肢、矫形器、轮椅、助行器和自助具、拐杖、盲杖、盲表、聋人闹钟和门铃、盲人写字板、打字机等,帮助残疾人改善了功能,增强了生活自理和参与社会的能力。

(三)残疾人社会福利的重要意义

1. 反映了一个国家的经济、政治、文化发展水平和文明程度

在现代工业化经济状态下,残疾人社会福利内容更加丰富,功能更加完善,福利水平进一步提高,人们认识到了残疾人的价值和保障残疾人权利的国家责任、社会责任。这一过程的演进,充分显示了残疾人社会福利与一个国家

经济、政治、文化的发展水平和文明程度的紧密联系。我们无论如何也不能把一个残疾人流离失所、生活得不到保障的社会和一个高度发达的社会联系起来。

2. 能够维护社会的团结稳定

残疾人社会福利事业对整个国家的稳定能够起到"安全阀"的作用,全社会重视残疾人,给残疾人温暖,是社会安定团结的重要内容。每个国家都会或多或少存在残疾人,他们是一个需要得到特别关心和帮助的群体。在一个存在竞争的社会里,他们在起点上就处于劣势,其生活压力大、经济承受力低、风险抵御力弱,面对着比普通人更多的困难和阻力。而随着经济的发展,社会分化的加速,加大了他们的贫富差距,他们是最先也最强烈地感受到社会改革和社会发展的成本与代价。如果国家、社会甚至个人对他们遇到的困难置之不理,他们的生活势必更加步履维艰。在这样的情况下,很容易滋生社会的不稳定因素。相反,若努力发展残疾人社会福利事业,化解矛盾,对这个弱势群体加以足够的重视,并给予充分的保护,他们就会融入社会这个大家庭中,成为建设和改造社会的一分子,共同维护社会的团结和稳定。

3. 能给残疾人以安全感和尊重感,有利于实现他们的自身价值

每一个社会成员都希望自己在社会结构中发挥应有的作用,希望凭借自己的知识与能力获得他人和社会的承认,这一点对残疾人来说尤为重要。单纯地给残疾人以人道主义的同情是不够的,更重要的是解除残疾人自身及其家庭的心理压力,调整其因残疾而带来的社会心理失衡。这种失衡一旦得到调整,必然会给残疾人及其家庭带来自强不息的动力,其效果要比单纯给予物质上、生活上的帮助更为显著。

4. 能够保证残疾人生活和福利水平的不断提高

残疾人是社会中有特殊困难的群体,他们的生活、教育、就业状况仍然落后于社会的平均水平,相当一部分残疾人还没有得到维持其生活的基本收入。随着国民经济的发展、社会财富的增加、社会平均生活水平的提高,残疾人的生活和福利水平也应该随之改善。残疾人社会福利制度的建立和完善,有助于使社会更加关注残疾人的生活,保证其生活和福利水平。

(四)残疾人社会福利的主要内容

残疾人福利,是社会福利的一个重要项目。其主要内容和任务是:(1)多渠道、多层次、多形式开拓残疾人就业门路,扩大就业范围,提供就业机会,保障残疾人的工作权利和自我实现的权利。(2)大力发展残疾人特殊教育,提高残疾人的文化素质和自立能力。(3)开展立法、宣传和教育,保障残疾人的

合法权益和提供特殊保护,呼吁社会尊重、关心和帮助残疾人。(4)兴办残疾人生活、工作、教育、文化娱乐活动的设施及器材的生产。(5)在社会事业的各个领域尽可能地为残疾人提供方便条件等。

二、残疾人社会福利的理念

1. 供养理念

供养理念就是把残疾人,特别是失去劳动能力的残疾人的一切需要包办下来。这种理念,只看到了残疾人的物质需要,没有关注到残疾人的社会需要,特别是精神需求。以经济、物质提供为主的残疾人社会工作就是这种理念的产物。

2. 回归社会理念

回归社会理念重视残疾人的社会需要,特别是精神需求,认为残疾人要回归社会,参与社会,这样才有利于残疾人的康复,以及为残疾人提供融入正常社会的机会。社区照顾是回归社会理念的实践模式。

3. 增能理念

增能理念认为通过一定的方法残疾人可以在一定程度上恢复他们失去的机体的、社会的功能,并有助于他们融入正常的社会生活。增能不仅是增加机体的能力,而且可以增强他们对于生活的信心。

第三节 残疾人社会福利实务

一、残疾人福利服务类型

残疾人社会福利工作,就是为残疾人开展的福利服务。福利服务的形式主要包括社会福利机构服务、社区福利服务、居家供养福利服务三种类型,共同构成覆盖全国城乡的残疾人社会福利服务网络。

(一)残疾人社会福利机构

我国有国家兴办的收养性福利机构、集体和民办的福利机构、国有福利企业、集体和其他福利企业等多种社会福利机构。在这些收养性福利机构和各种福利企业里,残疾人占有相当大的比重。残疾人的福利政策,主要是通过社会福利机构来贯彻落实的 。

(二)社区福利服务

社区福利服务,主要指在社区服务中开展对残疾人及其他有困难居民的福利服务,是民政部门创造并积极倡导的一种行之有效的好方法。我国城市的社区服务已经积累了十几年的经验,许多大中城市都有一批成功的典型,在设施建设以及服务方面已经形成了一套比较完整的系统。

(三)居家供养福利服务

居家供养福利服务是社区福利服务的基础和支撑体系,也是一种可以独立运作的福利服务类型。由于传统文化背景的影响和残疾人自身功能缺陷,我国目前大多数残疾人都乐于接受居家生活方式。这种类型的服务主要包括专业或志愿工作者上门服务、家庭成员的互助以及邻里互助。

二、残疾人社会福利实施状况

(一)我国残疾人康复医疗状况

我国政府十分重视残疾人康复工作,国家每年都拨出专项经费,用于残疾人的康复工作。而且我国还根据《残疾人保障法》为残疾人提供康复服务。

目前我国主要康复手段及康复项目有:白内障复明手术、聋哑儿童语言听力训练、肢残矫治手术。"九五"期间,我国有433万人得到不同程度的康复:其中,施行白内障复明手术1 866 680例;为低视力者配用助视器101 363例,并对他们进行视功能训练;对77 920个聋儿进行听力语言训练,实施肢体残疾矫治手术231 956例;装配假肢151 755例。

(二)我国残疾人教育状况

残疾人教育,主要是指针对盲人、聋哑人、弱智儿童等残疾人的特点,采取特殊的方法和手段对这类人群进行教育的一种形式。

据统计,1987年,全国盲、聋、哑和弱智学校已从新中国成立前的42所发展到504所,在校学生从新中国成立前的2 000余人发展到52 000余人,仅教职员工就有14 000多人。特别是党的十一届三中全会以来,体系正在逐步形成,各省市试办了残疾儿童学前教育,开展了各种训练并设立特殊教育学校。部分高校还设立了特殊教育高等教育专业,填补了我国培养高层次特教专业人才的空白。

(三)我国残疾人就业状况

对于残疾人来说,就业是残疾人全面参与社会生活的基础。改革开放以来,我国在促进残疾人就业方面,发挥了政府和社会的主导作用,一方面举办福利企业集中安排残疾人就业,另一方面规定国家机关、企事业单位、社会团体按职工人数的一定比例安排残疾人就业。经过10多年的努力,我国残疾人就业率已从1988年的不足50%提高到2003年的83.9%。我国还用法律法规对残疾人劳动就业实行特殊保护并要求各级政府对残疾人劳动就业进行统筹规划,为残疾人的劳动就业创造条件。

(四)我国残疾人文化生活现状

丰富多彩的残疾人文化生活有助于残疾人参与社会和广交朋友。到2000年底,全国有残疾人文化活动场所1 632个,残疾人艺术团体207个,残疾人体育活动场所719个;有关残疾人宣传的报刊专栏有36个、广播专题38个、电视手语专栏35个。以上这些对于提高残疾人的情趣和素质,发挥了重要的作用。

(五)我国残疾人社会环境状况

在消除社会对残疾人的歧视和偏见方面,中国政府和中国残疾人联合会采取各种方法,来营造尊重和帮助残疾人的社会环境。1989年4月,国家颁布了《方便残疾人的城市道路和建筑物设计规范》后,方便残疾人出行的无障碍设施在全国各地逐步建立和增多。2001年6月,国家又下发了《关于发布行业标准"城市道路和建筑物无障碍设计规范"的通知》,对城市道路、建筑物、居住区无障碍实施范围和设计以及建筑物无障碍标志和盲道作了详细、明确的规定,这将进一步为残疾人走入社会、参与社会提供方便和条件。

三、残疾人社会福利实施中存在的问题

我国的残疾人福利事业在新中国成立后有着迅速的发展,但是与我国整体发展水平相比,发展速度仍然是很慢的,残疾人整体的生活水平还是比较低的,并且在以下几个方面依旧存在一些问题,亟待改善。

(一)目前我国残疾人就业仍然困难

据统计,目前在我国8 296多万残疾人中,已经实现就业2 266万人,但随着我国经济社会的发展和老龄化程度的加剧,残疾人就业工作也出现了一些新的情况和问题,主要表现为以下两个方面:

1. 就业率低。

与全国就业率相比,残疾人就业率仍然很低。我国目前尚有858万有劳动能力的残疾人没有就业,而且每年还将新增30万人左右,此外随着产业结构升级和国企改革深化,大量工业企业创造新岗位有限,这样残疾人就业问题就更加严重了。

2. 我国残疾人自身素质有待提高。

在中国在加入WTO后,经济与全球化接轨,市场竞争日趋激烈,而残疾人福利企业的人才、技术和管理都比较落后,加之残疾人自身综合素质状况良莠不齐,使残疾人群体在追求效率的市场竞争中成为弱者,残疾人社会福利企

业在市场竞争中也处于劣势。

（二）我国残疾人教育基础较为薄弱

我国残疾人教育事业可以说在近 20 年来得到了蓬勃发展。但是还有以下问题亟待解决。首先是残疾人受教育机会少，特殊教育学校和特教班主要集中在大中城市，很多小城市的残疾人没有机会接受到正规的教育。而且残疾儿童家庭一般比较困难，而特教学校一般实行寄宿制，许多学生因交纳不起学杂费、寄宿费而辍学。另外一部分生活能自理、符合国家报考专业体检标准、达到录取分数线的残疾学生，不能被录取。

（三）我国残疾人康复医疗发展较为缓慢

虽然我们目前残疾人康复医疗有了一定的发展，但是由于受经济实力、医疗设施条件、康复人才和医学科学水平等因素的限制，目前我国还不可能使所有的残疾人都能达到完全康复的效果，因而只能使部分残疾人达到减轻残疾程度或基本康复；再加之有些主管部门不够重视，我国残疾人中的绝大部分还是得不到康复。

（四）我国残疾人文化生活单调

尽管我国目前残疾人有一定的文化活动，但是由于社会的偏见和歧视、残疾人自身的自卑感、文化体育设施主要集中在大中城市等原因，残疾人不愿意，也不能走入社会。因此，总体来讲，一是残疾人参加文化体育活动的人数、种类和机会还是很少的；二是残疾人运动设施和场地很少，不能满足广大残疾人的要求；三是供残疾人阅读的书刊种类少。所以导致残疾人寂寞闭塞的生活状态，与当前整个社会丰富多彩的文化体育生活形成了强烈的反差。

（五）我国残疾人社会环境存在漏洞

虽然现在方便残疾人出行的无障碍设施在全国各地逐步建立和增多，但是无障碍设施都集中在大中城市，因此，受益者仍然是少数残疾人。由于社会的不理解和不尊重而导致有些残疾人不愿出门，因此有些城市的无障碍设施利用率很低。实践说明，在建立无障碍设施时，首先要消除社会对于残疾人的歧视和残疾人自身的自卑情绪，即构筑社会和残疾人观念上的无障碍通道。

四、改善残疾人社会福利的策略

（一）医疗事业的发展，使我国残疾人早日融入社会

政府和有关部门要增加在医院设立康复医学科（室）的数量，各种社会组织要加大对残疾人康复工作的关注并展开更多的活动，使更多的残疾人能够得到康复。康复工作应从实际出发，以康复机构为骨干，社区康复为基础，残

疾人家庭为依托,以易操作、受益广的康复内容为重点,来开展残疾人康复工作,并不断地研究、开发、应用新技术,为残疾人提供有效康复服务。

(二)我国残疾人教育事业的发展

首先要提高残疾儿童少年义务教育入学率,积极发展学前教育,大力开展残疾人职业技术教育,在残疾青壮年中扫除文盲。其次要加大残疾人特殊教育事业经费投入,政府要提倡和鼓励社会办学,捐资助学,并对适龄残疾少年儿童在收取学杂费以及成年残疾人职业培训费等方面给予最大限度的减免和支持,使残疾人能够得到受教育的权利。再次普通教育机构对具有接受普通教育能力的残疾人实施教育,不得因其残疾而拒收。最后国家要增加各级各类特殊教育师范学校、专业,在普通师范院校校附设特殊教育班(部)的数量,加强对特殊教育师资的培养和训练。

(三)我国残疾人劳动就业

劳动就业关系到残疾人生活状况的改善,因此要落实国家颁布的有关保障残疾人的法律法规,规范残疾人就业服务体系;加强残疾人职业培训,使失业登记的残疾人都能得到职业指导和职业培训;要多兴办残疾人福利企业和其他福利性企事业组织,集中安排残疾人就业;要推动各单位吸收残疾人就业,各级人民政府和有关部门应当做好组织指导工作,政府应当按比例安排残疾人就业,并为其选择适当工种岗位;有关部门要鼓励和帮助残疾人就业;国家对残疾人福利性企事业组织和城乡残疾人个体劳动者实行税收减免政策,并在生产经营技术、资金、物资、场地等方面给予扶持。这样通过多渠道,使残疾人劳动就业逐步稳定合理。此外残疾人自己也要不断地学习先进的知识,提高自身素质,以良好的心态去面对激烈竞争的市场。

(四)发展我国残疾人文化事业

第一,通过广播、电影、电视、报刊、图书等形式反映残疾人生活,增强全民助残意识;积极和残疾人沟通,了解他们的困难,从思想上解除他们自卑感。

第二,组织残疾人开展群众性文化,体育娱乐活动;公共文化机构要为残疾人提供服务;要广泛开展并吸收残疾人参加文化体育活动,多培养具有艺术和运动天赋的残疾人,鼓励他们参加重大国际比赛,为国争光,提高他们的荣誉感。

第三,体育娱乐和其他公共活动场所应为残疾人提供方便和照顾,同时有计划的多兴办残疾人活动场所和残疾人运动设施。

(五)良好的残疾人社会环境

第一,政府要对城市道路、建筑物、居住区无障碍实施范围和设计以及建筑物无障碍标志和盲道作详细、明确的规定,这将进一步为残疾人走入社会、参与社会提供方便和条件。第二,增加残疾人无障碍通道的建设,从细节关心残疾人的出行,在残疾人经常去的场所建设无障碍通道。定时清理盲道,采取多种形式教育市民不侵占盲道,为残疾人提供方便。第三,为残疾人提供优先服务和辅助性服务,残疾人搭乘公共交通工具应给残疾人方便和照顾。

综上所述,从残疾人就业、教育、康复、文化、环境五大方面分析中可以看出,残疾人社会福利现状与实际需求相比较还存在一定的差距,与我国社会经济发展水平还不适应,其生存和发展权利缺乏制度性的保障,保护自身合法权益的要求还缺乏法制层面的关注。因此要通过法律推动,使残疾人权益得到切实保障,比较快地形成全社会的扶残助残意识和风气,维护社会的稳定。所以我们要不断地完善残疾人社会福利制度,保障和实现广大残疾人平等的生存发展权利,为残疾人提供一个良好、和谐的生存环境,对残疾人给予更多的关注,不断探寻解决问题的办法,使之能跟上社会发展的步伐,以体现社会的公平性;让他们与健全人拥有一样的尊严,一样的生存价值,共同分享社会精神文明和物质文明的成果,对残疾人的关怀是人性中最善最美的体现。残疾人应该得到社会和健全人的帮助,我们也应该为残疾人提供更宽阔的生存环境。

▶本章小结◀

根据统计2010年末我国残疾人总人数8 502万人。其中视力残疾1 263万人;听力残疾2 054万人;言语残疾130万人;肢体残疾2 472万人;智力残疾568万人;精神残疾629万人;多重残疾1 386万人。从总量来看,我国残疾人口数量巨大。

我国形成了以《残疾人权益保障法》为核心的法律体系。残疾人社会福利是国家或社会根据经济、文化发展水平,通过制定相关的法律和政策,给予残疾人相应的康复、教育、劳动就业,文化生活、社会环境等权益保障,以改善残疾人及其家庭的生活条件,不断提高他们的生活质量,维护社会稳定,实现残疾人"平等、参与、共享"的目标。

我国残疾人社会福利发展取得了很多成果,也面临许多问题。

第十四章 公共社会福利

▶学习目标◀

通过本章学习,学生应该能够理解并掌握以下核心内容:
1. 公共产品的概念和公共选择理论
2. 公共产品的提供方式
3. 公共福利的概念和主要内容
4. 我国公共福利发展的现状、问题与对策

第一节 公共产品的概念

一、公共产品的概念

根据物品是否具有竞争性和排他性,可以把物品分为公共物品和私人物品。

竞争性:一个人在消费或者享用某一个商品或者服务的时候,其他人无法同时消费或者享用。标志是一个人使用是否拒绝或者影响他人使用。

排他性:消费者可以因为某种原因而被拒绝消费或者使用某种商品或者服务。主要标志是能否通过某种方式获得成本补偿和收益。

公共物品市场不愿意提供,必须由政府提供。例如,义务教育是纯粹公共物品,由政府提供。高等教育:部分具有公共物品的性质。对学生有收益,所以学生需要支付部分教育成本。

二、公共选择理论

公共选择理论由美国经济学家布坎南提出。其基本假设是政府并不是完全的公共利益代表者,政府有自身的利益诉求。公共选择理论的主要结论之一,便是主张在一个民主政体里,由于选民间有着理性的无知现象,政

府所能提供的公共利益最终无法满足民众的需求。每个选民都面临着一个残酷的现实：他所投下的一票对于选举的结果影响微乎其微，然而若要更充分了解选举的候选人和议题便需要花费更多他自己的时间及资源。也因此，选民会理性的选择在政治上保持无知，甚至不参与投票。公共选择理论的研究者们主张这能解释为何在现代民主政治下大多数的公民都对政治议题保持无知状态，也能解释为何投票率会如此低下。对于公共选择理论，我们要批判地借鉴。

三、阿罗不可能定理

定理是由1972年度诺贝尔经济学奖获得者美国经济学家肯尼思·J·阿罗提出。阿罗不可能性定理是指如果众多的社会成员具有不同的偏好，而社会又有多种备选方案，那么在民主的制度下不可能得到令所有的人都满意的结果。

四、公共产品提供模式

公共产品的直接提供和间接提供如图14-1和图14-2所示：

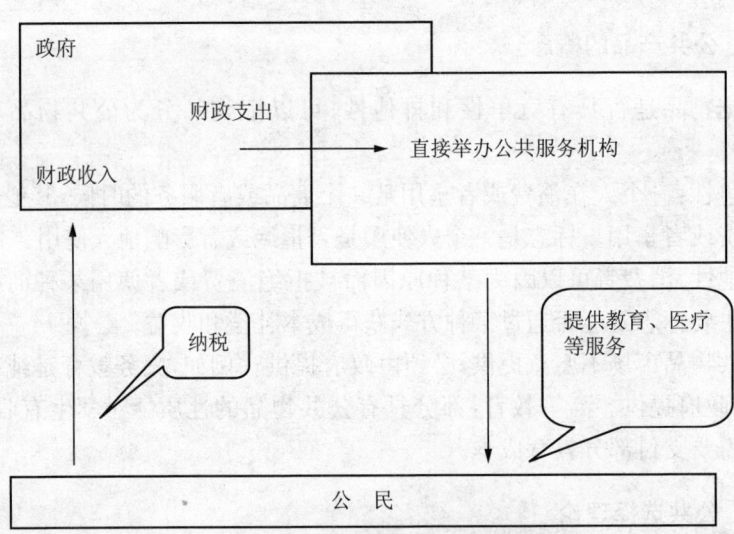

图14-1 公共产品的直接提供示意图

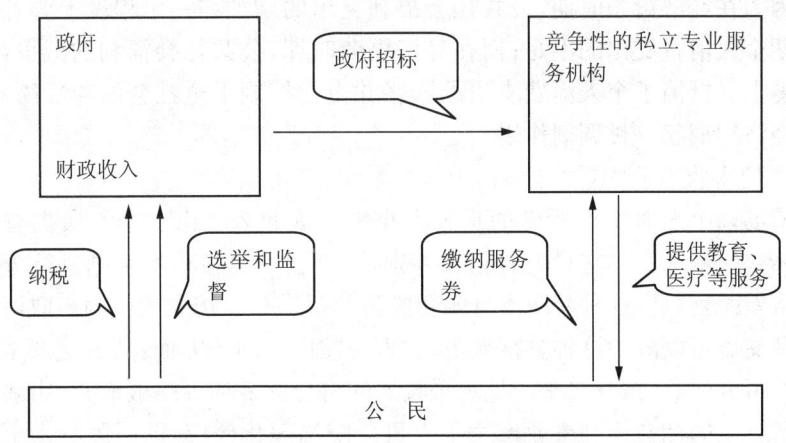

图 14-2 公共产品间接提供示意图

第二节 公共社会福利概述

一、公共社会福利的概念

公共社会福利是社会福利的一个重要项目,它是国家和社会为满足全体社会成员的物质及精神生活基本需要而兴办的公益性设施和提供的相关服务。公共社会福利的内容十分广泛,涉及人民生活的诸多方面,教育福利、卫生福利、文化娱乐福利等都属于公共社会福利。

公共社会福利是社会进步的产物。随着社会发展,各个国家都不同程度地实施了公共社会福利,并提高了公共社会福利上的财政支出,以便满足广大民众越来越多的各种需求。随着经济社会的发展以及民众对自身生活质量要求的提高,公共社会福利的基本内涵和外延也是不断变化的。

二、公共社会福利的主要作用

目前,公共社会福利是一项关系到广大民众的重大工程,也是政府工作中的一个重要组成部分,公共社会福利支出已经成为政府财政支出中的一个不可忽视的项目。这和公共社会福利支出对经济的重要作用是分不开的。

1. 对经济的稳定作用

这种作用主要体现在两个方面:第一是普遍给国民中低收入阶层提供基本生活保障,促进国民生活的稳定;第二是对经济周期起一种自动稳定器的作用。因为在经济萧条时期,公共社会福利支出的增加在一定程度上弥补了萧条时期个人消费支出的不足;而在经济繁荣时期,公共社会福利的减少,在一定程度上又抵消了个人消费支出的膨胀并由此抑制了全社会的通货膨胀,从而对经济周期起一种调剂作用。

2. 使得收入分配更加公平

市场以个人对生产所做的贡献大小来分配收入。由于个人所拥有的体力、智力、天赋和资本在量上有很大差别,这就会使得按市场规则进行分配造成贫富差距,而且,这种差距本身就会成为差距进一步扩大的原因。政府的公共福利支出可以减少这种贫富差距,它表现在以下两个方面:其一是产生垂直收入的再分配效应,其二是产生水平收入的再分配效应。一般而言,由政府负担经费支出的社会福利事业产生垂直再分配均等化效应,即国民收入由高收入阶层向低收入阶层转移;由社会成员负担经费支出的社会保障事业产生水平再分配效应,即国民收入在同一阶层的人们之间进行转移,例如由在业人员向失业人员转移,由健壮者向老弱病残转移。

3. 经济体制变化的需要

公共社会福利支出总是与一定的经济基础相适应的。随着社会经济的发展,公共社会福利的地位与作用变得越来越突出。如何建立与经济社会发展水平相适应的公共社会福利支出,是关系到国家和社会发展成败的一个关键。

4. 满足各种较高的生活需求

公共社会福利的根本目的,是为了提高广大民众的生活质量,满足他们各种较高的生活需求。并且,随着公共社会福利制度的不断完善,这种作用就日益明显。

三、公共社会福利的基本特征

1. 具有外部性

公共社会福利是一种特殊机制,它具有外部性。在公共社会福利制度中存在着广泛的外部性。公共社会福利的外部性体现在会影响一个国家或地区居民的健康、犯罪率和受教育程度。长期以来许多国家之所以热衷于完善公共社会福利制度,一个主要原因就在于公共社会福利与健康等因素之间存在着密切的关系。在我国,大量的农民工进城,但他们所能享受到的公共社会福利比较差,这会影响到他们对社会的不满。城市居民同样会受到影响,发生在2003年的"非典"疫情蔓延,在很大程度上与公共社会福利制度不完善有关。因此需要政府制定政策,完善公共社会福利制度,以提高它的外部收益,降低由于不完善所带来的外在成本。

2. 公共物品特征

公共物品具有两个特征：非排他性和非竞争性。公共社会福利显然具备这两个特征。有些公共社会福利之间不存在竞争性，许多都是向公众免费提供的；同时，它所服务的对象是一般社会成员，不存在排斥其他社会成员，因而具有非排他性。公共社会福利还涉及环境，它包括周围的环境。

3. 具有社会性

公共社会福利的社会性区别于一般商品。首先，获得适当的公共社会福利是公民的基本人权。当这种权利无法依靠市场的力量得以实现时，政府有必要干预市场，保障公民的基本人权。并且，公共社会福利建设是社会经济发展的重要因素，在人们对自身生活质量要求越来越高时，就会造成公共社会福利的严重短缺，这就需要政府介入市场，在分配资源时优先考虑公共社会福利建设，增加它的供给。此外，公共社会福利与其他公共设施的配套也需要政府的统筹规划，政府可以通过规划、环境保护等措施，从中长期的角度规划一个地区的发展，从而提高社会资源的有效利用率。

4. 供求的非均衡性

对于公共社会福利而言，其主要目的是为了满足公众的各种需求。虽然公共社会福利主要是由政府和社会提供的，其价格往往是很低廉的甚至是免费的，但有时对享受公共社会福利的人也可以收取一定的服务费用。

但总体而言，公共社会福利往往是供不应求的。这是因为人们的需求越来越呈现出多样性，需求水平越来越高；但另一方面，公共社会福利的建设往往由于工程庞大而投资大，建设周期长，供应量的增加速度往往会跟不上需求。因此，在许多国家，公共社会福利会表现出一种供不应求的关系。

第三节 公共教育福利

一、公共教育的概念

公共教育，一般认为是由政府设置实施所有公民皆应享受的减免费用的教育。公共教育是以提供具有纯公共产品性质的教育服务为目标的教育，从这一概念可以看出，公共教育有其内在规定性：一是公共教育的举办者是政府；二是接受公共教育是免费的；三是公共教育实施的是普通教育。其中免费是核心，三者缺一不可，因为公共教育是以提供具有公共产品性质的教育服务为目的的教育,其受教育的权利和机会不可让渡,更不得用于交换。

公共教育福利的主要内容有:(1)国民基础义务教育构成教育福利的主体;(2)社会团体、社会热心人士捐助以及慈善机构设立的教育基金或直接为学校出资构成教育社会福利的补充。

二、公共教育的主要特征

公共教育是历史的产物,是时代和社会发展的结果。它适应了社会化大生产和民主化的需要,也极大地推动了社会的进步。经过几个世纪的努力,公共教育已经在世界上大多数国家生根,并日渐成熟。它主要具有以下几个鲜明特征:

第一,公共教育的免费性质。免费是公共教育的首要特征,也是公共教育得以实施的基本保证。它依靠政府的强制力量,通过公立学校这一主要形式,实现教育成本的社会负担。公共教育是社会的平衡器,有利于促进社会公平。当然,公共教育的免费程度及实施阶段与社会经济发展的条件、人们的认识水平等密切相关。

第二,公共教育的平等取向。法国教育家阿兰早就指出,教育应该是平等的,学校应使人们得到自我发展,不管他们在社会中的位置如何。应该反对那种"人人寻找天才,人人为天才鼓噪"的做法,坚持教育面前人人平等的原则。

第三,公共教育的全民性。由于公共教育的成本是由社会负担以及平等的价值取向,决定了其必须是面向全体社会成员。政府也有权采取措施,甚至强制措施保证适龄学生接受公共教育,以实现公共教育的目标。

上述特征以及接受公共教育的权利和机会的不可让渡性,使公共教育与其他教育,如私立教育,有着质的区别,同时也与市场的要求有着质的冲突。事实上,公共教育的对象,比如大部分义务教育阶段的学生、特殊教育中的聋哑人等,从趋利的角度而言,市场在这里很可能"失灵"。政府应该义不容辞的承担这一职责。

第四节　公共卫生福利

一、基本概念

一般来说,由于公共卫生涉及群体健康,所以公共卫生经费主要依靠政府或社会筹集,私人筹资是辅助的。在市场经济条件下,公共卫生归为由政府及公共部门向社会群体提供的卫生服务方面的公共产品。公共卫生是以预防医学观念、理论和技能为基础,针对预防疾病,促进人群健康所采取的社会性实践的总称,是卫生执法监督的载体。公共卫生有非常广泛的内涵和外延,如个人的卫生习惯、环境卫生、室内卫生、传染病的监控与控制等,一个完整的公共体系包括公共卫生服务体系、医疗保障体系和卫生的执法监督体系等。在《WTO与公共卫生协议案》中,公共卫生分为八大类:第一是传染病的控制,第二是食品的安全,第三是烟草的控制,第四是药物和疫苗的可得性,第五是环境卫生,第六是健康教育和促进,第七是食品保障与营养,第八是卫生服务。其中在全球的不同国家,每年都有新的传染病发生,传染病是公共卫生防治的重点。

二、基本属性

有些公共卫生服务是纯粹的公共产品,它关系到社会人群健康,不具有排他性和竞争性,市场机制无法对这类服务的供给和消费施加影响,是市场完全失灵的领域。主要包括:(1)卫生监督执法:食品和药品、职业劳动卫生、环境卫生、学校卫生、公共场所卫生等监督监测;(2)重大疾病控制和预防:性病、艾滋病、结核等传染病,地方病监测与报告,疫情处理、消杀以及健康教育等。纯粹公共产品适宜由政府直接出资并承办。但是,非政府的慈善机构也可以帮助提供此类服务。

有些公共卫生服务属于准公共产品,这些服务不仅给个人和家庭带来好处,更重要的是给他人和社会带来明显的外部正效应。这种正效应对于预防疾病流行,保护弱势群体,提高人口素质有着深远影响,关系到国家和社会长远利益。属于此类的公共卫生服务包括:计划免疫和免疫接种、传染性疾病、地方病防治与管理、妇幼保健与计划生育、从业人员健康检查等,这些卫生服务可以由政府出资,民间部门承办,同时对弱势群体提供补贴。比如可以对贫困人口提供医疗券,而由患者自己选择医疗机构提供的服务。

有些医疗服务比如一些基本的医疗服务尽管属于私人产品,但是由于属于健康的基本需求,如果社会成员普遍认为得到这部分医疗服务是公民的基本权利,那么政府就应该对此进行干预和鼓励。政府可以采用强制的方式或鼓励的方式,前者如制定基本的安全生产标准、食品卫生标准,对产生污染的行业加征税收,后者如对某些行业和服务给予优惠政策扶植,比如社区医疗、卫生保健、环境保护等。

最后一类医疗服务属于纯粹的私人产品,而且不属于基本的需求,因此政府应该退出该领域,允许私人资本经营,鼓励医疗机构之间的竞争,同时维护整个市场竞争的秩序。属于这方面的例子,如允许民间资本和外资进入医药销售行业,开办专科医院、牙科医院、疗养院等。

三、主要作用

公共卫生为人们提供卫生服务(如传染病的防治),逐步促进健康行为的改变,以及不断完善健康环境,范围很广,从传染病防治到社区卫生,基本覆盖了我们生活中的每一个方面。公共卫生是一个国家或地区群体健康的基本保障,是国家公共安全体系的重要组成部分。快速的工业化和城市化,促进了经济活动及人口的集中,公共卫生问题影响着整个社会的公共安全。

首先,公共健康与社会紧密联系。公共健康的风险是影响全社会的问题,必须运用群体性手段来解决,通过建立新的规章制度和体制,把公共健康永久性制度化是各级部门政府特别是国家的责任。公共健康是社会经济、政治制度、文化对于健康或者不健康生活的建构,是社会对于预防疾病产生和传染的机制的创立,也是个人和群体在促进健康或者避免疾病方面的努力。

其次,公共健康也与我们的生态环境密切相关。伴随着社会、经济和科技的发展,人类也加速了资源消耗、环境污染和生态平衡破坏的进程,越来越多的国际组织和有识之士开始强调自然与社会环境,健康与发展相互依存的复杂关系,结合自然、社会、行为和生态看待健康问题,形成对于公共健康的新理解——生态公众健康概念。

再次,公共健康也与我们对于身体的认识和体验相关,它记录了每一时代的人们对于健康和疾病的体验。我们如何想象自己的身体、如何饮食、如何活动、如何生活、构成整个公共健康的历史。身体并不是一种纯粹的生物学存在,而是一种社会历史存在,所以公共健康的概念也随着社会历史的发展而不断丰富着自身的内涵。世界卫生组织提出分析国家卫生系统的新框架主要考虑三项指标:健康目标、人民满意目标和卫生费用支出的公平合理目标。

第五节 公共福利设施

所谓公共设施,是指因公共目的使用的物体或其他物的设备。从公共设施的定义可知空间利用的公共性是公共设施概念的核心,而公共性此一富含政策含义的概念,代表了诸多利益的交织,也影响其建设上决策的样貌。公共设施乃为提供公共生活便利乃至美好生活而设,有一定程度的必要性,在现代福利国家更成为政府实现其积极功能的具体表现,但这种响应人民需求的价值,同时可能与其他价值产生冲突,例如附近居民的意愿、对环境等公共设施的外部性等。

当一项公共设施具有外部性,以致私人企业无法做最适宜的提供时,政府提供公共设施或是制定规范将外部性内部化均是解决问题的方法。以工业区为例,若政府能从选定地点到做好完善的软件硬件设施均以地区整体为目的,考虑了经济发展带来的繁荣与环境保护的成本,追求效益极大,要保障资源有效率的运用。

公共设施是由市政提供,是为满足居民的生活需要,为经济运行、产业发展、居民生活提供交通、通讯、能源、水务、教育、医疗、文化、体育等公共性服务的一种设施。公共设施一般包括道路、公共站场、环卫设施、各类公共管线(自来水、电力、电信、燃气、热力、有线电视、雨水、污水等)及相应的建筑物、构建物。公共设施主要包括教育,医疗卫生、文化体育、商业服务、行政管理、社区服务和绿地等设施。

第六节 我国的公共社会福利

一、公共教育福利

我国的教育体制包括幼儿教育、初等教育、中等教育、高等教育、职业教育、特殊教育、社区教育等内容。国家给予学生和教师的福利待遇主要体现在以下几个方面:

(一)义务教育阶段学费制度

我国实行九年义务教育制度。义务教育是国家统一实施的所有适龄儿童、少年必须接受的教育,是国家必须予以保障的公益性事业。2006年颁布的新《义务教育法》规定,义务教育经费是由中央和地方财政共同保障。

对于农村义务教育的经费保障而言,2005年国务院颁发了《深化农村义务教育经费保障机制改革的通知》,提出全部免除农村义务教育阶段学生学杂费,对贫困家庭学生免费提供教科书并补助寄宿生生活费;建立农村义务教育阶段中小学校舍维修改造长效机制。

城市义务教育阶段经费保障机制的改革则要更晚。2008年,国务院颁发了《关于做好免除城市义务教育阶段学生学杂费工作的通知》,规定从2008年秋季学期开始,全部免除城市义务教育阶段公办学校学生学杂费。进城务工人员随迁子女同样可享受免除学杂费、不收借读费政策,且可以在公办学校就读。

(二)教师福利待遇

1. 工资

关于教师工资和津贴、补贴部分,《教师法》规定:"教师的平均工资水平应当不低于或者高于国家公务员的平均工资水平,并逐步提高。建立正常晋级增薪制度,具体办法由国务院规定。"

2. 住房

《教师法》根据教师住房的实际需要,规定:"地方各级人民政府和国务院有关部门,对城市教师住房的建设、租赁、出售实行优先,优惠。""县乡两级人民政府应当为农村中小学教师解决住房提供方便。"

3. 医疗

为了使教师医疗保健有保障,《教师法》规定:"教师的医疗同当地国家公务员享受同等的待遇;定期对教师进行身体健康检查,并因地制宜安排教师进行休养。""医疗机构应当对当地教师的医疗提供方便。"

4. 退休退职

为增强教师队伍的吸引力,鼓励教师尤其是中小学教师安心本职工作,终身从事教育事业,《教师法》规定:"教师退休或者退职后,享受国家规定的退休或退职待遇。""县级以上地方人民政府可以适当提高长期从事教育教学工作的中小学退休教师的退休金比例。""社会力量所办学校教师的待遇,由举办者自行确定并予以保障。"

(三)存在的主要问题

1. 教育机会不均等

义务教育资源分布严重不均等表现为地区之间的不均等。由于各地经济发展极不平衡,东中西不同地区之间的教育水平差距不断拉大。目前我国东部某些地区和大城市的教育水平已接近发达国家水平,而在西部还有大面积贫困地区尚未完全普及九年义务教育。

其次,城乡之间的不均等。在教育资源分配上,政府教育经费主要投资于城市教育部门;在教学设施和教学质量的比较上,城市中教育资源相对集中,师资素质较高,各种教育设施也比较完备,而一些偏远农村中小学,不仅师资素质较低,而且几乎谈不上什么教育设施,甚至连一个可供学生娱乐的篮球也拿不出。所有这些致使广大农村孩子在竞争起点上就远远落后于城市孩子。并且,在教育机会均等方面,城乡差别严重,我国广大农村地区绝大多数人口没有学前教育机会,在升学率和升学的可能性方面,农村学生远远比不上城市学生。

再次,学校之间的不平等。重点学校和非重点学校之间的差距拉大,这主要表现在初中和高中阶段。全国各地几乎把所有的教育资源都向重点学校倾斜,而非重点学校则因政府不重视、投入少,留不住优秀教师等原因,教育质量普遍存在一些问题。

最后,居民之间的不平等。在城市居民和农村居民内部也存在因收入和财富差异导致的教育机会的不平等。

上述各种公共教育资源分布不均的现象导致公民的受教育机会差异巨大,严重地妨碍了教育机会的平等。

2. 教育经费总量不足,缺口巨大,基础教育发展不足

我国的公共教育支出包括四个部分:各级财政对教育的拨款,城乡教育费附加,企业用于举办中小学的经费,校办产业减免税部分。综合来讲,我国公共教育经费占GDP的比例必须达到4%才是合理的。但政府财政对教育的投入严重不足,导致我国财政性教育经费占GDP比例偏低,长期达不到4%。根据各年《中国统计年鉴》,1978年我国教育经费占GDP的比例为2.60%,2006年提高到3.01%。1978~2006年,有17个年份都低于3%,可见我国教育经费总量不足,由此导致我国"上学难""上学贵"现象的加剧。

并且,相对于高等教育的经费投入而言,国家对于基础教育经费投入更加不足,政府预算内中等、初等等教育经费所占比例有逐年下降的趋势,这对于正处在打下扎实知识基础阶段的中小学生而言是非常不利。

3. 留守儿童及进城务工人员随迁子女的教育权益的缺失

随着社会流动的加剧,越来越多的农村青壮年劳动力流向城市务工经商,导致其儿女要么留守在农村,由祖父母或其他亲戚照顾,要么也随父母迁入城市。这些留守儿童或民工子女面临着教育权益的缺失或不能充分享受的处境。留守儿童普遍存在着学习成绩偏差的问题,家庭教育更是令人担忧。而进城务工人员随迁子女若要在流入地接受义务教育,需要缴纳高额的借读费、赞助费等各种不合理费用,并且还面临着升学难的制约,不享有高中阶段就读或参加当地高考的权利。

4. 严重畸形的教育

教育行政部门创造了一套方便自己管理和获益的教育标准和模式。这使得中国在高考的指挥棒下统一行动,成就了一大批标准化、模式化,没有创造力的学生。这对中国社会的影响是全面而深远的,这也是中国现今教育制度

最大的弊端。

二、公共卫生福利

（一）发展情况

自 20 世纪 50 年代实施大规模的公共卫生计划以来，我国的医疗保健服务的内容不断丰富，形成了范围极广的公共卫生管理体制，包括突发公共卫生事件预警及应对机制、疾病预防及控制、农村卫生、妇幼保健、社区卫生、健康教育、医政管理、医疗监管、食品安全、卫生监督、药政管理诸多体系。通过向城乡居民提供疾病防控、计划免疫、妇幼保健、健康教育等基本公共卫生服务，大规模传染病、寄生虫病和地方病等严重危害人群健康疾病等得到基本控制，极大改善了我国城乡居民的健康状况。

（二）当前的公共卫生问题及其发展举措

1. 存在的主要问题

我国的公共卫生体系仍存在着很多的不足，这突出体现在：

第一，政府主体责任的缺失。一方面资金投入不足，公共医疗机构趋利明显、公益性弱化、医药费用迅速上涨，老百姓自付医疗比例加重；另一方面，管理主体责任不明确。

第二，卫生资源分布严重不均。我国公共卫生服务不仅仅是投入不足和水平不高的问题，更主要的是医疗卫生资源配置不合理，卫生服务的提供严重不均等，特别是农村和城市社区卫生服务落后的状况十分严重。据有些学者的估算，占全国 70% 以上的农村人口仅拥有全国大约 30% 的卫生资源，而占全国 30% 的城市人口却拥有全国 70% 以上的卫生资源。少数人过度的医疗保健消费，而相当部分农民甚至还难以享受基本的医疗保健。

第三，卫生环境、劳动安全和食品安全导致的健康问题日益严重。由于个别经营者道德责任的缺失而导致的食物中毒事件时有发生。特别是近年来"苏丹红"咸鸭蛋、"三聚氰胺"奶粉等引起社会广泛关注的食品安全事件，给人民群众的健康造成严重损害。

2. 改革措施

第一，政府责任回归。加强政府资金的投入力度，并广泛吸纳社会化力量，加强对基础医疗卫生服务与条件的改善；对具有很强公益性、有关产品和服务涉及国家长期利益或大多数公众基本利益的公共卫生事业，应该采取政府直接管理方式。在突发事件应急工作中，相关部门应当遵循预防为主，常备不懈的方针，建立统一的突发事件预防控制体系。

第二,基本公共卫生服务均等化。努力缩小城乡居民享用公共卫生资源方面的差距,加大力度满足农村、边远地区和经济贫困地区居民的卫生保健需求,使我国居民不受年龄、地域、职业等限制,均能享受到同等的公共卫生服务,实现"人人均能享受初级卫生服务"的目标。

第三,加强食品安全源头监管。要从根本上提高我国的食品安全水平,必须注重以下几方面工作:在制度规范上,建立起食品安全信用的监管体制、评价制度、披露制度、奖惩制度;建立起食品召回制度;加强全民食品安全教育;重视和发挥行业协会作用。

三、公共设施

(一)发展状况

公共设施,顾名思义就是由政府提供属于社会的公众享用或使用的公共物品或劳务。城市公共设施不同于农村公共设施,具体来说,城市公共设施是指城市污水处理系统、城市道路、城市桥梁、港口、市政设施抢险维修、城市广场、城市路灯、路标路牌、城市防空设施、城市绿化、城市风景名胜区、城市公园等。

这些公共设施多是百姓共有的最基本的"消费品",本来就该为民所用,免费只是还公共设施于民,以使百姓使用起来更方便、更自由。

(二)改革方向

政府在推进公共设施领域的改革过程中,应明确自己的角色定位问题,并做出相应的政策选择。第一,明确政府的定位,政府的角色定位应是总体规划者、法规政策制定者、补贴资金提供者、行业监管者。第二,加快改革公共设施项目的投资管理体制,实现政府社会管理职能与投资职能分开,建立投资信息发布制度,完善公用事业监督管理体制,建立政府投资决策咨询制度,引入公众参与和专家评议制度,提高政府投资的科学化、民主化、法制化水平。

▶本章小结◀

根据物品是否具有竞争性和排他性,可以把物品分为公共物品和私人物品。同时不具有竞争性和排他性的产品为纯粹公共产品。由于纯粹公共产品的生产成本无法通过市场得到补偿,因此市场无法提供,只能由政府提供。

公共选择理论的主要结论之一,便是主张在一个民主政体里,由于选民间有着理性的无知现象,政府所能提供的公共利益最终无法满足民众的需求。

公共社会福利是社会福利的一个重要项目,它是国家和社会为满足全体社会成员的物质及精神生活基本需要而兴办的公益性设施和提供的相关服务。

我国公共福利的发展仍然面临许多问题。

研讨篇

第十五章 社会救助社会福利的相关领域

▶学习目标◀

通过本章学习,学生应该能够理解并掌握以下核心内容:
1. 慈善组织的概念和功能
2. 慈善事业的定位与政策
3. 我国社会救助社会福利领域的慈善组织的发展现状
4. 志愿者的概念、特点和社会功能
5. 我国社会救助社会福利领域的志愿者服务现状、问题和对策
6. 公益基金会的概念、特点和功能
7. 福利彩票的概念和对社会福利发展的贡献
8. 我国福利彩票的发展状况、问题和对策

第一节 慈善组织

一、慈善组织的理论分析

（一）慈善组织的概念

慈善在英文中有两个对应的词,一个是 charity,一个是 philanthropy。charity 一词来自拉丁文的 caritas,它有四个意思:第一,给穷人提供帮助、救济和施舍;第二,用于帮助处于需要的人的东西;第三,为帮助处于需要中的人而建立的机构或组织或者基金会;第四,作为爱的一种美德。这种美德引导人们首先对上帝敬爱,然后是对作为上帝施爱对象的某人和邻里表示仁爱之心。philanthropy 这个词的词源是希腊文,它由"爱"和"人类"两个部分组成,有三个意思:第一,增加人类福利的努力和倾向,比如通过慈善援助或捐赠等;第二,对全人类的爱;第三,为了提高人类福利的活动或机构。这两个词有细微的差别。相对来说 charity 更强调针对穷人或困苦状态的人的帮助和救济,而

philanthropy 则不限于仅仅帮助穷人,它还带有提高福利水平的意思。由此看来"charity"翻译成"慈善",而"philantyorpy"则相对应为"慈善公益事业"。

慈善公益组织通常被定义为:一个以致力于公共利益为唯一目的、其受益者为社团的全体成员或某些处于弱势地位或其他值得给予特别关照的特定群体的非营利组织。有时,慈善公益组织必须强调"公益性"特征,从事慈善性、教育性、宗教性和科学性的事业,强调不用于私人受惠。

我国慈善法关于慈善的定义:本法所称慈善活动,是指自然人、法人和其他组织以捐赠财产或者提供服务等方式,自愿开展的下列公益活动:(1)扶贫、济困;(2)扶老、救孤、恤病、助残、优抚;(3)救助自然灾害、事故灾难和公共卫生事件等突发事件造成的损害;(4)促进教育、科学、文化、卫生、体育等事业的发展;(5)防治污染和其他公害,保护和改善生态环境;(6)符合本法规定的其他公益活动。

(二)慈善组织的功能

慈善是一种重要的物质和精神资源。从经济的意义上讲,民间慈善资源被认为是当代社会初次分配、再分配以外的"第三次分配",可以获得官方、企业或社团、家庭或个人的财政支持。从社会的意义上看,现代慈善公益事业具有扶危济贫、协调社会发展的内在功能,从而具有了补充社会保障的内涵。

第一,提供市场无法提供而政府又不便提供的"公共物品",即"拾遗补阙"作用。由于政府往往受到财力、能力等种种条件限制,不能实现理论上的"完全负担提供公共物品"的责任,这时非营利组织可以进行适当的补充。

第二,协助政府更好地实现"公共物品"的提供,更加有效、全面的发展国家公共事业。这主要表现在:首先,政府可以通过资助慈善公益组织,充分调动、利用和整合社会资源为公益服务。其次,由于慈善公益组织本身的非营利组织的特点决定,在提供某些"公共物品"时运行成本更低,效率更高,更具灵活性。再次,在针对特殊群体的特殊要求满足上,能提供更具专业性、技术性的公共服务。

第三,协调社会利益,促进社会融合,提高社会道德水平。慈善公益组织作为政府与市场的中间部门,在反映社会诉求、开展救助、发展公益事业等方面发挥了重要作用。作为社会不同阶层的沟通渠道,不仅成为当代社会诸多社会问题的有效解决途径,而且发挥了社会调节器、稳定器的积极作用。慈善公益事业致力于为社会弱势群体争取更为平等、安全的生存环境。所提倡的慈善、互助、无私的精神增强了社会凝聚力,对提高社会道德水平具有积极作用。

（三）慈善组织发展的影响因素

道德因素是人们参与慈善事业的基本保证，如果没有道德基础，慈善事业是不可能发展的。虽然参与慈善事业的人并不是都出于道德因素，但是道德因素作为慈善事业发展的基础却是非常重要的。

1. 社会因素

（1）"金字塔"形社会结构阻碍慈善事业发展。在西方发达国家的慈善事业中，富人起到了榜样示范作用，而庞大的中产阶级热心参与慈善事业，把整个慈善事业推向高峰。中国的社会结构目前出现严重的两极分化，呈现头小脚大的"金字塔"形社会结构，这种社会结构会影响慈善事业的发展。

（2）公共组织诚信度不高，影响捐献热情和动力。目前中国慈善组织中人员配置结构不合理，从事慈善事业的人员缺乏专门的慈善管理知识；慈善组织内部运作缺乏规范性；慈善组织的"营销能力"相对薄弱，设计的慈善募捐方式缺乏适应力。这些内部问题的存在，在影响了人们对慈善组织的信任和信心同时，也关系到慈善事业能否有足额的物资供应和慈善资源，进而也影响到了慈善事业的可持续发展性。

（3）政府角色错位，干预过多。我国慈善组织都是政府或官方机构作为其主管部门，主管部门在实行其管理职能时，难免会对慈善机构的人员任免、善款使用、项目实施等方面进行干预，使慈善组织不能独立地进行慈善活动，降低了慈善组织的办事效率，让有些善款没有落到实处。

2. 经济因素

我国的经济总体水平还是很落后，贫困和需要救济的人员还有很多，而慈善事业发展最需要的就是资金，经济发达的社会才会有充足的资金。我国目前的社会整体经济水平并不发达，人民的总体生活水平还不富裕，与西方发达国家相比还有较大的差别。

二、我国社会救助社会福利领域的慈善组织

（一）现状

慈善捐赠。截至 2014 年底，全国共建立经常性社会捐助工作站、点和慈善超市 3.2 万个（其中：慈善超市 10 174 个）。全年各地共接收社会捐赠款物 604.4 亿元，其中民政部门直接接收社会各界捐款 79.6 亿元，各类社会组织接收捐款 524.9 亿元。间接接收其他部门转入的社会捐款 2.2 亿元，衣被 105.6 万件，捐赠物资折款 39 011.6 万元。全年有 1 694.9 万人次困难群众受益。全年有 1 095.9 万人次在社会服务领域提供了 2 711.1 万小时的志愿服务。

2005—2014年全国各地接收捐款数和捐赠衣被数如图15-1所示。

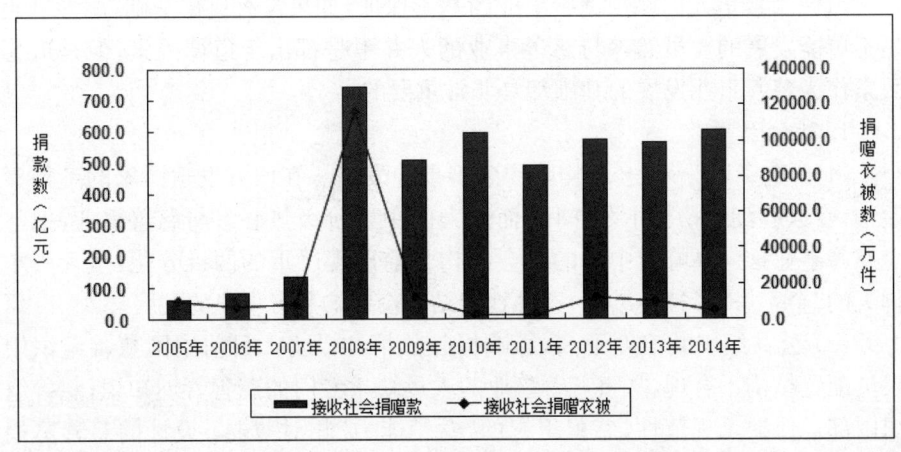

图15-1 2005—2014年全国各地接收捐款数和捐赠衣被数

(二) 慈善事业的定位与政策

1. 慈善事业的目标与定位

首先,慈善公益事业是社会道德建设的重要内容。其次,慈善公益事业是民营的事业。再次,慈善公益事业是调节社会分配的重要方式之一。最后,慈善公益事业是社会保障体系中的重要组成部分。

2. 慈善公益事业在社会保障体系中的定位

慈善公益组织的行为客观上是对政府提供的基本社会保障制度的有益补充。像补充保障的其他项目一样,在内容上对尚未被基本社会保障制度覆盖的人群、特殊人群提供了经济、服务甚至精神上的保障,在医疗保健、环境、教育等公益事业领域满足了不同层次的需求,提高了人们的保障水平。自身规范化、管理科学化、专业化的发展,不仅为政府部门的发展提供了有价值的尝试,而且也作为压力集团对政府部门构成刺激、抵制和批判,从而促进政府相关业务部门为社会保障事业提供更有效率的服务。中国的社会保障制度改革,一个重要的取向就是个人责任的回归和多层次社会保障体系的构建。这意味着社会成员很难从法定社会保障制度中获得所有的保障,而法定的社会保障亦无法全部满足不同阶层的社会成员的社会化保障需求,其所得到的保障很难完全解决其生活保障的后顾之忧。因此,有必要发展中国的慈善事业。

从政府的角度讲,为社会弱势群体提供充分的社会救助,提高全体国民的社会福利水平是不可推卸的责任。在转轨时期,政府的作用及能力有限时,社会公众可以借助慈善事业的平台帮助政府解决部分社会弱势群体的生存与生活问题。当政府功能比较完善时,慈善事业需要扮演的只是拾遗补阙的角色。强调"小政府,大社会"意味着政府不承担全部社会事务,但也不能夸大慈善公益事业的作用,用慈善事业去替代政府的职能。

3. 慈善事业的政策

(1) 慈善公益组织的登记。慈善公益组织的登记是指通过既定的正式程序被注册在案或成为独立法人实体,并具有法律行为能力的政府许可。世界各国的非营利组织登记管理可分为两种主要的制度:一是预防制;二是追惩制。前者是指成立非营利组织必须先到登记管理机关进行登记,然后才能开展活动。后者则不必事先到登记管理机关登记就可以开展活动,但如果在活动中违反了法律,就要受到相应的处罚。大陆法系国家大多采用预防制的管理方法。

(2) 对慈善公益组织的支持政策。对慈善公益组织给予的支持源自于政府与慈善公益组织的对话或协作的关系,体现在直接资助和间接资助(减免税)两方面。

一是直接资助。政府直接资助慈善公益组织,实质是两者存在一定程度委托——代理关系,通过将代理权转移的手段,促使慈善公益组织的目标和运行尽可能与政府保持一致,帮助政府实现社会治理目标。稳定的经费来源是非营利组织发展所面临的重大难题,人们往往误以为,真正的非营利慈善公益组织主要甚至完全依赖于私人的志愿行动和慈善援助。但实际上,在许多国家,包括非营利组织比较发达的美国、澳大利亚以及中国香港特区等国家和地区,政府是其主要资助来源。如美国,来自政府资助的经费差不多是慈善捐助的两倍,在其他发达国家,这一比例甚至更高。当政府大力资助慈善公益性非营利组织时,实际上政府已经将其视为政策实施的行动策略。一些国家和地区,政府专门为某个或某些社会救助或社会福利项目拨出专款,以招标的形式委托给中标的非营利性组织,政府作为出资人定期或不定期进行检查、考核项目实施情况。慈善公益组织在组织功能上分化后,许多国家和地区还出现了专门的募捐机构、实施机构与协调机构。政府有时也将资金拨付给专门从事募捐的团体,然后再由它拨付给专门的慈善公益项目执行机构,在行业自律的基础上实行监管。

二是免税或税收优惠。对于减免税政策是否能有效刺激公益捐赠的问题人们持有不同意见。然而,就公益捐助给予减免税收的问题上并不存在争论。减税政策有利于启动原本不一定用于公益事业的私人基金,被普遍认为是比直接资助更为有效的政策。基于慈善公益机构对国家社会救助和社会福利的补充作用，对社会道德建设的积极作用，几乎所有国家都对慈善公益机构采取与商业组织不同的税收政策，即给予一定范围和程度的减免税待遇，在有些国家慈善公益机构就被称为免税机构。但税收基数幅度、税务申报有效性以及征收体系各不相同。

4. 中国慈善公益事业的相关政策

在中国，慈善公益组织通常被称为"社团"。社会团体是区别于政府机构、不直接受政府领导，由具有共同爱好、专业和信仰的公民组成的社会机构。这些社会团体在财务上不依靠政府支持。它们的活动不以赢利为目的，而是集中在社会服务、扶贫、科学研究、文化艺术交流、教育与培训、改善环境以及保护妇女儿童权益等慈善公益领域。现有的有关管理非营利组织的法律文件是由不同的政府部门拟定的行政法规，主要有三部，它们分别是《中华人民共和国公益事业捐赠法》《社会团体登记管理条例》《基金会管理条例》。除此之外，还有约50条法令、通告和法规对慈善公益组织的活动起到一定的宏观监控和指导作用。

三、我国慈善事业的发展

我国正处于经济结构多元化、贫富差距加大和社会成员阶层分化加快的经济社会转型期的背景下，政治领域已经走出排斥慈善公益事业的时代，文化领域也随着全球化的进程，吸收西方博爱、平等与社会责任的观念，慈善公益事业面临良好的发展机遇。为了推进我国慈善公益事业更好的发展，在正确认识我国慈善公益事业发展的现状以及存在的问题的基础上，在政府层面应做好以下几方面。一是转变观念，重视培养公众现代慈善意识。二是完善立法，加快制度建设。三是政策倾斜，增加资金来源渠道。

慈善公益组织的治理涉及决策民主与实施效率。它的有效治理依托于合理化、制度化和专业化的组织结构和决策机制的设立。非营利组织一般根据实现自己使命的需要去设置组织机制，如确立组织内的选举程序，确立理事会的组成和运作程序等。大多数非营利组织都是通过设立理事会的形式来行使组织内部的决策和领导职能的。非营利组织理事会的构成形式有很多，如有由工作人员组成的理事会，由专业人员组成的理事会，由家庭成员组成的理事会，有在幕后决策的影子理事会，也有由各方人士组成的混合结构的理事会。确立一个适当的理事会结构一般还要考虑到多种因素，如非营利组织要保持持久的动力与活力，在理事会中就需要有特别热心于公益事业的具有理想和奉献精神的人士的位置；为了有效开展活动，需要具有专业知识和能力的专业人员参加理事会;而为了使非营利组织向其服务对象负责,有时也吸收服务对象的代表参加理事会;吸收资助者的代表参加理事会则可以有助于向资助者负责。

第二节 志愿者

一、志愿者的理论分析

(一)志愿者的概念

志愿者是指在不为物质报酬的情况下,基于道义、信念、良知、同情心和责任,为改进社会而提供服务,贡献个人的时间及精力的人和人群。志愿服务泛指利用自己的时间、自己的技能、自己的资源、自己的善心为邻居、社区、社会提供非营利、非职业化援助的行为。在不同的地区对志愿者有不同的称呼:在我国内地一般称为志愿者;在我国香港地区叫义工,即提供义务工作的人;而在我国台湾地区一般称为志工,即提供志愿性工作的人。在我国,志愿服务有着悠久的历史,是表达一种人人平等、友好互助的精神,表达爱心和关怀的一种积极行动。

(二)志愿者的特点

志愿者是一种宝贵的人力资源,有如下特点:

(1)平等性。志愿者是一种暂时性的社会角色,不受年龄、性别、学历、职业、宗教及政治背景影响。作为同一组织中的志愿者应该可以获得平等的机会参加组织内的各种活动,作为在同一地方开展服务的志愿者组织同样应获得有关部门平等的对待。

(2)自由性。一方面,志愿者是本着自愿的原则,参加到相关的志愿者活动中,因而志愿者的自由度是相当高的。另一方面,作为整个志愿者组织来说,它也可以通过自我的选择去决定在哪些地方开展志愿者服务,因而说,志愿者作为一种人力资源是动态的,自由流动的。这就向志愿者组织或有关机构提出要求,要求他们重视志愿者的这一个特点,通过多种手段去服务好机构内的志愿者,为志愿者及组织建造良好的工作、发展空间,吸引更多更好的志愿者及组织来开展服务。

(3)角色可变性。随着志愿者活动的广泛开展,其活动内容和形式得到了大大的丰富,志愿者必须随着活动的变化而进行有限度的改变,与服务对象角色的演变而相适应,这样才能发挥出更好的效果。可见志愿者的角色演变是以服务对象的角色演变为中心的。此外,由于活动的实际需要,志愿者的角色必须随之而变化。

(4) 不稳定性。由于志愿者的参加与其自身的条件息息相关,容易受其空暇时间、精神状态、心情、专业知识、特长、性格等诸多方面的影响。加上活动大多出于自愿,而且是无偿的,在志愿者活动中,志愿者遇到各种挫折或者是服务对象的负面影响,当志愿者的心理不能承受之时,志愿者就会选择结束志愿者服务。因此,志愿者不稳妥性可以造成志愿者自然流失率处于一个相当高的水平,不利于长期志愿服务活动的开展,不利于志愿者整体素质和水平的提高,更不利于志愿者事业的发展。

(5) 有限性。作为一种人力资源,志愿者在参与活动上表现出其有限性。由于志愿者的空暇时间、个人精力、服务技能、心理承受能力等方面始终是有限的,而且志愿者除参与活动外,自身还有诸多的事情需要处理,这样产生一定程度的冲突,所以做志愿者的时间是有限的。这一点身为志愿者应该有所认识,不能以为志愿者是"万金油",什么都能做。同时,这决定了机构在运用志愿者这一种资源的时候,要注意不能过度使用,甚至滥用,因为这容易影响志愿者自身正常的生活、工作、学习,使之对志愿者活动产生恐惧心理,直接影响服务活动的开展。另一方面对于志愿者的要求不能够太过严格,因为志愿者的承受能力也是有限的,所以若要求得像专职人员一样,而志愿者大多数不可能达到所提出的要求,则会大大打击志愿者的服务热情,从而影响服务的开展。

(三) 志愿者的社会功能

1. 对社会的价值

有助于建立一个关怀互助的社会。义务工作一方面可以帮助志愿者加深对社会的了解,通过将他们的爱心献给服务者,促进人际间的互助关怀,更促进社会各阶层的融洽相处;另一方面可以唤起市民大众对推动社会进步应肩负的责任,培养对社会的归属感。有助于充分利用人力资源。志愿者将他们个人的能力、时间、知识及经验投入义务工作中,令社会上有需要的民众得到帮助,使社会资源更加充沛。

2. 对组织的价值

有助于改善服务质量。志愿者能对组织提供宝贵的人力资源,更能为专业人员提供客观的意见以改善服务,让服务质量得到提升。有助于建立良好的组织形象。义务工作可以促进工商机构的社区参与,帮助组织建立鲜明的形象,并提供机会让市民认识组织对改善社会生活的理想与抱负。有助于培养团队精神。组织员工透过参与志愿者活动,建立密切的工作关系,增强默契,这些都能帮助组织培养团队精神,增加员工的归属感,提升组织生产力。

3. 对志愿者个人的价值。

志愿服务一方面可以提供不同的学习机会,帮助个人认识自我,丰富生活经验,培养正确的价值观;另一方面,在志愿活动中,还可以发展良好的人际关系,培养领导才能;同时也是个人善用余闲,发展潜能的好机会。

二、我国社会救助社会福利领域的志愿者服务

(一)现状

党的十七大报告明确提出"加强社会建设"和"完善社会志愿服务体系"的号召,为志愿服务事业的发展提供了难得机遇和广阔空间。多年来的探索和实践表明,志愿服务事业秉承奉献、友爱、互助、进步的宗旨和理念,在社会建设中具有独特的扶助功能、疏导功能、教化功能和凝聚功能,是公民参与社会管理,服务社会建设,促进社会和谐的重要方式,也是落实科学发展观,加快推进以改善民生为重点的社会建设的基本途径。努力构建覆盖全社会的"党委领导、政府引导、共青团牵头、各方参与、组织完善、机制健全、充满活力"的社会志愿服务体系,是当前和谐社会建设中亟待解决的重大问题之一。

从志愿者组织发展的具体模式看,主要有如下三种:

(1) 是自上而下发起、推广模式。这种模式的典型代表是青年志愿者及其志愿服务的发展。我国的青年志愿者活动是由共青团系统自上而下发起的,即使是最早的深圳市青年志愿者活动也是在团市委的发起与领导下推广的。

(2) 是自下而上发起、自上而下推广模式。这一模式的典型代表是我国社区层面的志愿服务及其发展。这种模式根植于中国的传统文化。具有较好的群众基础。但其组织及网络不如青年志愿者组织规范和紧密。其特征主要体现在"自组织性强"。社区志愿服务更多地体现了自发性、个体性、灵活性和直接性。

(3) 是自下而上发起、自下而上发展模式。这种模式的典型代表是草根组织。如众多的环保志愿组织。这种模式较接近于西方志愿组织的发展模式,但在我国目前的条件下,很难在全国范围内迅速推广。发展这种模式的关键是要注重法律、法规的完善和政策的扶持,为自下而上的志愿者组织的建立和发展提供良好的制度环境。

(二)存在问题

改革开放以来的社会转型期,我国的宏观制度环境正经历从国家主义的

社会治理模式向有限合作的社会治理模式转变,因此,这一阶段志愿者组织发展的制约因素主要包括如下三个方面:

(1) 政府管理机制的制约。从总体上来说,改革开放以来,我国的宏观制度环境是一种有利于公民社会生长的环境,这也是我国公民社会之所以能够在短时期内得以迅速兴起的基本原因。但是,在有限合作的社会治理模式下,我国的政府管理机制对志愿者组织的发展是以约束为主的。其一,政府有关部门直接针对志愿者组织的规章、条例等,其基本导向就是对志愿者组织进行控制和约束。其二,政府管理部门对志愿者组织的管理,把入口作为重点,为志愿者组织的登记和成立设定了过高的门槛。其三,对志愿者组织实行双重管理。按照相关法规,登记在册的所有志愿者组织,除了接受政府民政部门等主管机关的监管外,还必须接受其业务主管机关的领导,而且业务主管部门通常还承担着主要的管理责任。其四,对志愿者组织的活动经费、范围和内容实行严格的限制,但缺乏对志愿者组织的扶持措施和激励政策。其五,正像对经济发展一样,政府对志愿者组织也实行宏观调控。当志愿者组织在一段时间内增长过快,或国内政治发展发生特殊变化时,政府主管部门便及时发布文件或政策,对志愿者组织进行清理和整顿。

(2) 志愿者组织自身管理不完善。志愿者组织要向社会提供优质高效的志愿服务,必须首先将自身建设成一个强有力并富有效率和活力的组织。但目前我国的志愿者组织在规划、人员招募、培训、评估、激励、监督等方面都存在内部治理机制不完善的问题。首先是人员招募与选拔机制不健全。招募是一个确定志愿者并把他们安排在适当位置以满足组织目标,同时也通过志愿者岗位满足志愿者自身的发展目标的过程。在招募过程中,目前存在人员广泛性不足、招募方式缺乏科学性的问题。其次是缺乏对志愿者的科学培训和有效管理。适当的培训不仅形成了志愿者团队的战斗力,而且明显有助于提高志愿者稳定率、降低流失率。但是,很多志愿者组织要么忽视对员工的培训,要么由于资金缺乏、工作繁重、人力不足等原因,未能提供进行训练的机会。人力资源培训的落伍使得志愿者组织内部的人力资源水平跟不上社会发展的步伐,使志愿者组织内部缺乏活力,缺少创新。同时,"重服务轻管理"的工作观念和思维方式非常普遍。这就必然导致志愿者组织人力资源机制的低效。也容易出现志愿者空怀满腔热情,但由于缺乏对组织及工作的了解或没有相关工作经验而无法胜任其工作的现象。

(3) 志愿者组织的社会认同有待提高。在我国,由于志愿者组织活动开展较晚以及社会转型期人们对全民性活动的本能的抵触。使得社会公益活动难以深入人心,难以激发起全民的互助意识。在这样的心理作用下,社会往往低估志愿者组织活动的社会意义,而只是简单地将之等同于"学雷锋做好事"。目前我国志愿者组织缺乏社会认同。还有一个重要表现就是企业界对于志愿者创造的社会效益缺少认同。最明显的表现就是在招聘大学生来企业工作时,党员、学生干部的身份和在学生会任职的经历常常被视为能力的见证,而大学生从事志愿活动的经历则往往被忽略。这样部分寄希望于将志愿服务工作经历作为个人今后就业过程的一项竞争资本的大学生便会退出志愿者队伍。此外,时至今日仍有一些部门和单位认为志愿者组织是共青团组织、民政部门的事,与其他部门无关,这显然是一种误解。

(三)发展建议

我国志愿服务事业的发展是一个系统工程。尤其在未来的互动合作社会治理模式下,伴随市场体制下社会需求的多元化,自由流动资源和自由活动空间的增加,我国志愿者组织的生存和发展空间将得到进一步拓展。而社会资源配置能力的增强,必然使得志愿者组织发展的动力机制发生较大的变化。这就是,志愿者组织的发展不仅要满足党和政府的传统需求,但更重要和更多的还要满足社会自身的多元化需求。显然,在这种情况下我国志愿者组织发展的动力是多元化的,既有政府的法律框架和政策保障,也有志愿者组织的内在发展,还有民间的社会发育和社会认同。

因此,在互动合作的社会治理模式下,我国志愿者组织的发展机制,将是一套由政府、社会和志愿者组织三方"合力"组成的推动志愿者组织发展的一个工作系统。

1. 志愿者组织发展的政府促进机制

志愿者组织发展的政府促进机制具体包括如下四方面:一是重塑政社关系,从二元合一到政社互动,即构建政府与志愿者组织的互动合作关系,确立志愿者组织的合法性、保障志愿者组织的独立性。二是转变政府职能,改革志愿者组织管理体制。首先要理顺政府与志愿者组织之间的权力关系,其次要理顺政府与志愿者组织之间的利益关系,再次要理顺政府与志愿者组织之间的责任关系。同时,我国志愿者组织的三方"合力"发展机制要放松对志愿者组织准入门槛的规制,改革对志愿者组织的双重管理体制,整合志愿者组织管理机构。三是夯实志愿者组织发展的法制基础,解决志愿服务立法与现有法律法规的配套问题。同时,尽快出台全国性的志愿服务促进条例。明确规定志愿服务的立法依据、基本概念、基本原则、志愿者的法律地位;志愿者组织的产生、性质、职权职责、工作方针、工作程序;志愿者资格、权利义务;志愿者服务的方针、范围、程序、异地志愿者和国际志愿者服务、志愿者服务标志、志愿者服务日。同时,明确政府和社会的财政、税收、经费、宣传等方面的支持和保障,以及对优秀志愿者的奖励,规定志愿者组织、志愿者和志愿服务对象三者权利义务关系的性质、违法的法律责任、纠纷的处理及其救济等等。四是进行志愿者组织管理的创新。即完善志愿者组织的财政投入和筹资方案;强化对志愿者组织的监督管理;明确政府对志愿者组织的风险管理功能,构建社会风险公共信息网络,加强志愿保险立法,开拓志愿者保险市场,提高政府风险管理的资源供给与整合能力等。

2. 志愿者组织发展的内部治理机制

志愿者组织要得到政府和社会的认同,良好的内部治理是关键。志愿者组织的内部治理机制建设具体体现在:一是志愿者组织要明确使命,加强自身的战略管理和信息化建设,促进志愿者组织与政府、企业、社会以及个体之间的联系,促进社会资源整合;二是调整好志愿者组织内部治理结构,实施绩效评估,以达到优化志愿者组织内部构造和功能的目的;三是完善志愿者组织人力资源管理制度,保障志愿者组织队伍的稳定性和管理的针对性;四是健全志愿者组织财务管理制度,提高志愿者组织的公信力。

3. 志愿者组织发展的社会协同机制

党的十七大明确提出,"要健全党委领导、政府负责、社会协同、公众参与的社会管理格局,健全基层社会管理体制"。志愿者组织本身就是属于民间、服务于公益的社会性组织,要实现对志愿者组织的良好治理,除了前述的政府促进机制和志愿者组织内部治理机制外,培育社会协同的机制也是志愿者组织发展不可或缺的要件。实践表明,成熟的公民社会、浓厚的志愿服务精神、深刻的社会文化认同及其广泛的社会监督,是社会协同机制的重要组成部分。要完善我国志愿者组织发展的社会协同机制,首先必须整合信任、非正式规则、社会网络关系以及文化观念等社会资本,培育深厚的公民社会底蕴。同时,建立志愿者组织的社会认同和激励机制,保障志愿服务事业的社会化和可持续发展。其次,正确理解志愿精神,结合中国传统文化中倡导志愿慈善的精髓,大力普及和弘扬公众志愿文化。再次健全对志愿者组织的社会监督机制,包括直接利益相关者的监督、社会公众监督和新闻媒体监督等。

第三节 公益基金会

一、公益基金会的理论分析

(一) 公益基金会的概念

1. 基金会的概念

基金会是指利用自然人、法人或者其他组织捐赠的财产,以从事公益事业为目的成立的非营利性法人。基金会分为面向公众募捐的基金会(以下简称公募基金会)和不得面向公众募捐的基金会(以下简称非公募基金会)。公募基金会按照募捐的地域范围,分为全国性公募基金会和地方性公募基金会。

2. 基金会的特征

作为一种基本的社会组织和制度形态,基金会不同于政府、企业,也有别于一般的非营利组织,公益性、非营利性、非政府性和基金信托性是基金会的基本特征。

(1) 公益性。基金会的公益性集中体现在三个方面:一是基金会源于捐赠,是公益捐赠的制度化和组织化形式;二是基金会有明确的公益宗旨;三是基金会有明确的公益用途,通过各种项目活动使特定群体和整个社会受益。公益性决定了基金会在本质上是一种社会公益组织。

(2) 非营利性。非营利性体现在基金会的运作管理及其相应的制度规范中,表现在三个方面:一是存在非营利的分配与收入约束机制,要求基金会的捐赠人、实际受托管理者不得从基金会的财产及其运作中获得利益;二是存在非营利的组织运作和管理机制,要求基金会具备有效规避较高风险与较高回报的自我控制机制;三是存在非营利的财产保全机制,要求基金会不得以捐赠以外的其他方式变更财产及产权结构。

(3) 非政府性。基金会的非政府性是其区别于政府的主要特征,表现在三方面:一是基金会在决策体制上不同于政府,是具有自主决策、自治的独立法人;二是基金会在治理结构上不同于政府,是民主治理、公开的社会组织;三是基金会在运作机制上不同于政府,是追求核心竞争力、在市场中优胜劣汰的组织。

(4) 基金信托性。基金会是以捐赠为基础形成的公益财产的集合,是以基金形式存在的公益财产,有两层含义:一是基金会在本质上是一种信托关系,是捐赠人、受托人和受益人之间围绕公益财产达成的公益信托,良好的公信力是其核心价值所在；二是基金会是以公益财产形式存在的财产集合,通过有效的财产运作实现保值增值是其生命力的体现。

3. 基金会的功能

第一,可用于大规模的社会福利以自愿的方式被聚集起来。

第二,基金会的目的是为全人类的明天服务,为了实现更美好的社会愿想,基金会需要对自身进行思考,实现一种自身发展的创新。

第三,基金会是以法人为主体的体系模式,能筹到的资金高于其他非营利机构,这使得现代基金会具有适应新的社会需要和时代变化的可持续发展能力。

第四,基金会是公民社会发育的推进器。公民社会强调每个人的独立行为能力。基金会改变了传统的社会结构和财富结构,不仅推动了在政府和企业部门之外的社会财富的聚集,而且通过基金会的公益运作将社会资源的支配权交给了公民的代表,将分散的公民意志、公民意愿集中起来,将公民的权利回归到公民手上,推动公民社会的发展。

(二) 基金会的设立和运作

1. 基金会的设立

(1) 设立条件如下:

① 为特定的公益目的而设立;

② 全国性公募基金会的原始基金不低于 800 万元人民币,地方性公募基金会的原始基金不低于 400 万元人民币,非公募基金会的原始基金不低于 200 万元人民币;原始基金必须为到账货币资金;

③ 有规范的名称、章程、组织机构以及与其开展活动相适应的专职工作人员;

④ 有固定的住所;

⑤ 能够独立承担民事责任。

(2) 设立文件。申请设立基金会,申请人应当向登记管理机关提交下列文件:

① 申请书;

② 章程草案;

③ 验资证明和住所证明;

④ 理事名单、身份证明以及拟任理事长、副理事长、秘书长简历;

⑤ 业务主管单位同意设立的文件。

基金会章程必须明确基金会的公益性质,不得规定使特定自然人、法人或者其他组织受益的内容。

（3）基金会章程的基本内容如下：

① 名称及住所；

② 设立宗旨和公益活动的业务范围；

③ 原始基金数额；

④ 理事会的组成、职权和议事规则，理事的资格、产生程序和任期；

⑤ 法定代表人的职责；

⑥ 监事的职责、资格、产生程序和任期；

⑦ 财务会计报告的编制、审定制度；

⑧ 财产的管理、使用制度；

⑨ 基金会的终止条件、程序和终止后财产的处理。

二、公益基金会与社会救助社会福利发展

公益基金会对促进社会救助社会福利的发展具有重要意义。其作用主要是募集社会救助社会福利资源。

以中国社会福利基金会为例，2015年受捐赠收入2.71亿，公益性支出2.54亿。具体如表15-1、15-2、15-3所示：

三、业务活动情况

表15-1 接受捐赠情况表、大额捐赠收入情况

单位：人民币（元）

项目	现金	非现金	合计
一、本年捐赠收入（自动求和）	225 401 485.19	45 279 046.00	270 680 531.19
（一）来自境内的捐赠（自动求和）	199 968 406.41	45 279 046.00	245 247 452.41
其中：来自境内自然人的捐赠	114 245 589.45	0.00	114 245 589.45
来自境内法人或者其他组织的捐赠	85 722 816.96	45 279 046.00	131 001 862.96
（二）来自境外的捐赠（自动求和）	25 433 078.78	0.00	25 433 078.78
其中：来自境外自然人的捐赠	0.00	0.00	0.00
来自境外法人或者其他组织的捐赠	25 433 078.78	0.00	25 433 078.78

续表

项目	现金	非现金	合计
二、接受非公益性捐赠情况（对捐赠人构成利益回报条件的赠予或不符合公益性目的赠予）	0.00	0.00	0.00
三、大额捐赠收入情况			

捐赠人	本年捐赠额		用途
	现金	非现金	
瑞银慈善基金会	16 085 809.12	0.00	贫困地区学前儿童教育
财团法人中国信托基金会	5 000 000.00	0.00	资助贫困地区示范学校
合 计	21 085 809.12	0.00	

说明：大额捐赠收入中的捐赠人是指本年度累计捐赠超过基金会当年捐赠收入5%以上或者500万以上的捐赠单位或个人；捐赠人如要求不公开姓名、名称的，可以其他代号代替，其他捐赠信息要公开。

表15-2 募捐情况表

单位：人民币(元)

项目	现金	实物折合	合计
一、本年度组织开展募捐活动(5)项，募捐取得的收入（自动求和）	6 657 311.29	0.00	6 657 311.29
（一）来自境内的捐赠（自动求和）	6 657 311.29	0.00	6 657 311.29
其中：来自境内自然人的捐赠	0.00	0.00	0.00
来自境内法人或者其他组织的捐赠	6 657 311.29	0.00	6 657 311.29
（二）来自境外的捐赠（自动求和）	0.00	0.00	0.00
其中：来自境外自然人的捐赠	0.00	0.00	0.00
来自境外法人或者其他组织的捐赠	0.00	0.00	0.00

表 15-3　公益支出情况表

单位：人民币（元）

项　　目	数　　额
上年度实际收入合计	253 517 102.14
调整后的上年度总收入	253 517 102.14
本年度总支出	249 682 285.24
本年度用于公益事业的支出	244 581 651.16
工作人员工资福利支出	8 559 184.68
行政办公支出	3 243 561.63
其他支出	1 995.00
公益事业支出占上年度总收入的比例（综合近两年比例，综合近三年比例）	96.48% 综合两年 92.42% 综合三年 92.43%
工作人员工资福利和行政办公支出占总支出的比例（综合近两年比例，综合近三年比例）	4.73% 综合两年 5.34% 综合三年 5.92%

说明：

公益事业支出包括直接用于受助人的支出和开展公益项目时发生的项目直接运行费用，上年度基金余额为上年度期末净资产。

综合近两年公益支出比例＝（本年"公益支出"＋上年"公益支出"）/（本年"上年度基金余额"＋上年"上年度基金余额"）；综合近三年公益支出比例为近三年"公益支出"合计与近三年"上年度基金余额"合计比例；综合近两年工资和行政办公支出比例为近两年"工作人员工资福利支出与行政办公支出"合计与近两年"总支出"合计比例，综合近三年同理。

第四节　福利彩票

一、福利彩票的理论分析

（一）福利彩票的概念

1. 彩票的产生与发展

彩票是一种载体，它表现和反映了人类活动的一个特殊领域的来龙去脉。彩票就是指印有号码、图形或文字供人们填写、选择购买并按特定规则取得中奖权利的凭证。

彩票存在的客观条件之一:彩票的存在是以一定的经济条件为基础,是社会经济发展到一定阶段的产物。彩票存在的客观条件之二:彩票的存在和发展还取决于社会观念的开放。彩票存在的客观条件之三:彩票的存在和发展,要依托良好的市场环境和政府的"垄断"。彩票存在的客观条件之四:彩票的存在和发展,还要依靠彩票事业自身的不断发展和完善。

彩票是一种特殊的商品,它本身并不具有任何使用价值,但对那些中奖者来说,它却具有实实在在的价值。从某种意义上来讲,彩票是一种集公益性、安全性和娱乐性、趣味性于一身的机会游戏。彩票是从以下方面对机会游戏进行归纳和利用的:

第一,迎合人类天性。使娱乐休闲、争强好胜的人类天性得到释放,符合人类创造机会游戏的初衷。

第二,创造竞争机遇,符合人们渴望获得机遇以改变生活现状的心理、满足人类心理需求的本性,希望通过机会游戏的载体,把愿望变成现实,这是机会游戏具有永久魅力的根源。

第三,保证机会均等。排除不正常因素的干扰,保证机会均等,这是一般游戏参与者的心理要求。

第四,坚持中立立场。在游戏决胜过程中,以完全中立的姿态,坚持中立立场,力图公正裁决,是体会游戏的重要组织原则。

第五,维护正当权益。使参与者免于承担不合理的义务,摆脱对个人的恩怨,以保护参与者的正当权益,这是机会游戏对组织者职业道德的要求。

综上所述,彩票对机会游戏的长处均做到了全面归纳、继承和利用,对一般机会游戏的短处,通过各种途径、手段和措施予以弥补和修正。

2. 福利彩票的概念

福利彩票是由政府发行和监管、利用市场手段进行销售和推广,鼓励社会成员奉献爱心,从而实现筹集社会资源、弥补社会保障资源不足的一种票据凭证。福利彩票事业应属于补充保障事业。

(二)福利彩票的特征

1. 福利彩票特征

福利彩票作为一项社会福利事业,它具有社会福利、社会保障事业具有的一般特征,如社会性、福利性;更具体地说,福利彩票属于补充保障的范畴,不具有强制性,是社会、企业或个人自愿参加、自主选择的系统,因此也具有补充保障具有的自愿性、非强制性等特征。

2. 发展福利彩票应遵循的原则

为了实现福利彩票的发展目标,发展我国福利彩票事业应遵循四项基本原则。一是始终贯彻福利彩票的发行宗旨。二是保持福利彩票的政府垄断特征不动摇。三是玩法上的不断创新和技术的不断改进。四是透明规范的管理机制。

(三) 福利彩票对社会福利发展的贡献

1. 有力地推动了社会福利和体育事业的发展

从1987到2002年的15年间,全国共发行彩票1 323亿元,筹集资金400多亿元。这些资金主要用于支持内地的福利、体育事业的发展。筹集的社会福利资金先后资助了三峡移民工程、假肢学校工程、灾后重建工程、流浪儿童救助项目、新建各类福利院、社区服务设施等。体育彩票的公益金主要用于落实全民健身计划和奥运争光计划的开支,包括资助开展全民健身运动;弥补大型体育运动会比赛经费不足;修整和增建体育设施;体育扶贫工程专项支出。

2. 促进消费,带动经济增长。

据中国福利彩票发行中心调查,在中了大奖以后,有72.3%的人将奖金直接投入消费,其中购房占15.9%、安排生活占10%、家庭装修占8.9%、购车占5%、旅游占3%、办婚事占3%、26.5%的人将用于其他消费或投资。按福利彩票资金的分割比例,大体奖金占50%,发行成本约占20%,福利金占30%。即每销售100亿的福利彩票,可以创造40亿的消费需求,这还不包括返还国家的福利金中用于社会福利设施投资消费和接受救济群体的生活消费部分。至1999年底,我国共发行395.2亿元福利彩票,除筹资几百亿元以上的资金用于福利保障外,另一方面意味着向市场投入近150亿元的消费资金,而且这些资金都是吸纳全国城乡不易消费的闲散资金。

3. 增进就业,减少社会贫困人群数量。

在经济结构调整过程中,下岗职工再就业是各级政府面临的重要问题,彩票为此开辟出一条新渠道。到2002年,福利彩票系统发行销售机构已覆盖全国95%以上的县市,全国已有省级发行机构37家,地市级发行机构329家,县级发行机构2 123家,全系统约2 500家。全系统从业人员74 758人,其中专职人员4 237人,兼职人员6 600人,聘用人员636 561人。从1999年下半年开始,全国15个省市开通电脑彩票,即使按每个省市100个销售站,每站一名工作人员计算,则全国有1.5万人获得长期、稳定的工作。根据大奖组的销售经验,一个100万元的大奖组,应配备200～250人售票。到2002年,全国常规福利彩票年销售量保持在60亿元规模,其中80%采取大奖组销售方式,因此大奖组的规模应保持在4 800万个左右。按100万元一个大奖组估算,每年可创造就业机会120万个左右。如果再加上体育彩票网络带来的就业机会,每年创造的就业机会可达300万个左右。

4. 实现了收入的第三次分配。

发行福利彩票和体育彩票是调节收入差距、实现社会稳定功能的经济手段，它成功地把分配到个人手中的闲散消费资金，导向发展社会福利事业和体育事业，把富裕地区的社会资金导向用于全国支出，从而起到缩小贫富差距、东西差距和城乡差距的作用。这种财富的再分配从以下三个方面发生。一是彩票发行量大的地区主要在比较富裕的东部地区，彩票发行量越大，意味着有越多的资金拿出来用于全国分配，因此彩票发行具有富裕地区多资助公益事业的作用。二是彩票销售量最多的地方是城市。三是城乡接合部，农村销售很少。这意味着拿出来重新分配的资金主要来自城市，无疑有助于减少城乡差别。

5. 增加国家财政收入。

政府开办博彩业，一般可从两个方面收益：一是按比例筹得福利基金；其二是按比例得到税收。在很多国家，博彩一直是税收的一个来源。又因博彩业税收的独特性，在一些国家被戏称为"微笑纳税"或"无痛税收"。我国彩票发行主要增加的是增值税和个人所得税。1987年至2002年，我国彩票发行量为1 323亿元。如果按50%的返奖率测算（体育彩票销售额的50%用于返奖，35%上交国家财政，15%用于彩票发行，发行费中国家体彩中心提取3%，后降为2%），相当于增加了662亿元的购买力，或为工商企业提供了662亿元的商品销售奖。按17%的增值税率测算，仅此一项可以上缴国家税金112亿元。此外，个人中奖一次超过1万元者，按20%的税率向国家缴纳所得税，如按发行1亿元彩票计算，仅万元以上的大奖收入个人所得税就达100万元，这也有助于扩大国家税收来源。

二、我国福利彩票的发展状况

（一）发行历史

1. 福利彩票的产生

进入20世纪80年代，改革开放使我国国民经济步入了有史以来发展最为迅猛的时代。随着社会主义市场经济的不断深化，社会福利由国家包办的传统方式已难以适应社会和经济发展的需要。据1985年的统计资料显示：我国的优抚、救济对象人数达1.5亿以上，年成灾人口3.16亿，残疾人口近5 000万，而城乡各种福利院床位数仅49.1万张；福利企业只有1.5万个，大多数残疾人就业问题无法解决；没有一个社区服务设施完备。全国还有约1 500个县级单位没有福利院,一半以上的乡村没有敬老院,原有的福利院、敬老院,其容量也远远难以满足需要;散居社会的孤老残幼,仅城镇就有90万人左右,农村则更是难以统计。全国已有的社会福利院、光荣院、荣军院等福利事业单位约有50%属危旧房急需改造;各类福利设施中约20%没有常规医疗设备和专业医生。另外,逐年增多的弃婴、每年受灾地区被毁的福利设施重建、流浪儿童收容设施建设、革命伤残军人假肢换装、孤残儿童助医等等,这些社会问题也越来越突出。这些问题,光靠政府财政拨款是难以解决的,必须改革原有的社会福利政府包办的状况,实行社会福利社会化,走社会福利社会办的改革之路,开通向社会筹集资金的渠道。发行福利彩票正是这一改革思路的具体体现。

1986年6月18日,民政部向国务院正式报送《关于开展社会福利有奖募捐活动的请示》。12月20日,国务院第128次常务会议讨论,同意由民政部组织一个社会福利有奖募捐委员会,在全国范围内开展有奖募捐活动。1987年2月5日,中央书记处12届第323次会议讨论并原则同意民政部的报告,明确指出"除民政部门开展社会福利有奖募捐活动外,其他单位和个人一律不准搞类似有奖募捐活动"。中央书记处的意见报中央政治局常委后,常委们均表示同意。3月13日,中共中央统战部和全国政协联合召开了关于社会福利有奖募捐活动问题的座谈会,经过与会的27个民主党派充分讨论,最后达成一致意见,同意开展这项工作。1987年6月3日,中国社会福利有奖募捐委员会(简称中募委)在北京成立,同时召开了第一次全体委员会议,通过了中募委章程。1987年7月28日,第一批福利彩票在河北石家庄市销售。

2. 福利彩票的发展历程

福利彩票现已有25年的历史了,其发展历程大致可以分为三个阶段:

(1) 起步阶段。此阶段大约为1987年至1989年。由于长期的压制和偏见,福利彩票在这段时间没能被人们充分接受,甚至出现无人问津的现象。全国10个试点省市在1987年的彩票销售额只有1 739.5万元,1989年,一些省市的福彩推出了实物奖品、灵活设奖的小奖组,开始探索集中的大批量销售彩票的方法,当年的销售额达到3.76亿元,且1987年至1989年两年半的时间里,全国福利彩票销售总额为7.768亿元。1988年之后,一些地方、部门、企事业单位自行发行彩票,导致彩票市场混乱。为此,国务院先后三次通知各地各部门进一步加强彩票市场的管理,将彩票发行批准权等收归国务院。

(2) 平稳发展阶段。此阶段大约为1990年至1994年。1990年以后,彩票逐步被人们接受,销售额逐年增加,1992年部分省市采取大奖组、大场面、大声势以及高奖额、低奖面、多奖级的形式销售福利彩票即开票,开始尝试百万元大奖组销售方式,当年福利彩票销量达 13.76 亿元,比上年增长 56％,在此阶段,全国人大于 1993 年颁布了《反不正当竞争法》。1994 年 5 月中央办公厅、国务院第四次通电全国,要求严格彩票市场管理,禁止地方擅自发行彩票,并明确规定中国人民银行是国务院主管彩票的机关,这对彩票市场起到了强有力的规范作用。

同时,1993 年"中国社会福利有奖募捐券发行中心"更名为"中国社会福利奖券发行中心",1994 年正式定名为"中国福利彩票发行管理中心"。

(3) 巩固提升阶段。此阶段大约为 1995 年至今。一方面,进入 1995 年,随着体育彩票的入市,中国彩票市场形成了福利彩票和体育彩票共存的局面。鉴于彩票的特点,彩票的经营管理可以进行适度的竞争和营销。另一方面,从 1994 年开始,电脑彩票博彩网进入市场,2000 年后现代技术设备全面应用,新型玩法层出不穷,不断改进发行销售方式,全力丰富彩票品种,形成高速发展的状态。福利彩票销售额从 1995 年的 57.3 亿元增加到 2007 年的 630 多亿元,为社会福利事业做出了重大的贡献。

此阶段的另一个重要特点是:财政部全面接管彩票的管理工作,确定了现行的彩票管理体制,建立和完善了彩票的管理制度。

(二) 当前规模

1. 经营现状

目前,中国福利彩票年销售额从 1987 年的 1 700 万元到 2004 年的近 226 亿元;票种从单一的传统型发展到传统型、即开型、即开传统结合型和电脑型等四大类,数十个品种,上千种画面。已基本形成了比较完整的福利彩票玩法和销售体系。纵观世界彩票业,虽然已有 100 多年的历史,但促使其蓬勃发展的重要因素之一就是 21 世纪中叶特别是近几年计算机、计算机网络、无线通信和卫星通信等高新技术的应用。1998 年全世界 1 268 亿美元的彩票销售中,电脑彩票约占 63.2％,这说明科技程度越高的彩票越受欢迎,越有生命力。中国福利彩票亦如此,推行电脑票以来所带来的一系列变革,使福利彩票获得更高层次的发展。1995 年,经过长时间充分、扎实的准备工作,中国福利彩票发行中心首先在广东、湖南、浙江、深圳、广州、沈阳 6 个省市进行了电脑彩票的发行试点;制定了电脑彩票的行业标准;研制、开发了准热线销售系统;进行了热线系统的引进招标工作;在上海进行了准热线销售系统运行试点;建成全国电脑彩票系统监控中心;制定、出台了针对这一工作的一系列规范性文件,从而为网点销售形式再次推广奠定了基础。2000 年,这种更安全、更透明、更科学、更适合我国国情的销售方式逐步成熟并开始在全国推广,业内人士称为"第二次创业"。

到2001年10月,经过改进和完善,"风采系列"电脑福利彩票在全国31个省、区、市全部开通准热线或热线电脑彩票,并获得巨大成功。电脑福利彩票采用网点销售,分级管理,发行运作方式完全市场化的做法,和各省(市)先后引进了一大批专业技术和营销专门业务人员,造就了一支素质较高的福利彩票发行队伍,为福利彩票业长远发展奠定了坚实的基础。随着2003年、2004年福彩全国联销玩法双色球、3D的先后上市,福利彩票终于实现了从比较落后的即开型人工管理到先进的电脑型管理发行方式的战略转变,福彩销售系统率先在全国同行中完成了整体的热线改造。2004年福利彩票发行在"扶老助残、济困救孤"的旗帜下,取得了较大突破,全年共销售了226亿元,筹集公益金79.23亿元,上缴国家财政的42.95亿元,占2004年公益金筹集量的54%,上缴比例和上缴数额均位历年之最。

福彩发行25年来,始终坚持为发展福利事业筹集资金的目的不变;"扶老、助残、救孤、济困"的宗旨不变;健康有序、安全运行、稳定发展的方针不变;对社会负责,对人民负责,在福利彩票玩法设计和销售运作中自觉防止和消除社会负面影响的道德准则不变;不参与恶性竞争,不搞误导群众的宣传,坚持公益性、伦理性、群众性和娱乐性的舆论导向不变;"公开、透明、参与"和接受社会监督的原则不变等等。使福利彩票的发展与社会福利事业和社会公益事业的发展紧密地联系在一起,是传统的慈善性募捐在新形势下的继承和发展,"来自社会,服务社会,取之于民,用之于民"。并通过引进国外先进的技术完善自身的基础设施建设,使彩票销售更安全、更科学、更合理;同时,开展ISO9000质量管理体系认证活动,在内部管理方面上了一个新台阶。

目前,电脑福利彩票市场份额成为中国彩票市场的"领跑者",在社会福利保障和社会公益事业中发挥着日益重要的积极作用。

2. 销量前景

从中国福利彩票发行管理中心获悉,截至6月5日,中国福利彩票今年销量已突破500亿元,达501.58亿元,比去年同期增长30.61%,为国家筹集福彩公益金152亿多元,有望跨上年销量千亿元的新台阶。

福利彩票是中国改革创新的产物,20世纪八十年代,中国社会福利设施严重匮乏,财政资金远远不能适应社会福利服务需求,在借鉴外国成功经验中,催生了中国福利彩票。

2012年中国福利彩票发行销售量突破1 500亿元,筹集公益金450多亿元；福利彩票经 25 年发展，销售模式从摊点销售发展到大奖组集中销售再发展到常态化网点销售，彩票品种从即开型单一票种发展到乐透、数字、即开、视频以及基诺型多样票种，发行方式从各省分散销售发展到区域联销、全国联销，销售系统从准热线销售发展到热线销售，今后，要扭转把彩票视为筹资工具的旧观念，增进彩票的文化娱乐功能和内涵。

"安全是福利彩票发行管理工作的底线，也是福利彩票事业发展的保障"，目前，福利彩票已在千亿元以上高位运行，实现持续增长的压力越来越大，防控各种风险的压力也在不断增大，一些深层次的矛盾和问题日益显现出来，一些地方还程度不同地存在重发行轻管理、重经济效益轻社会责任等现象，需通过创新观念、创新机制、创新管理、创新技术进行改革创新。

（三）对我国社会福利的贡献

1. 统计数据

2014 年中国福利彩票年销售 2 059.7 亿元，比上年增加 294.4 亿元，同比增长 16.7%。全年筹集福彩公益金 585.7 亿元，比上年增长 14.7%。全年民政系统共支出彩票公益金 231.3 亿元，比上年增加 35.8 亿元。其中：资助用于抚恤 5.9 亿元、退役安置 0.9 亿元、社会福利 143.6 亿元、社会救助 29.1 亿元、自然灾害 2.2 亿元、其他 49.7 亿元。2005—2014 年中国福利彩票销售情况如图 15－2 所示。

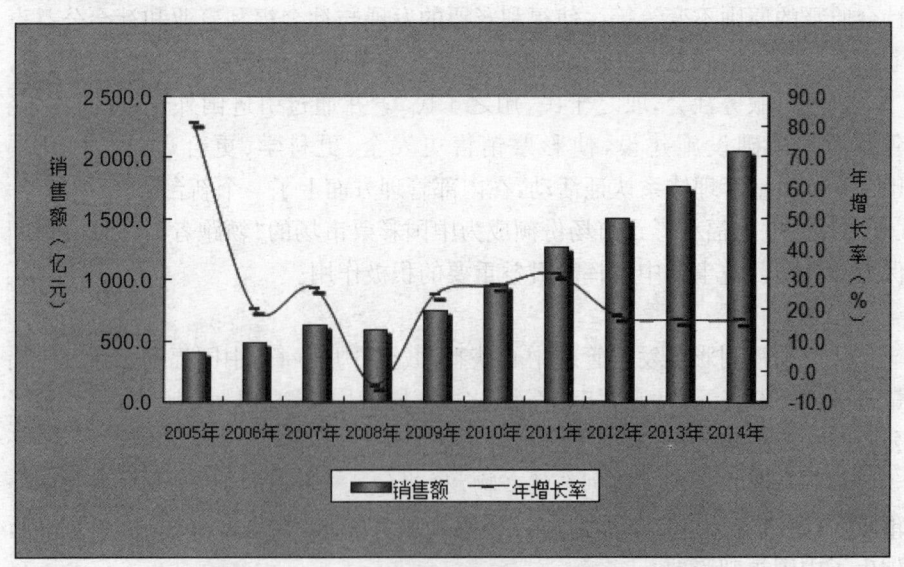

图 15－2　2005—2014 年中国福利彩票销售情况

2. 支持项目

福利彩票公益金使用情况,以 2014 年度为例。经财政部核准,民政部本级 2014 年彩票公益金使用额度为 224 892 万元,占中央集中的彩票公益金额度的 5%,专项用于民政社会福利、社会公益事业。

一是中央级项目情况。2014 年,民政部共安排中央级项目 33 760 万元,采取委托部直属单位或者向社会力量购买服务等形式开展老年人福利、残疾人福利、儿童福利和相关社会公益项目。

(1) 老年人福利类项目,共 6 300 万元。① 养老服务人员培训项目,3 600 万元,由社会福利和慈善事业促进司委托和向社会公开招投标确定实施单位。② 社会福利及社工志愿者培训项目,2 700 万元,由社会福利和慈善事业促进司、社会工作司组织招投标确定实施单位。

(2) 残疾人福利类项目,19 000 万元。① 残障群体示范性配置康复辅具及手术矫正治疗(福康工程),4 000 万元,由国家康复辅具研究中心实施。② 残疾人实训基地建设项目(二期),15 000 万元,由北京社会管理职业学院实施。

(3) 儿童福利类项目,共 3 070 万元。① 儿童福利机构培训及儿童寻根回访项目,1 500 万元,由中国儿童福利和收养中心负责实施。② 孤残儿童高等教育"助学工程",600 万元,由中国儿童福利和收养中心、重庆城市管理职业学院实施。③ 大龄孤儿学历教育项目,970 万元,由北京社会管理职业学院实施。

(4) 社会公益类项目,共 5 390 万元。① 社会福利和社区服务人才队伍能力建设项目,2 400 万元,由人事司、基层政权和社区建设司负责实施。② 社会福利及彩票公益金信息系统运维项目,300 万元,由社会福利中心、中国儿童福利和收养中心、中民慈善捐助信息中心分别负责实施。③ 福利彩票公益金使用管理与制度建设项目,200 万元,由社会福利和慈善事业促进司负责实施。④ "夕阳红"救助服务项目,1 000 万元。开展社区服务,为困境老年人提供救助服务。包括提供"一键通"服务、社区康复治疗(针灸、按摩、理疗)服务、为孤寡、空巢老人提供送餐、巡诊等服务,帮助他们有尊严地安度晚年。⑤ 关爱支持两岸婚姻家庭弱势人群项目,220 万元,由海峡两岸婚姻家庭服务中心负责实施。通过为两岸婚姻家庭当事人开展辅导培训、两岸青少年交流以及举办两岸婚姻家庭服务工作者专业培训等活动,提升两岸婚姻家庭服务水平,增进两岸婚姻家庭福祉,促进两岸关系和平发展。⑥ 低收入家庭经济核对工作人员能力建设培训项目,270 万元,由民政部低收入家庭认定指导中心负责实施。

⑦ 特殊困难老年人社会工作服务示范项目，1 000万元，由社会工作司负责实施。

二是补助地方项目。(1) 老年人福利类项目，共104 000万元。主要用于新建和改扩建以服务生活困难和失能失智老年人为主的城镇老年社会福利机构、城镇社区养老服务设施、农村五保供养服务设施、供养孤老优抚对象的光荣院、对伤病残退役军人供养终身的优抚医院以及城乡社区为老服务信息网络平台等。

(2) 残疾人福利类项目，共30 000万元。主要用于民政部门举办的以收治特困人员、复员退伍军人、流浪乞讨人员、贫困人员等特殊困难群体中的精神障碍患者及智障人士为主的精神病人福利机构(含精神病人福利院、精神病医院、复员退伍军人精神病医院、智障福利院、工疗站、农疗站)新建、改扩建及设施设备配置；用于民政直属假肢矫形康复机构建设；用于以残疾人为主要服务对象的其他民政直属福利机构改扩建及设施设备添置。

(3) 儿童福利类项目，共40 000万元。主要用于：① 儿童福利机构建设、残疾儿童和受艾滋病影响儿童养治教康项目33 000万元。主要用于残疾儿童、受艾滋病影响儿童养治教康及县级儿童福利机构建设项目。② 残疾孤儿手术康复"明天计划"7 000万元。用于资助由儿童福利机构收养的0—18岁且具有手术适应症的残疾儿童的手术康复，提高他们的生活质量，促使他们更好地融入社会。

(4) 社会公益类项目，共17 132万元。主要用于：① 流浪未成年人救助保护中心建设子项目。用于市县未成年人救助保护中心建设和滞留受助人员临时安置场所建设。② 殡葬基础设施设备建设更新改造子项目。③ 社会捐助体系建设和捐赠废旧纺织品综合利用子项目。用于与邮政集团合作创新慈善超市建设和捐赠废旧纺织品综合利用试点项目、慈善超市和社会捐助站点的软硬件建设和添置捐赠物资的消毒、清洗、加工等设备。对开展废旧纺织品综合利用的地区优先资助，资助经费主要用于软硬件建设、物资配送、加工和储存设施建设等。

四、福利彩票存在问题与对策

1. 巨额公益金流向不明

《彩票管理条例》规定，"国务院财政部门和省、自治区、直辖市人民政府财政部门应当每年向本级人民政府报告上年度彩票公益金的筹集、分配和使用情况，并向社会公告。"

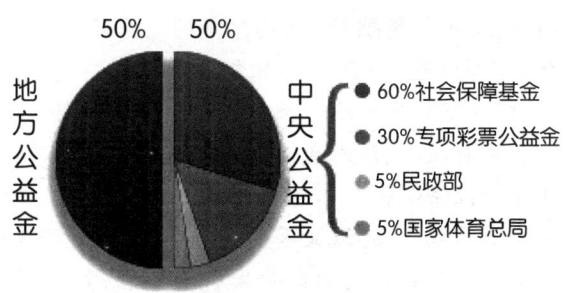

图 15-3　彩票公益金分配比例图

"彩票公益金使用情况",只是粗线条地列出了体育彩票、福利彩票公益金分别支出的具体项目和资金规模,资金使用是否合规、是否存在浪费现象等,根本看不出来。过高的彩票发行费也受到质疑。发行费主要用于销售人员代销费用,以及彩票发行机构的日常运营等费用。2002 年以来,发行费一直为 15%。随着近几年我国彩票销售额的大幅增长,去年发行费总额超过 450 亿元。这一部分资金使用乱象丛生,备受诟病。部分地区的福彩中心陆续被媒体曝光了兴建培训中心、豪华办公楼、私营高级酒店等乱象。

2."暗箱操作"遭彩民质疑

彩票在我国拥有广泛的群众基础,牵涉面广、关注度高,其公信力至关重要。但在各地调研了解到,由于信息不够透明,加之彩票造假、内外勾结、暗箱操作等事件曾有发生,公众对彩票中奖的公正性、真实性产生疑问。

3.以公开、透明赢得公信力

彩票是国家设立的公益事业。公益指向与公立特性决定了它必须严格管理、规范运作。

同时,应增加公众对彩票中心的熟悉程度,包括操作程序、中奖制度、工作流程、资金使用的透明度等。另外,彩票发行费用的占比已经十几年没有调整,这方面资金规模不断膨胀,如缺乏监督与规范极易引发腐败,应尽快出台新的分配标准,调低彩票发行费用的占比。专家还提醒,"问题彩民"需要重视。应淡化彩票的"博彩性",引导民众理性投彩,建立起"微笑纳税"的平和心态。

▶本章小结◀

慈善事业一般是指建立在捐献基础之上的民营社会性救助事业。这里的捐献可以是指捐钱、捐物或捐献劳务（志愿者的志愿行动）。而慈善公益事业的范围一般更加广泛，它是以民间公益组织为实施主体，为救助特定群体按照既定的操作规范、制度或原则实施的长久的社会化行为。

基金会是指利用自然人、法人或者其他组织捐赠的财产，以从事公益事业为目的成立的非营利性法人。

彩票就是指印有号码、图形或文字供人们填写、选择购买并按特定规则取得中奖权利的凭证。福利彩票是由政府发行和监管、利用市场手段进行销售和推广，鼓励社会成员奉献爱心，从而实现筹集社会资源、弥补社会保障资源不足的一种票据凭证。

为了推进我国社会救助和社会福利事业更好的发展，我们必须正确认识我国慈善事业、志愿者服务事业、公共基金会、福利彩票发展的形势以及存在的问题。加快社会福利事业相关领域更好更快地发展。

第十六章 社会福利的前沿探索

▶学习目标◀

通过本章学习,学生应该能够理解并掌握以下核心内容:
1. 社会福利专业化的内涵和途径
2. 社会工作的专业性和职业化
3. 社会工作介入社会福利
4. 社会福利社区化的概念和途径
5. 政府购买服务的概念和运作程序

第一节 社会工作与社会救助社会福利

一、社会福利专业化

社会福利服务机构发展趋势应该走上专业化道路。专业化即指社会福利服务机构要依托具有专业知识和技能的服务人员,开展具有专业领域的社会服务项目,满足服务对象日益提高的服务需要。当前社会福利服务机构已具备专业化发展的条件,政府应从制度规范角度保障社会服务机构的专业性,培育与扶持民办专业社会服务机构,引导公办服务机构专业化转变,各服务机构应发展核心能力、创造服务品牌,逐步走向专业化发展道路。

社会福利专业化发展的路径探索主要包括:一是政府应从制度规范角度保障社会福利服务机构的专业性。二是培育与扶持民办专业社会福利服务机构,是专业化发展的主要路径。三是加快引进、培养专业的服务人才步伐,是引导公办福利机构专业化发展的重要路径。四是立足宗旨,建立核心能力,创造品牌服务,是社会福利机构专业化发展的根本。

从目前运作效果来看,政府推动的专业社会福利服务机构呈现出良性发展态势,比传统公办社会福利机构运作更有效率和效果,是在目前专业性社会福利机构缺失状态下的一个较好的专业化发展模式。再次强调,我们主要探讨的是公共福利服务如何提供才能具有最好的社会效应,不应该单纯推崇所谓的民间性和自主性。在当前中国市民社会文化还缺乏的状态下,不可能如西方发达国家那样,发展出不依靠政府就能够运行自如的非营利组织。在中国传统官本位文化的影响下,社会民众对政府有着很强的依赖和信任,公民社会不可能从高处建设。所以,专业的社会服务提供需要由政府推动。另外,社会福利服务机构拓展筹资渠道与能力,改革服务管理理念,创新服务项目,吸引高素质的志愿者参与社会福利服务机构的活动等,都是社会福利服务机构良性发展所需要努力的方向。专业化发展是当前社会福利服务机构发展需要迈出的第一步。

二、社会工作的专业性与职业化

(一) 社会工作发展

一般认为,社会工作走向职业化、专业化、科学化的阶段是在20世纪初至20世纪50年代。在这一时期,社会工作、社会救助实践活动转变为一种以科学理论为指导、借助专业科学方法为手段、以专业教育为依托、以权威机构为代表、以受过专业培训的受薪人员及专门化的社会机构为主要实施者的高等教育专业和专业化的社会救助职业。

由于各国政治、经济、社会与文化背景各不一样,社会工作的发展状况参差不齐,所以,也很难对社会工作有一个统一的界定。概括起来,学术界对社会工作的界定大体有以下几种:第一,社会工作是一种具有知识与技能体系的,协助个人满足其社会生活需求、解除个人发展障碍的专业服务工作;第二,社会工作是一种助人的过程;第三,社会工作是一种艺术,一种科学的专业助人方法和技术;第四,社会工作是一种协助个人与其社会环境更好地相互适应的专业性助人活动;第五,社会工作是一种协助人们去预防和解决社会问题,恢复并增强他们社会生活功能的社会制度化方法。社会工作的基本要素包括:案主、社会工作者、资源系统、社会环境、专业关系。

(二) 社会工作的功能

社会工作的主要功能是解决人与环境互动过程中所产生的社会问题,提高人的社会功能,使个人公平地从环境中获得自己生存和发展的机遇和条件,以增进个人和社会的福利,并以此来促进人的发展和社会进步。当然,社会工作发展到今天,其社会职能绝不仅仅局限于消极地解决以后的社会问题,它还通过改变某些条件和问题产生的基础来预防问题,因此,社会工作的功能表现是多方面的。一般观点认为,社会工作的功能可以简单分为以下四个方面:(1)解决困难和问题,恢复受损的社会功能;(2)发掘和提供资源,促进人与社会的发展;(3)及早发现与控制问题,预防社会功能失调;(4)维护社会公平和正义,保障社会稳定。

(三)社会工作介入社会福利

社会工作的直接作用和最终功能就是为服务对象提供了福利,而使之得到的一种服务和相应的满足,以及物质生活和精神生活条件的改善与提高。社会工作是社会福利的"发送器"和"桥梁",是社会福利体系中重要组成部分。

(四)社会工作方法

人们通常把社会工作方法分为两大类:一类是直接服务的方法,也就是社会工作者直接为案主提供服务的方式,亦即社会工作者直接提供社会资源给求助者,以面对面解决案主的问题为主的社会工作服务。直接服务的方法通常又分为社会个案工作、社会团体工作、社区工作等。另一类是间接服务的方法,即影响到社会工作服务的实施,但又并非社会工作者直接对案主提供的服务,包括对直接服务提供所需要的各种协助与支持过程,也可以说间接服务是为社会工作者直接对案主进行服务的服务。间接服务方法通常又分为社会工作行政、社会工作督导、社会工作咨询、社会工作研究等。

(五)社会工作对社会福利的促进作用

1. 作为社会福利体系重要组成部分的社会工作

回顾社会福利的发展历程可以看到,社会上一直都存在着向弱势群体和个人提供的服务。社会服务在先,社会工作方法是从社会福利中发展出来的,存在于特定的社会福利系统内,"社会工作的发展必须依赖于社会福利的土壤"。社会工作的范围随着社会福利的发展越来越广泛,使社会工作成为一种由政府或私人社团所举办的广泛性的社会服务。经过长期的专业化发展,社会工作越来越成熟,成为社会福利体系中专门化的重要组成部分。

2. 社会工作与社会福利制度的关系

第一,社会工作在社会福利制度中具有重要的地位。具体表现在:社会工作的推进就是社会服务的组织和推行过程;社会工作专业是社会福利体系一个重要的知识基础;社会工作是社会福利制度具体化的一个过程,它通过社会福利服务的策划、推行和评估等一系列专业活动保障整个福利制度功能的正常发挥,同时也有助于改善社会服务的管理。

第二,社会工作是社会福利制度中的服务传递者和发送体系及必要的中介。社会福利体系是一个较为抽象的社会制度,这一制度必须依赖于社会工作、社会保险等来加以支持和落实。在社会福利体系内,社会工作过程通过专业人员、服务机构等来解决相应的个人、家庭与社会层面的问题。具体表现在:社会工作在福利体系中确定受助者和服务对象的范围和种类;社会工作是一个解决问题的过程,能够帮助受助对象提升社会功能;社会工作作为一个提供资源和满足需要的过程,在确定问题和受助对象后,需要确定干预计划筹措资源以满足受助对象的需要;社会工作在其推进中不断改善专业方法和服务管理模式,从而提高社会福利资源的利用效率和效果。

第三,社会工作的实施和运作过程,本身就是一种社会福利的形成与提供。社会工作以"助人自助"为基本理念,以预防和解决问题为基本目标,以改善和提升案主对象的生活状况和环境为基本追求,在社会工作者专业性功能发挥中,案主对象必然会在多方面得到改变和改善,包括能力也得到极大地提高以达到自助。随着案主对象的问题包括社区问题的解决,随着案主对象能力建设后的能力提升,他们无疑接收到了福利——无论在物质上还是在精神上抑或在能力上。因此说,社会工作的推行及其功能的发挥,其结果就是社会福利的形成与提供。

第二节 社会福利的社区化

一、社区的概念

(一)社区含义

对我国"社区"概念下定义应该参照国内外已有的研究成果,并结合我国的具体情况。首先,社区是人们日常生活中形成的、具有一定地域范围的体系,所以,地域性因素是必不可少的内容。其次,社区能够为社区居民满足基本需求,而这种需求是一种公共需求,而非个人需求。再次,社区是由具有共同目标和共同利益关系的人组成的。最后,社区是由社区内部人们之间互动形成的联合体,所以,人们对所在的社区在感情上和心理上具有认同感和归属感。总而言之,所谓社区,是以一定地域为基础,由具有相互联系、共同交往、共同利益的社会群体、社会组织所构成的一个社会实体。

(二)社区的构成要素

1. 地域要素

地域是构成社区的最基本的要素。社区是人们生活的共同体,那么,它就理所当然地要有一定的地域范围。一般来说,一个社区居民的主要活动集中在某一个特定的地域里,这个特定的地域就是社区的地理界线。但是,随着经济的发展,社区之间的联系越来越紧密,社区的地理界限不再固定不变,有时候,这些界线并不分明。从规模上说,社区的地域范围只是整个社会的地域范围的一部分,整个社会的地理界限往往是由若干个社区的地域结合而成。由此可见,社区的地域范围是有限的,而且并非很大。

2. 人口要素

社区是由以一定的社会关系为基础组织起来的、进行共同生活的人群所组成的。所以,人口是社区活动的主体,没有一定数量的人口就不可能有社区。社区人口涉及四个要素:人口的数量、质量、构成和分布。人口数量是指社区内人口的多少;人口质量是指社区人口的综合素质;人口构成指社区内不同类型人口的特点;而人口的分布则是指社区内人口及其流动在社区范围内的空间位置。在市场经济条件下,随着社会流动的加大,社区人口的数量、质量、构成和分布都发生了较大的变化,尤其在城市社区,人口的数量大、人口的异质性较大、构成复杂、分布广泛,而且,流动性也很大。社区人口结构的这些变化,直接影响社区内部的稳定和各要素的整合,并对社区的发展提出新的要求。同时,构成社区的基本要素的人口并不是孤立的、没有联系的个人的集合体,而是共同进行社会活动、彼此结成一定的社会关系的集合体。他们是社区生活及其物质要素的创造者,是社区的社会关系的承担者,也是社会福利的提供者和接受者。

3. 社会心理要素

社会心理是一种低层次的社会意识,与人们的日常生活直接相连,表现为感情、风俗、习惯、成见、心理倾向和观念等。构成社会心理的因素既有感性因素也有理性因素,但其中以感性因素为主。根据意识主体的不同,社会心理又分为个人心理和群体心理。在社区内,社会心理要素主要表现为社区成员对自身所在社区的归属感和认同感。这种感情上的归属感和心理上的认同感是构成社区的必不可少的条件和衡量社区的标准。任何一个社区成员都有"我是某个地区的居民"的观念,这种心理是居民对自己社区身份的认同。同时,也是社区居民对社区的个人感情的表现,即对社区的关注,对社区建设的参与等。

4. 结构要素

社区的结构要素是指社区内各种社会群体和社会组织相互之间的关系。在社区范围内,存在着各种各样的社区群体和社会组织。通过这些社会组织,社区成员与社区相互沟通,并参与到社区活动当中。社会组织是维系社区成员和安排、推动社区生活的重要手段。这些社会组织包括党政机关、服务机构、生产单位、学校、医院、政府职能部门的派出机构、居民委员会、家庭、邻里等,而社区居民自发组织的各种群众团体有兴趣爱好协会、文艺、体育团体等等。这些社区的组成部分之间的相互关系,是人们研究社区结构所注重的对象之一。

二、社区与社会福利

社会福利社会化是指社会福利实施与服务的社区化,即把社会福利体系与社区功能相结合的一种福利提供模式。它是一个把社会福利落实到社区基层,并由社区内各方力量共同参与、共同建设及维护社区发展的过程,也就是建设社区社会福利的一个过程。具体说,它包括以下五个方面:

第一,社会福利社区化提供的是以社区为基础的服务。

第二,社会福利社区化的服务内容一方面满足传统的特殊群体的福利需求,另一方面满足人们更高层次的服务需求。

第三,提供人性化、个性化服务。

第四,社区福利的作用并不停滞在提供福利服务上,更重要的是通过公益性的服务调节个人、家庭与社区的关系,协调社区与国家政府之间的关系,并对社区的福利、医疗、保健等社会资源的整合进行协调。

第五,社会福利社区化主体的多元化。社会福利社区化本身与社会福利社会化是一致的,其主体是多元化的,包括市场、家庭、社会网络、会员组织及政府等。

社区化作为社会福利的取向,存在三种基本理由:第一,每个公民拥有享受社会福利的权利。第二,有关社会福利的选择,既可以是个人、家庭、社区,也可以是政府及其他组织。第三,社区福利服务是一个非常重要的服务产业,拥有很大的增长潜力。

三、社区是实现福利社会化的最佳载体

社区是有特定空间和特定功能的社会共同体,社区不仅是社会、经济发展的基本单元和基本载体,也是社会福利发展和实施的基本单元和基本载体。

(1)社区社会福利是社会福利体系的重要组成部分之一。社区福利体系既是社会福利制度中最基础的层面,又是社会福利政策的输出终端,直接面对社区成员不断变迁的社会需要,满足他们的基本需求,改善其生活状况。

（2）社会工作领域中的社区福利。社区福利的实施要和专业的社会工作联系在一起，这样可以最大化地发挥社区福利的功能。

由社会工作中的社区福利之特征我们可以看到其主要功能：补偿功能，调节功能，稳定功能。

四、福利社区化的实践途径

中国的福利社区化是伴随着经济体制改革进行的，而且最初只是作为国有企业改革的一种配套措施。在我国，社区服务中心作为基本的福利服务机构，提供的服务有面向老年人、残疾人等弱势群体的社会福利服务，也有面向全体居民提供的便民利民服务。

福利社区化可以通过许多不同的技术和方法来实现，其主要运作方式包括：

（1）合同承包。这是福利社区化最常用的形式。政府与营利或非营利民间组织签订承包合同，由它们来提供社区福利服务。这就是通常所说的"政府购买服务"。

（2）特许经营。在特许制下，政府授予其他社会组织一种权利——直接向公众出售其服务或产品。这些组织通常也要为此向政府付费。特许有两种具体形式：资产和公共设施租赁；场域特许使用。特许经营和合同承包都应在一个公开、透明、公正的环境里进行。

（3）补助措施。为了保证社区内低收入者和弱势群体都有权享受高质量的福利服务，政府可以通过补助来鼓励民间组织从事社区福利服务。

（4）凭单制。政府通过发放抵用券，把某些公共服务集中在目标人群。通过特定的社区关怀，直接提高他们的生活质量。

（5）非正式照顾。满足社区内不同人群、不同层次服务需要的最佳途径就是在发展机构照顾同时，发展非正式照顾，即由家人、亲友、邻里或其他志愿人员提供服务和帮助，形成一个福利服务的循环支持网络。

第三节　政府购买服务与社会救助社会福利

一、政府购买服务的概念

（一）概念

1. 政府购买服务的概念

政府购买服务，是指通过发挥市场机制作用，把政府直接提供的一部分公共服务事项以及政府履职所需服务事项,按照一定的方式和程序,交由具备条件的社会力量和事业单位承担,并由政府根据合同约定向其支付费用。

政府购买公共服务是将原来由政府直接提供的、为社会公共服务的事项交给有资质的社会组织或市场机构来完成,并根据社会组织或市场机构提供服务的数量和质量,按照一定的标准进行评估后支付服务费用,即"政府承担、定向委托、合同管理、评估兑现",是一种新型的政府提供公共服务方式。

2. 政府购买服务的主体与承接主体

政府购买服务的主体(以下简称购买主体)是各级行政机关和具有行政管理职能的事业单位。承接政府购买服务的主体(以下简称承接主体),包括在登记管理部门登记或经国务院批准免予登记的社会组织、按事业单位分类改革应划入公益二类或转为企业的事业单位,依法在工商管理或行业主管部门登记成立的企业、机构等社会力量。

(二)理论基础

1. 激励经济学理论的借鉴

在经济学理论中,"激励性规制"作为对既有规制理论的反思,对经济学理论做了二维性的诠释,即认为部分规制的目的指向不单单是单向度的约束,而另有引导、激励性的一面。经济学上这一理论,对经济法规制理念的转变颇有借鉴意义,尤其适用于政府购买公共服务这一多元主体合作的领域。政府向社会公共服务组织购买服务,并与之形成契约式合作,如何保证其合作的持久需要制度的切实激励。日本学者金泽良雄先生所提出的二维划分规制的理论,其中促进保护的"积极性规制"便是经济法视角激励分析的理论成因。

2. 公私多元合作与放松规制的理念

政府购买公共服务的模式可避免政府包办服务单一性、资源和能力有限性等弊病,满足民众对公共服务多元化的需求,更能激励公共服务的市场化购买。西方国家在公共服务的提供上,经历了从规制向放松规制的转变,公共服务的公私合作模式在以社会主导抑或私化运作的格局中形成强大的生命力。例如,美国90%以上的公共服务通过私化外包的方式转包。

3. 法权互动理论的佐证

当代经济法在对待权力与权利的关系上更强调两者的"互动",即主张权力与权利之间的协调。法权互动的理论力求凸显服务组织的权利,以恰当的法权分配保障社会组织体的权利,从而激励主体功能的发挥。

(三)运作

1. 政府购买服务指导性目录

一是基本公共服务。公共教育、劳动就业、人才服务、社会保险、社会救助、养老服务、儿童福利服务、残疾人服务、优抚安置、医疗卫生、人口和计划生育、住房保障、公共文化、公共体育、公共安全、公共交通运输、三农服务、环境治理、城市维护等领域适宜由社会力量承担的服务事项。

二是社会管理性服务。社区建设、社会组织建设与管理、社会工作服务、法律援助、扶贫济困、防灾救灾、人民调解、社区矫正、流动人口管理、安置帮教、志愿服务运营管理、公共公益宣传等领域适宜由社会力量承担的服务事项。

三是行业管理与协调性服务。四是技术性服务。五是政府履职所需辅助性事项。六是其他适宜由社会力量承担的服务事项。

2. 政府购买服务的程序

一是招标。购买主体应当按照政府采购法的有关规定，采用公开招标、邀请招标、竞争性谈判、单一来源采购等方式确定承接主体。

二是预算下达。购买主体应当在购买预算下达后，根据政府采购管理要求编制政府采购实施计划，报同级政府采购监管部门备案后开展采购活动。购买主体应当及时向社会公告购买内容、规模、对承接主体的资质要求和应提交的相关材料等相关信息。

三是合同管理。按规定程序确定承接主体后，购买主体应当与承接主体签订合同，并可根据服务项目的需求特点，采取购买、委托、租赁、特许经营、战略合作等形式。合同应当明确购买服务的内容、期限、数量、质量、价格等要求，以及资金结算方式、双方的权利义务事项和违约责任等内容，购买主体应当加强购买合同管理，督促承接主体严格履行合同，及时了解掌握购买项目实施进度，严格按照国库集中支付管理有关规定和合同执行进度支付款项，并根据实际需求和合同规定积极帮助承接主体做好与相关政府部门、服务对象的沟通、协调。

二、政府购买社会救助社会福利服务

在社会福利供给方面。政府购买服务的方式，可以提高供给效率，提高服务的满意度。按照"受益广泛、群众急需、服务专业"原则，重点围绕城市流动人口、农村留守人员、困难群体、特殊人群和受灾群众的个性化、多样化社会服务需求，组织开展政府购买社会工作服务。实施城市流动人口社会融入计划，为流动人口提供生活扶助、就业援助、生计发展、权益维护等服务，帮助其尽快融入城市生活，实现城市户籍居民与外来经商务工人员的和谐共处。实施农村留守人员社会保护计划，帮助农村留守儿童、妇女和老人缓解生活困难，构建完善的社会保护与支持网络。实施老年人、残疾人社会照顾计划,为老年人和残疾人提供生活照料、精神慰藉、社会参与、代际沟通等服务,构建系统化、人性化、专业化的养老助残服务机制。实施受灾群众生活重建计划,围绕各类受灾群众的经济、社会、心理需要,开展生活救助、心理疏导、社区重建、资源链接、生计项目开发等社会工作专业服务,帮助受灾群众重树生活信心、修复社会关系、恢复生产生活。

▶ 本章小结 ◀

社会工作从个人与环境互动所形成的社会关系入手开展工作,寻求增强既包括单独的人,也包括群体中的个人之社会功能,这是社会工作专业区别于其他专业的特色。社会工作作为一个助人过程,就是社会福利的提供过程,社会工作目标的实现就是受助者社会福利的提升。

社会福利社会化是一个把社会福利落实到社区基层,并由社区内各方力量共同参与、共同建设及维护社区发展的过程,也就是建设社区社会福利的一个过程。

福利社区化可以通过许多不同的技术和方法来实现,其主要运作方式包括:合同承包、特许经营、补助措施、凭单制、非正式照顾。

政府购买服务,是指通过发挥市场机制作用,把政府直接提供的一部分公共服务事项以及政府履职所需服务事项,按照一定的方式和程序,交由具备条件的社会力量和事业单位承担,并由政府根据合同约定向其支付费用。政府购买服务是发展社会福利的一种重要方式。

参考文献

[1] 郑功成.社会保障学[M].北京:商务印书馆,2003.

[2] 景天魁,毕天云,高和荣.当代社会福利思想与制度:从小福利迈向大福利[M].北京:中国社会出版社,2011.

[3] 彭华民.西方社会福利理论前沿:论国家、社会、体制与政策[M].北京:中国社会出版社,2009.

[4] 熊跃根.社会政策:理论与分析方法[M].北京:中国人民大学出版社,2009.

[5] 钱宁.现代社会福利思想[M].北京:高等教育出版社,2006.

[6] 林闽钢.社会政策——全球本地化视角的研究[M].北京:中国劳动社会保障出版社,2007.

[7] 周沛.社会福利体系研究[M].北京:中国劳动社会保障出版社,2007.

[8] 曹燕春.我国适度普惠型社会福利制度发展研究[M].上海:上海人民出版社,2013.

[9] 陈良瑾.社会救助与社会福利[M].北京:中国劳动社会保障出版社,2009.

[10] 张奇林.社会救助与社会福利[M].北京:人民出版社,2012.

[11] 郑功成.社会保障学[M].北京:商务印书馆,2003.

[12] 全昌国.社会福利学概论[M].北京:线装书局,2015.

[13] 廖益光.社会救助概论[M].北京:北京大学出版社,2009.

[14] 钟仁耀.社会救助与社会福利[M].上海:上海财经大学出版社,2013.

[15] [日] 同桑原洋子.韩君玲,邹文星,译.日本社会福利法制概论[M].北京:商务印书馆,2010.

[16] [美] Neil Gilbert,Paul Terrell.沈黎,译.社会政策引论[M].上海:华东理工大学出版社,2013.

[17] 何静,周良才.社会福利机构活动策划与组织[M].北京:电子工业出版社,2015.

[18] 乔东平,邹文开.社会救助理论与实务[M].天津:天津大学出版社,2011.

[19] [丹麦] 戈斯塔·埃斯平-安德森,杨钢,译.转型中的福利国家——全球

经济中的国家调整[M].北京:商务印书馆,2010.

[20] [丹麦]戈斯塔·埃斯平-安德森,苗正民,腾玉英,译.福利资本主义的三个世界[M].北京:商务印书馆,2010.

[21] 伍国春.灾害救助的社会学研究[M].北京:北京大学出版社,2014.

[22] 乐章.社会救助学[M].北京:北京大学出版社,2008.

[23] 胡务.社会救助概论[M].北京:北京大学出版社,2010.

[24] 胡务.社会福利概论[M].成都:西南财经大学出版社,2008.

[25] 郑功成.社会保障学[M].北京:商务印书馆,2003.

[26] 刘敏.适度普惠型社会福利制度[M].北京:中国社会科学出版社,2015.

[27] 林莉红,孔繁华.社会救助法研究[M].北京:法律出版社,2008.

[28] [英]诺曼·巴里.储建国,译.福利[M].长春:吉林人民出版社,2005.

[29] 库少雄,[美] Hobart A Burch.社会福利政策分析与选择[M].武汉:华中科技大学出版社,2006.

[30] [美]威廉姆 H·怀特科,罗纳德 C·费德里科,解俊杰,译.当今世界的社会福利[M].北京:法律出版社,2003.

[31] 张军.统筹城乡社会救助制度建设研究[M].成都:西南财经大学出版社,2013.

[32] 窦玉沛.健全中国特色社会救助制度的实践与思考[J].中国民政.2015.06.

[33] 周爱国.差异化原则与中国特色社会主义福利制度[J].湖北社会科学.2014.12.

[34] 陈银娥.社会福利[M].北京:中国人民大学出版社,2009.

[35] 郑功成.中国社会保障改革与发展战略:理念、目标与行动方案[M].北京:人民出版社,2008:109.

[36] 蔡庆悦.迈向中国特色社会主义福利社会三部曲——访中国人民大学郑功成教授[J].前线,2011(5):21—23.

[37] [美]约翰·罗尔斯.何怀宏,何包钢,廖申白,译.正义论[M].北京:中国社会科学出版社,1988:25.

[38] 杨伟民.社会政策导论[M].北京:中国人民大学出版社,2010:22.

[39] 景天魁等.福利社会学[M].北京:北京师范大学出版社,2010.

图书在版编目(CIP)数据

社会救助与社会福利/周爱国编著. —南京：
南京大学出版社,2017.8
普通高等院校"十三五"规划教材.社会工作专业
ISBN 978-7-305-17626-5

Ⅰ.①社… Ⅱ.①周… Ⅲ.①社会救济—中国—高等学校—教材②社会福利—中国—高等学校—教材 Ⅳ.①D632.1

中国版本图书馆 CIP 数据核字(2016)第 230830 号

出版发行	南京大学出版社
社　　址	南京市汉口路 22 号　　邮　编 210093
出 版 人	金鑫荣
丛 书 名	普通高等院校"十三五"规划教材.社会工作专业
书　　名	社会救助与社会福利
编　　著	周爱国
责任编辑	尤　佳　　　编辑热线　025-83592123
照　　排	南京紫藤制版印务中心
印　　刷	南京鸿图印务有限公司
开　　本	787×960　1/16　印张 14.75　字数 257 千
版　　次	2017 年 8 月第 1 版　2017 年 8 月第 1 次印刷
ISBN	978-7-305-17626-5
定　　价	35.00 元
网　　址	http://www.njupco.com
官方微博	http://weibo.com/njupco
官方微信	njupress
销售咨询	(025)83594756

* 版权所有，侵权必究
* 凡购买南大版图书，如有印装质量问题，请与所购
　图书销售部门联系调换